U0455397

《成渝地区双城经济圈建设研究报告》编委会

编 著

重庆市江津区融入成渝地区双城经济圈建设研究报告

（2023）

REPORT ON THE INTEGRATION OF
CHONGQING JIANGJIN DISTRICT INTO THE CONSTRUCTION OF
THE CHENGDU-CHONGQING ECONOMIC CIRCLE (2023)

共筑中国经济第四增长极

Jointly Build the Fourth Growth Pole of China's Economy

社会科学文献出版社
SOCIAL SCIENCES ACADEMIC PRESS (CHINA)

江津滨江新城全景图
供图：江津区滨江新城建设管理中心

西部（重庆）科学城江津片区大场景图
供图：江津区双福工业园发展中心

江津珞璜临港产业城全景图
供图：重庆江津综合保税区发展集团有限公司

江津白沙工业园大场景图
苏盛宇 摄

西部（重庆）科学城江津片区团结湖数字经济产业园

供图：江津区双福工业园发展中心

位于江津双福工业园的重汽（重庆）轻型汽车有限公司生产车间

供图：江津区双福工业园发展中心

位于江津珞璜工业园的三峡电缆集团生产车间

供图：江津区经济和信息化委员会

位于江津珞璜工业园的重庆建工工业有限公司生产车间

供图：江津区经济和信息化委员会

位于江津珞璜工业园的重庆市鼎喜实业有限公司数字化车间

供图：江津区经济和信息化委员会

位于江津珞璜工业园的重庆哈韦斯特铝业有限公司绿色工厂

供图：江津区经济和信息化委员会

位于江津德感工业园的益海嘉里（重庆）粮油有限公司智能工厂

供图：江津区德感工业园发展中心

位于江津德感工业园的中粮粮油工业（重庆）有限公司数字化车间

供图：江津区经济和信息化委员会

位于江津德感工业园的重庆桥头食品有限公司火锅底料自动化生产线

苏展　摄

位于江津双福工业园的重庆东康汽车制造有限公司生产的东康牌小轿车

供图：江津区经济和信息化委员会

位于江津珞璜工业园的重庆万虎机电有限公司生产的万虎牌工业三轮车

供图：江津区经济和信息化委员会

江津区富硒花椒种植基地

供图：江津区农业农村委员会

江津区石蟆镇粮油基地

供图：江津区农业农村委员会

江津区生姜种植基地

供图：江津区农业农村委员会

江津聂荣臻故居

供图：江津区文化和旅游发展委员会

江津美丽乡村格林 7 号儿童乐园

供图：江津区文化和旅游发展委员会

江津骆崃山风景区

供图：江津区文化和旅游发展委员会

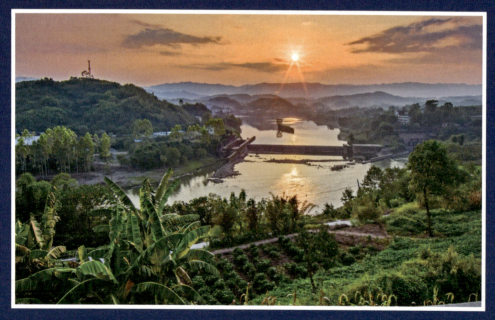

江津綦河风光

供图：江津区文化和旅游发展委员会

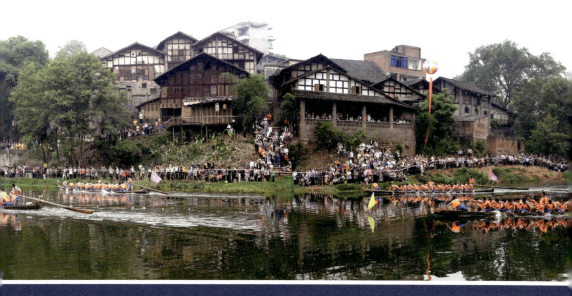

江津区塘河古镇

供图：江津区文化和旅游发展委员会　李顺林　摄

江津区白沙镇闹元宵民俗活动

供图：江津区文化和旅游发展委员会

江津区市民广场
供图：江津区滨江新城建设管理中心

江津区双拥广场
供图：江津区滨江新城建设管理中心

江津浒溪公园

供图：江津区滨江新城建设管理中心

重庆市郊铁路跳蹬至江津线

供图：江津区发展改革委

江津双福爱琴海购物公园

供图：西部（重庆）科学城江津片区管委会

2023 年成渝地区双城经济圈高质量发展论坛现场

《重庆市江津区融入成渝地区双城经济圈建设研究报告（2023）》
编 委 会

顾　　问　　孙希岳　魏建国　邬贺铨　周可仁

主　　任　　方　宁　高元元　唐任伍　刘　洋

编　　委（按姓氏拼音排序）：

白雪华　陈弘明　陈祥福　崔明谟　丁俊发　费洪平

高俊才　郭　勇　何德旭　何　霞　贾　康　贾小梁

姜晓萍　金元浦　孔泾源　梁葆真　刘晋豫　刘云中

马建春　石亚军　隋吉林　孙若风　谭雅玲　唐　凯

唐　元　田显荣　万书辉　王　青　王晓方　王延春

王忠民　温晓君　杨春平　杨　东　杨东平　杨嘉琪

杨　涛　杨再平　张燕生　邹平座

主　　编　　刘　洋　方　宁

编写人员　　蒲　阳　王海燕　王艳珍　孙　伟　靳文飞　吴　燕

龙希成　黎　川　李　冲　祝　燕　范淑媛　赵苑博

杨光宇　陈春伶　王西西　江俊清　刘　霞　胡钰玹

母　爽　黎　姣　贺文瑞　陈李洁　林　森

目　录

主报告

专题报告

序1
打造区域性中心城市样板，
共筑中国经济第四增长极

推动成渝地区双城经济圈建设，是构建以国内大循环为主体、国内国际双循环相互促进的新发展格局的重大举措，对推动高质量发展具有重要意义，有利于在西部地区形成高质量发展的重要增长极，增强人口和经济承载力；有助于打造内陆开放战略高地和参与国际竞争的新基地，助推形成陆海内外联动、东西双向互济的对外开放新格局；有利于吸收生态功能区人口向城市群集中，使西部地区形成优势区域重点发展、生态功能区重点保护的新格局，保护长江上游和西部地区生态环境，增强空间治理和保护能力。

近三年多来，川渝两省市紧密协作合作，成渝地区双城经济圈建设由谋篇布局迅速进入整体成势、见效跨越的中国式现代化新征程，取得了实打实、沉甸甸的成就，在经济总体实力、协同创新能力、对外开放程度、生活宜居水平等多个方面都有了显著提升，中国经济第四增长极进入稳中加固、稳中提质、稳中向好的高质量发展攻坚期。

2022年以来，我国经济发展遭遇新冠疫情等国内外多重超预期因素的冲击，在党中央的坚强领导下，川渝两省市党委政府高效统筹疫情防控和经济

---

* 周可仁，商务部原副部长，中国进出口银行原董事长，中国五矿原总经理。

社会发展，根据川渝疫情情况，优化调整疫情防控措施，面对经济新的下行压力，果断应对，及时调控，靠前实施既定政策举措，贯彻落实稳经济一揽子政策和接续措施，部署稳住经济大盘工作，支持川渝各地区挖掘政策潜力，勇挑大梁，突出稳增长、稳就业、稳物价，推动经济企稳回升。

2022 年，四川省和重庆市分别实现地区生产总值（以下简称"GDP）56749.8 亿元、29129.03 亿元，同比增速分别为 2.9%、2.6%，川渝两省市 GDP 合计占全国 GDP 的比重为 7.1%。据川渝两省市统计局联合发布的《2022 年成渝地区双城经济圈经济发展监测报告》数据，2022 年，成渝地区双城经济圈 GDP 达 77587.99 亿元，同比增长 5%，增速高于四川省、重庆市的平均增速，占全国的比重为 6.4%，占西部地区的比重为 30.2%。

进一步看，与其他三个经济增长极不同，由于成渝地区双城经济圈涵盖国家中心城市、经济欠发达地区、革命老区、少数民族地区等大城市、大农村、大库区，发展不平衡不充分的挑战使得其建设发展更强调要突出重庆、成都两个中心城市的中心城区"双核"协同带动功能，注重体现区域特色和比较优势，建成具有全国影响力的重要经济中心、科技创新中心、改革开放新高地、高品质生活宜居地，打造带动全国高质量发展的重要增长极和新的动力源。

按照各地统计局发布的数据，2022 年中国城市 GDP 十强依次为上海、北京、深圳、重庆、广州、苏州、成都、武汉、杭州和南京，其中，长三角地区城市有 4 个（上海、苏州、杭州、南京），粤港澳大湾区城市有 2 个（深圳、广州），京津冀地区有 1 个（北京），成渝地区双城经济圈有 2 个（重庆、成都）。值得关注的是，重庆 2022 年 GDP 反超广州 290.03 亿元，而 2021 年、2020 年重庆与广州的 GDP 差距分别为 337.95 亿元、16.32 亿元。这背后有重庆的土地面积更大（是广州的 11 倍）、常住人口更多（是广州的 1.7 倍）的原因，这些要素资源恰恰在成渝地区双城经济圈建设这一国家战略实施过程中实现了价值更大化。另外，2020～2022 年，成都在全国城市 GDP 排名中保持第七位，同样显现出成渝地区双城经济圈建设对成都经济发展的韧性支撑。

区域性中心城市的"江津特色"与"江津价值"

除了重庆主城区和成都中心城区"双核"引领外，成渝地区双城经济圈还要培育区域性中心城市，促进大中小城市融通发展和区域均衡发展，而重庆市江津区在区域性中心城市建设发展中具有示范效应和样本特点。

其一，江津区区位独特，其发展对于成渝地区双城经济圈建设国家战略落实具有代表性。江津区与成渝地区双城经济圈的 7 个市区县接壤，属于典型的枢纽型节点城市，地缘相近、人文相亲，与毗邻市区县协同发展、抱团发展的合作意愿强烈，合作见效快、效果明显、可持续性强。因此，从江津区的高质量发展来窥一斑而知全豹，可以直观看到成渝地区双城经济圈波澜壮阔的成长史和奋斗史。

其二，"川渝一家亲，唱好双城记"在江津区既有历史渊源，更有现实动力。长期以来，江津区一直是长江航运中心与商务物流基地，与周边地区人员往来、商品流通、产业合作自发且频繁。成渝地区双城经济圈建设启动后，在川渝毗邻地区合作共建的 10 个区域发展功能平台中，江津区占其二（川南渝西融合发展试验区、泸永江融合发展示范区），为江津辖区内处于川渝毗邻地区的小城镇、农村等后发地区提供了赶超跨越的良机。

例如，依据川渝两省市发展改革委联合印发的《泸永江融合发展示范区总体方案》，到 2025 年，示范区 GDP 将突破 8000 亿元（比 2021 年增加66.38%）。由此可见，在要素资源存量增幅不大的情况下，通过三地融合发展，发挥"1 + 1 + 1 > 3"的协同效应，实现经济指标大幅增长。对于江津区而言，通过与泸州市、永川区共同打造具有竞争力的跨区域产业生态圈，有望较快实现本地经济高质量发展和城乡均衡发展，做实渝川黔区域性中心城市，提高其在成渝地区双城经济圈的辐射带动效应。

因此，江津区在制度设计、招商引资、政务服务、市场监管、公共服务等方面积极融入成渝地区双城经济圈、打造区域性中心城市的特色做法和实践经验，对于经济圈内其他市区县具有较强的借鉴价值，也能为其他地区的行政区和经济区分离改革等探索提供参考。

其三，江津区的实践创新体现了落实重庆市委"一号工程"的使命担当及鲜活案例。为深入贯彻党的二十大精神，重庆市和四川省多次强调将成渝地区双城经济圈建设作为本地区工作的总牵引，重庆市委还把成渝地区双城经济圈建设作为"一号工程"，要求全市域融入、全方位推进。为落实"一号工程"，江津区明确提出要加快川南渝西融合发展试验区、泸永江融合发展示范区的发展规划落地，推动城际铁路江泸线等纳入国家重大项目盘子，推进泸永江旅游环线等建设，举办成渝地区双城经济圈首届"专精特新"赋能大赛、泸永江工业设计大赛、2023 年成渝地区双城经济圈高质量发展论坛等大型活动，深化落实成渝地区双城经济圈便捷生活行动方案和"川渝通办"事项。这些做法均是推动成渝地区双城经济圈建设走深走实的关键点和突破点。因此，梳理和分析江津区融入成渝地区双城经济圈的典型案例，可以进一步回答"推进成渝地区双城经济圈建设"对于川渝两省市高质量发展"总抓手"的独有价值。

智库报告解读"江津样本"

成渝地区双城经济圈建设启动以来，迅速成为学术界的重点研究领域，相关智库成果陆续发表和出版。但以经济圈内的某个城市为样本，对标国家战略部署，全面系统研究、分析、总结、解读其融入成渝地区双城经济圈建设的政策规划、创新实践、主要成效、典型案例、问题挑战、对策建议等智库成果仍然较少，为各级党委政府、企事业单位、高校科研院所等提供的针对性和实操性决策建议仍显不足，智库研究总体落后于各城市的实践探索。

中国国际经济合作学会、北京师范大学政府管理研究院、成渝地区双城经济圈研究院、北京京师润教育科技研究院、中经智研（重庆）商务信息咨询有限公司组建专家组，以重庆市江津区为样本，编撰《重庆市江津区融入成渝地区双城经济圈建设研究报告（2023）》，历经数月完稿出版。

这是一本深入研究、剖析、解读、建言成渝地区双城经济圈打造区域性中心城市样本案例的智库成果，具有如下显著特点。

一是成果总结。2020年以来，重庆市江津区持续发力，加大与周边地区及川渝相关市区县交流合作力度，取得了一系列创新性、引领性、示范性的实践探索成果。《重庆市江津区融入成渝地区双城经济圈建设研究报告（2023）》编委会通过资料收集、问卷调查、实地考察、网络调研、专题研究、实效评估等多种研究方法，全面梳理江津区融入成渝地区双城经济圈建设三年多来的主要成效，系统总结其打造成渝地区双城经济圈重要战略支点的高质量发展经验，提炼擘画江津区建设区域性中心城市的战略部署和特色路径，进一步丰富国内外区域经济均衡发展、次中心城市培育等有关领域的智库成果。

二是决策参考。随着《成渝地区双城经济圈建设规划纲要》及系列专项规划、地方法规政策的陆续颁布，成渝地区双城经济圈建设"四梁八柱"的顶层设计基本构建，发展目标和时间表、路线图日益清晰。同时，从微观层面看，成渝地区双城经济圈建设既要遵循国家战略，也要把握地方特色精准施策，激发基层创新活力，形成践行国家战略、符合本地实际、管用好用、具有复制推广价值的城市高质量发展模式。《重庆市江津区融入成渝地区双城经济圈建设研究报告（2023）》总结和传播江津区的好做法、好经验、好成果，为江津区及成渝地区双城经济圈各级党委政府、企事业单位、社会组织、新闻媒体等提供决策参考和理论依据。

一分部署，九分落实。推进成渝地区双城经济圈建设需要广大党员干部、企业家、创业者及社会各界人士起而行之，干在实处，奋勇争先，建功立业。高手在民间，我们相信，成渝地区双城经济圈各市区县的好做法、好经验、好成果也将在中国式现代化的新征程中不断迸发。《成渝地区双城经济圈建设研究报告》编委会将持续开展跟踪调研、实证研究，推出一系列高质量的智库成果，助力成渝地区双城经济圈高质量发展。

序2
培育区域性中心城市，推动成渝地区双城经济圈高质量发展

高元元[*]

当前，世界百年未有之大变局加速演进，世界之变、时代之变、历史之变的特征更加明显，团结和分裂、合作和对抗两大政策取向的博弈日益突出。新一轮科技革命和产业革命加速推进，国际科技竞争愈演愈烈，经济全球化遭遇逆流，高通胀、高债务、低增长的环境制约着全球经济复苏，加之部分国家和地区冲突不断，严重危害世界和平稳定和各国民生福祉。面对这一趋势，世界上主要国家都在调整发展战略，加快工业化、城镇化进程和数字化转型，做大做强区域经济，发挥城市群、都市圈的引领带动作用，为稳定经济大盘和促进经济包容性复苏注入新动能。

党的二十大报告明确提出，"要加快构建以国内大循环为主体、国内国际双循环相互促进的新发展格局"，既是对当今国际形势"百年未有之大变局"的积极应对，又是新时代对国家外向型发展战略的主动调整。双循环的目的是保持中国经济的持续增长，更为关键的是如何将其落实到位。近年来，中国经济增长极正在发生着"由点到面"的跃变，进入以城市为主导的经济集群化整体竞争新时代。都市圈（城市群）是带动中国经济发展新的增长极，是构建双循环新格局的突破口。要率先促进都市圈

---

[*] 高元元，中国国际经济合作学会会长。

（城市群）的形成和循环，充分发挥它们融合与转换的作用，以此带动实现国内国际双循环相互促进的新发展格局。2020年1月3日，习近平总书记在中央财经委员会第六次会议上提出，要推动成渝地区双城经济圈建设，在西部形成高质量发展的重要增长极。作为我国经济发展最活跃、开放程度最高、创新能力最强的区域，成渝地区双城经济圈与粤港澳大湾区、长三角地区、京津冀地区共同构建了引领带动区域和全国高质量发展的四个经济增长极。

　　从空间范围看，成渝地区双城经济圈包括重庆市的中心城区及万州、涪陵、綦江、大足、黔江、长寿、江津、合川、永川、南川、璧山、铜梁、潼南、荣昌、梁平、丰都、垫江、忠县等27个区县以及开州、云阳的部分地区，四川省的成都、自贡、泸州、德阳、绵阳（除平武县、北川县）、遂宁、内江、乐山、南充、眉山、宜宾、广安、达州（除万源市）、雅安（除天全县、宝兴县）、资阳等15个市。

　　与粤港澳大湾区、长三角地区的城市群相对均衡发展不同，成渝地区双城经济圈面临的一大挑战是第二梯队城市断档问题，较大的经济落差不利于区域综合能级及竞争力的提升。例如，2022年成都的GDP为20817.5亿元，为四川省各城市GDP排名第二的绵阳（GDP为3626.9亿元）的5.74倍；2022年重庆GDP超过1000亿元的区县有11个，排名第一的区县是渝北区，GDP为2297.11亿元，是排名第二的九龙坡区（GDP为1763.94）的1.3倍，是排名第十一的合川区（GDP为1000.28）的2.3倍。

　　同时，重庆、成都作为国家中心城市的核心经济指标与国内一线城市仍有一定的差距，这决定了成渝地区双城经济圈并不是重庆和成都的中心城区进行简单化疏解功能、减量增效，其现实路径首先是自身做大做强，提升带动辐射能力，围绕重庆和成都的中心城区打造现代化都市圈，带动周边地区加快发展，培育区域性中心城市，进而逐步推动区域均衡发展。

　　作为重庆市主城都市区之一，江津区位于重庆市西南部，因地处长江要津而得名，东邻重庆市巴南区、綦江区，西接重庆市永川区、四川省泸州市，北靠重庆市璧山区、九龙坡区、大渡口区，南接贵州省遵义市习水县，长期以来即是渝川黔结合部中心城市。

2020年1月，成渝地区双城经济圈建设国家战略启动，江津区委常委会即召开会议，提出"积极融入成渝地区双城经济圈发展"的一体化发展思路，明确提出将江津区着力打造为成渝地区双城经济圈重要战略支点的定位和目标。

在2020年4月召开的江津区委十四届十一次全会上，江津区委进一步丰富了融入成渝地区双城经济圈建设的战略路径，即按照"坚持同城化、融入中心区、联结渝川黔、打造新支点"的思路和方向，立足于争当"融入主城的先行区、渝西发展的领头羊、川渝合作的排头兵"，打造中国西部（重庆）科学城南部科创中心、重庆西部宜居宜业宜游的山水之城，加快建设成渝地区双城经济圈重要战略支点。

三年多来，江津区凭借区位优势、资源禀赋和产业基础，主动作为，协同周边地区和成渝地区双城经济圈其他市区县联动发展，按下"快进键"、跑出"加速度"，在制度设计、发展态势、创新动能、开放能级、融合融通等方面取得明显成效，为高质量发展提供了强劲动能。2020～2021年，江津区在重庆市区县GDP排名中稳居第六位。2022年，江津区GDP达1330.02亿元，同比增长3.2%，增速高于重庆市平均增速（2.6%）。

《重庆市江津区融入成渝地区双城经济圈建设研究报告（2023）》以江津区为样本，置于国家战略视角，围绕现代产业、科技创新、消费经济、生态环境、内陆改革开放、公共服务等主题，通过数据分析、现状总结、挑战梳理、对策建议等实证研究，形成一系列高质量、具有影响力的智库成果，为成渝地区双城经济圈建设有关问题研究提供理论框架和数据素材，也为国家及成渝地区双城经济圈各级党委政府、企事业单位提供决策依据和理论参考。

在2023年全国两会上，"大兴调查研究之风"被写入政府工作报告。2023年3月，中共中央办公厅印发的《关于在全党大兴调查研究的工作方

008

案》指出："党中央决定，在全党大兴调查研究，作为在全党开展的主题教育的重要内容，推动全面建设社会主义现代化国家开好局起好步。"期待《成渝地区双城经济圈建设研究报告》编撰机构、编委会专家及更多学者持续开展调查研究，笔耕不辍，推出更多聚焦基层创新实践的智库成果，助力成渝地区双城经济圈高质量发展。

序3
围绕高质量建设同城发展先行区，加快建设"五地一城"的江津实践与探索

刘 洋 方 宁[*]

2020年1月召开的中央财经委员会第六次会议明确提出，推动成渝地区双城经济圈建设，在西部地区形成高质量发展的重要增长极，这标志着成渝地区双城经济圈建设上升为国家战略。成渝地区双城经济圈位于"一带一路"和长江经济带交汇处，是西部陆海新通道的起点，具有连接西南西北，沟通东亚与东南亚、南亚的独特优势。区域内生态禀赋优良、能源矿产丰富、城镇密布、风物多样，是我国西部人口最密集、产业基础最雄厚、创新能力最强、市场空间最广阔、开放程度最高的区域，在国家发展大局中具有独特而重要的战略地位。

回顾历史，成渝地区地缘相近、人文相亲，一直是中国的重要发展区域。改革开放以来，党中央、国务院高度重视成渝地区的发展，尤其是"西部大开发"启动后，成渝地区的重要性持续凸显，在历年的国家重大发展战略和政策规划中均有明确部署，承担了保障国家战略安全、培育打造腹地重点优势产业、保障大宗物资供应、建设长江上游生态安全屏障等重要职责。

成渝地区双城经济圈建设启动三年多来，国家战略引领效应持续显

---

* 刘洋，《成渝地区双城经济圈建设研究报告》主编；方宁，中国国际经济合作学会理事、数字经济工作委员会副主任，成渝地区双城经济圈研究院执行院长。

现，重庆和成都双核引领的战略地位不断强化，川渝两省市合作意愿持续增强，相向发展、联动引领区域高质量发展的良好态势日益形成，辐射带动作用持续提升，重庆都市圈、成都都市圈及区域内中小城市加快发展，基础设施更加完备，产业体系日渐完善，科技实力显著增强，内需空间不断拓展，对外交往功能进一步强化，常住人口规模、GDP 占全国的比重（见表 1）进一步增加，西部地区经济社会发展、生态文明建设、改革创新和对外开放的重要引擎功能进一步提升，"中国经济第四增长极"的发展态势进一步凸显。

表 1　2020～2022 年成渝地区双城经济圈主要经济指标

年份	地区生产总值（亿元）	同比增长（%）	占全国的比重（%）	占西部地区的比重（%）
2022	77587.99	5.0	6.4	30.2
2021	73919.20	9.3	6.5	30.8
2020	67636.10	—	6.5	31.7

一　打造区域性中心城市是成渝地区双城经济圈高质量发展的"关键一招"

按照有关政策规划，渝中区、大渡口区、江北区、沙坪坝区、九龙坡区、南岸区、北碚区、渝北区、巴南区 9 个行政区为重庆市中心城区，占重庆下设区县总数的 23.7%；锦江区、青羊区、金牛区、武侯区、成华区 5 个行政区为成都市主城区，占成都下设区县市总数的 25%。重庆中心城区和成都市主城区的人口、产业、市场主体、营商环境、公共服务等主要经济指标多领先于本市其他区县市，也大多是全国经济强区，在成渝地区双城经济圈建设中起到示范引领、中心辐射的核心作用。例如，2022 年重庆 GDP 排名前三的区县分别为渝北区、九龙坡区、江北区，均属于重庆市中心城区；2022 年成都 GDP 排名前三的区县市分别为龙泉驿区、金牛区、青羊区，有 2 个属于成都市主城区。

进一步看，发展不平衡不充分仍然是成渝地区双城经济圈做实、做强"中国经济第四增长极"面临的最大挑战。其一，重庆市中心城区、成都市主城区与两市的其他区县市的经济发展级差较大。例如，2022 年渝北区的 GDP（2297.11 亿元）是重庆市 GDP 排名最后的城口县（66.31 亿元）的 34.6 倍；2022 年金牛区（1499.1 亿元）的 GDP 是成都市 GDP 排名最后的蒲江县（7.1 亿元）的 211.1 倍。其二，重庆、成都与纳入成渝地区双城经济圈的其他地级市的经济发展同样差距较大。例如，2022 年，成都GDP 达 20817.5 亿元，远远领先于四川其他市州，是纳入成渝地区双城经济圈地级市 GDP 排名最后的资阳市（948.2 亿元）的 21.95 倍。

因此，成渝地区双城经济圈要实现高质量发展，夯实做强"中国经济第四增长极"的关键任务之一在于打造区域性中心城市。

2020 年 5 月，重庆市召开主城都市区工作座谈会，宣布重庆市主城区由 9 区扩容到 21 区，占重庆市辖区县总数的 55.3%，新增了 12 个主城新区（涪陵区、长寿区、江津区、合川区、永川区、南川区、綦江区、大足区、璧山区、铜梁区、潼南区、荣昌区）。综合经济发展、产业基础、区位条件、协作效能等指标看，江津区、永川区、万州区、合川区 4 个重庆主城新区 2022 年的 GDP 均超过 1000 亿元，且与四川省有关地区毗邻，具备打造区域性中心城市的基础条件。

2020 年 7 月，中共四川省第十一届委员会第七次全体会议通过《中共四川省委关于深入贯彻习近平总书记重要讲话精神　加快推动成渝地区双城经济圈建设的决定》，提出培育壮大七大区域性中心城市（绵阳、德阳、乐山、宜宾、泸州、南充、达州）。

从地理区位看，重庆市的江津区、永川区、万州区、合川区和四川省的泸州市、达州市属于川渝毗邻地区，人员往来密切，商贸流通、产业合作频繁，这 6 个区市有望打造成跨行政区的区域性中心城市。绵阳、德阳、乐山、宜宾、南充则以辐射本市周边地区为重点，培育打造非跨行政区的区域性中心城市。例如，从成德同城化，到成德眉资同城化，再到成都都市圈，德阳均以区域性中心城市的战略定位，承接成都的产业转移，完善公共服务体系，辐射周边地区，促进经济增量提质。

二　川渝毗邻地区是成渝地区双城经济圈高质量发展的重点攻坚区域

由于重庆市中心城区、成都市主城区的产业发展较为成熟，跨行政区的交流合作主要基于产业链供应链的分工布局，聚焦在具体项目、具体市场主体和具体行业，依托成渝地区双城经济圈建设国家战略的叠加推动效应仍然是渐进式的。但川渝毗邻地区由于过去远离四川和重庆的经济中心，在区域经济梯度发展格局中属于后发地区，接壤地多为小城镇和农村地区，经济基础薄弱。成渝地区双城经济圈建设启动后，川渝毗邻地区随即获得国家战略赋予的高定位、高站位，迎来跨越式发展、区域均衡发展的机遇期。

从三年多的实践看，成渝地区双城经济圈主要采取川渝毗邻地区合作共建区域发展功能平台①的形式探索经济区和行政区适度分离改革，促进川渝两省市在现代产业体系建设、科技创新、消费协同、环境保护、内陆开放、公共服务等领域建立共商共治共管共赢的协同合作长效机制，带动经济社会提速扩量增效，过去的后发地区成为当下的开放前沿、发展先锋。

值得关注的是，川渝毗邻地区合作共建的 10 个区域发展功能平台中，唯有泸永江融合发展示范区是四川省泸州市与重庆市永川区、江津区三个

---

① 2020 年 7 月，川渝两省市政府办公厅联合出台《川渝毗邻地区合作共建区域发展功能平台推进方案》，提出规划建设九个区域发展功能平台，分别是：围绕川东北渝东北地区一体化发展规划建设万达开川渝统筹发展示范区、明月山绿色发展示范带、城宣万革命老区振兴发展示范区；围绕成渝中部地区协同发展规划建设川渝高竹新区、合广长环重庆主城都市区经济协同发展示范区、遂潼一体化发展先行区、资大文旅融合发展示范区；围绕川南渝西地区融合发展规划建设内江荣昌现代农业高新技术产业示范区、泸永江融合发展示范区。加上《成渝地区双城经济圈建设规划纲要》提出规划建设川南渝西融合发展试验区，川渝毗邻地区合作共建的 10 个区域发展功能平台全部出炉。

区域性中心城区共建的功能平台，这在全国的城市群、都市圈等区域发展战略中也是不多见的。

依据川渝两省市发展改革委发布的《泸永江融合发展示范区总体方案》，该示范区的规划范围为四川省泸州市和重庆市永川区、江津区全域，总面积 17026 平方公里，2022 年常住人口总量为 675.96 万人，当年 GDP 总量为 5134.32 亿元（2020 年为 4279 亿元，增长 20.0%），定位为川渝滇黔结合部经济中心、成渝"双核"重要功能配套区、成渝地区南向开放合作门户、长江经济带绿色发展示范区。

泸永江三地山水相连、人文相亲、文化同脉，融合发展意愿强烈。三年多来，三地有关机构建立常态化合作机制，落实年度行动计划，围绕基础设施、产业协同、平台建设、生态环境、公共服务等领域开展务实合作，互派干部交流锻炼，协同推进重大协作事项，以融合发展破解城市之间的无序竞争，促进要素资源跨区域优化配置和共享。三个区域性中心城市相向而行、抱团发展、协同共进，有望共同打造成渝地区双城经济圈高质量发展的新动力源。例如，三地政府共同编制发布泸永江融合发展年度重点工作任务，其中，《泸永江融合发展示范区 2021 年重点工作任务》确定的 40 项重点合作任务已全面完成，年度计划投资 88.6 亿元，实际完成 115.9 亿元；《泸永江融合发展示范区 2022 年重点工作任务》确定的 67 项重点合作任务有序推进，形成一批看得见、摸得着的可喜成果。

进一步看，川南渝西地区是川渝毗邻地区融合发展平台中面积最大、人口最多的区域。依据川渝两省市政府发布的《推动川南渝西地区融合发展总体方案》，范围涉及四川省自贡市、泸州市、内江市、宜宾市，重庆市江津区、永川区、綦江区、大足区、铜梁区、荣昌区和重庆市万盛经济技术开发区，规划总面积 4.66 万平方公里。2021 年，该区域常住人口 2019.11 万人，GDP 总量达 1.42 万亿元。重庆市江津区、永川区和四川省泸州市、宜宾市四个区域性中心城区则是引领川南渝西地区发展的区域增长极，作为区位优势最明显、承载能力最强、产业基础最好的区域，要突出融合与共建两个关键词，努力引领川南渝西地区走出全面融合、高效协同、共同繁荣、共同富裕的区域协调发展新路子，加快形成带动成渝地区双城经济圈高质量发展的重要增长极。

三　打造成渝地区双城经济圈重要战略支点的江津实践

江津区是重庆市辐射川南黔北的重要门户和"一区两群"① 的重要支点，也是串联"一带一路"与长江经济带重要口岸、西部陆海新通道的重要节点，曾获得中国生态硒城、中国优秀旅游城市、中国宜居宜业典范区、国家现代农业示范区、国家新型工业化产业示范基地·食品（粮油加工）、国家新型工业化产业示范基地·装备制造、国家新型工业化产业示范基地·工业互联网、国家绿色装备制造高新技术产业化基地、中国西部最具投资潜力百强城市等荣誉称号。

成渝地区双城经济圈建设启动以来，作为重庆市主城都市区同城化发展先行区、长江经济带与西部陆海新通道"叠加区"和渝川黔省际交界"缝合区"，以及泸永江融合发展示范区、川南渝西地区的重要增长极，江津区对标对表和贯彻落实重庆市委关于把成渝地区双城经济圈建设作为"一号工程"和全市工作总抓手总牵引的决策部署，以"建设现代化新江津"为统领，围绕"五地一城"② 奋斗目标，踔厉奋发，勇毅前行，全区域融入、全方位推进、整体性跃升，切实发挥区位优势、产业优势、生态优势，强化基础设施、现代产业、科技创新、生态治理、内陆开放、公共服务等领域的协同发展，争当成渝地区双城经济圈高质量发展排头兵，聚力形成更多具有江津辨识度的标志性成果和示范性经验，努力在唱好"双

---

① "一区"为由都市功能核心区、都市功能拓展区和城市发展新区构成的大都市区。"两群"分别为由渝东北生态涵养发展区 11 个区县的城镇构成的以万州为中心城市的渝东北城镇群，由渝东南生态保护发展区 6 个区县的城镇构成的以黔江为中心城市的渝东南城镇群。

② 2021 年召开的江津区第十五次党代会为江津描绘了建设"五地一城"，高质量打造同城化发展先行区的发展蓝图。"五地一城"即科技创新基地、内陆开放前沿和陆港型综合物流基地、先进制造业基地、乡村振兴示范地、休闲旅游胜地、宜居城市。

城记"、共建经济圈中彰显江津担当、展现江津作为。

目前，江津区政府与泸州、雅安、德阳、郫都等川渝市（区）政府分别签订合作协议，江津区属单位与川渝市（区）属单位签署合作协议达100余份，江津区有关部门、高校、职业院校、企事业单位发起和参与多个成渝地区双城经济圈协同创新联盟、技术转移联盟、创新创业联盟、职业教育联盟等协作组织，有关重点合作项目、事项与协同发展机制正加快推进落实和完善，成渝地区双城经济圈建设的发展红利在江津区得以示范性显现。2020~2022年，江津区GDP分别达1109.44亿元、1274亿元、1330.02亿元，同比分别增长3.9%、14.8%、4.4%，在重庆所属区县中稳居第六位；社会消费品零售总额分别达324.4亿元、408.4亿元、416.06亿元。2022年，江津区实现农业总产值189亿元，在重庆市所属区县中名列第一；实现工业增加值585亿元，在重庆市所属区县中名列第三。另外，江津区还建成千亿级专业市场集群，与有关市区县共建的泸永江融合发展示范区、川南渝西融合发展试验区、民营经济协同发展示范区成效初显，成渝地区双城经济圈重要战略支点作用日益凸显。图1为重庆市江津区全景。

图1　重庆市江津区全景

（贺宝胜 摄）

（一）明确定位，不断完善制度设计和机制建设

2020年以来，融入成渝地区双城经济圈建设成为重庆市江津区的中心工作，连续4年写入政府工作报告。比如，2020年江津区政府工作报告提出"打造成渝地区双城经济圈重要战略支点"的目标；2021 年江津区政府工作报告提出，更大力度融入成渝地区双城经济圈建设，坚持集中精力办好自己的事情，同心合力办好合作的事情，加快建设同城化发展先行区、成渝地区双城经济圈重要战略支点；2022 年江津区政府工作报告提出，积极融入成渝地区双城经济圈建设，协同建设渝川黔区域合作共赢先行区、川南渝西融合发展试验区、泸永江融合发展示范区，共同打造西南地区特色消费品聚集区、中国康养旅游"金三角"、中国名牌白酒"金三角"；2023 年江津区政府工作报告提出，持续深化川渝合作，推进成渝地区双城经济圈建设走深走实。

《重庆市江津区国民经济和社会发展第十四个五年规划和二〇三五年远景目标纲要》专章部署"融入成渝地区双城经济圈建设"，作为立足新发展阶段、践行新发展理念、构建新发展格局、推进高质量发展的重要目标任务，并明确提出，通过全面建设同城化发展先行区、巩固建设渝川黔区域合作共赢先行区、协同建设泸永江融合发展示范区，率先实现与中心城区同城化，共享重庆市国家中心城市优势，主动承担、分担和共担成渝地区双城经济圈发展功能，促进产业、人口及各类生产要素合理流动和高效集聚，打造成渝地区双城经济圈重要战略支点。

2020 年 3 月，江津区印发《关于成立江津区推动成渝地区双城经济圈建设领导小组的通知》（江津委办〔2020〕8 号），成立由区委区政府主要负责人担任组长，相关党政部门作为成员单位的江津区推动成渝地区双城经济圈建设领导小组。领导小组办公室设在江津区发展改革委，承担领导小组日常事务。三年多来，在江津区委区政府的领导下，江津区推动成渝地区双城经济圈建设领导小组的统筹推进下，全区各部门、各单位压实责任，加强交流，强化问题分析，以"新、敢、实、快"的作风优化工作保障，在深化基础设施互联互通、产业创新协同协作、生态环保联建联治、公共服务共建共享、体制机制创新协同等重点领域持续发力，融入成渝地区双城经济圈建设形成一系列标志性成果。

（二）创新引领，建设科技创新基地

建设科技创新基地居江津区"五地一城"战略定位的首位，具体为：坚持以科技创新支撑引领高质量发展，高标准建设西部（重庆）科学城江津片区，集聚科创平台、科创主体、科创项目，推动产业技术创新与科技成果转化，大力发展高新技术产业，形成在全国有影响力的科技创新产业，建设特色鲜明、功能突出的科技创新基地。

近年来，江津区出台《关于深入推动科技创新支撑引领高质量发展的实施意见》《江津区科技创新激励扶持办法》《江津区区级创业孵化基地（园区）认定和管理办法》《江津区"十四五"科技创新发展规划》《重庆市江津区"揭榜挂帅"制科技项目实施方案（试行）》《江津区高质量孵化载体建设实施方案（2021～2025年)》等一系列政策规划，构筑内生式创新发展环境，以高标准推进西部（重庆）科学城江津片区为抓手，高新技术龙头企业和高端创新平台为支撑，着力培育智能产业，提升智能制造水平，推广智能化运用，依托四大工业园、现代农业园、重庆江津综合保税区等平台着力"引智"，千方百计聚集创新资源，着力建设科技创新基地。

2022年，江津区创新发展交出一张亮眼的成绩单：全区新增科技型企业202家、高新技术企业62家，新建市级博士后科研工作站2个、技能大师工作室4家，新引进海内外高层次人才325人，全区研发经费投入超过30亿元、增长17.5%，知识价值信用贷款总量稳居全市第一位，综合创新竞争力、青年人才发展指数均居重庆市主城新区第一位。目前，江津区已累计建成科技创新研发平台186个，累计引进院士专家及其团队7个、海外专家团队3个，现有院士工作站1个、海智工作站3个、博士后科研工作站14个。

高标准建设西部（重庆）科学城被纳入《成渝地区双城经济圈建设规划纲要》重点任务。2021年3月，作为西部（重庆）科学城的重要组成部分，西部（重庆）科学城江津园区管委会［后改称西部（重庆）科学城江津片区管委会］挂牌，随即成为江津区打造科技创新基地的主阵地。两年多来，围绕高质量建设西部（重庆）科学城南部科技创新城"一个目标"，紧扣科技创新、产城融合"两大抓手"，突出创新驱动引领、产业能级倍增、城市品质提升"三个重点"，西部（重庆）科学城江津片区在江津高质量建设同城化发展先行区中充分发挥科技创新龙头带动作用、产业发展核心支撑作用、产城融合示范引领作用，成为全区科技创新的重要动力源。图2为西部（重庆）科学城江津片区鸟瞰图。

图2 西部（重庆）科学城江津片区鸟瞰图

[供图：西部（重庆）科学城江津片区管委会]

（三）融入西部陆海新通道，建设内陆开放前沿和陆港型综合物流基地

建设内陆开放前沿和陆港型综合物流基地是江津区"五地一城"战略定位之一，具体为：主动融入国内国际双循环，推动重庆江津综合保税区高质量发展；加快完善"水公铁"多式联运体系，着力建设重庆陆港型国家物流枢纽；大力发展"保税经济""临港经济""物流经济"，提前谋划"临空经济"；营造一流营商环境，实现更高水平对外开放合作。

陆港通常指的是内陆经济中心城市铁路、公路等交汇处，便于货物装卸、暂存的地区，通过设立自贸区、综合保税区、经济开发区等产业载体，承担区域开放枢纽职能。随着内陆开放型经济发展更突出综合性产业布局与复合型产业结构，陆港从港口运输、物流配送、商贸流通等单一产业向全要素开放、全产业链打造、中心经济培育延伸，因而陆港城市可以凭借通道和物流的传统优势进行产业升级，从而较快成为开放前沿。

自西部陆海新通道开行之始，江津区就开始围绕其布局，成为首批融入通道建设的重庆区县。江津珞璜临港产业城是"西部陆海新通道重庆主枢纽"建设的主要承载地之一，正抢抓西部陆海新通道和成渝地区双城经济圈建设机遇，实施更大范围、更宽领域、更深层次对外开放，全力打造具有全国影响力的内陆开放前沿和陆港型综合物流基地。

目前，珞璜临港产业城集聚了国家级开放平台——重庆江津综合保税区、重庆四大长江枢纽港之一——珞璜港、国家级铁路物流中心——小南垭铁路物流中心、省级特色工业园区——江津珞璜工业园，辐射周边多个产业园区和载体，具有大枢纽、大通道、大平台、大产业的潜在发展优势。从这里，向东沿长江黄金水道可贯穿长江经济带，实现江海联运；向西可通过中欧班列（成渝）国际大通道，连接中亚及欧洲地区；向南可通过西部陆海新通道，辐射东南亚地区。图3为重庆江津综合保税区鸟瞰图，图4为江津珞璜临港产业城"大通道、大平台、大产业"发展架构。

图3　重庆江津综合保税区鸟瞰图

（供图：江津区摄影家协会）

江津珞璜临港产业城先后与广西钦州、防城港、凭祥以及云南磨憨等多个出海、出境口岸建立合作，开通中欧班列、中老班列、中老泰国际联运班列和成渝地区双城经济圈货运班列等多条国内外班列线路，初步形成"联通欧洲、连接东盟、辐射成渝"的国际多式联运服务网络。2022年，小南垭铁路物流中心和珞璜港总吞吐量突破1300万吨；累计开行西部陆海新通道江津班列536列，同比增长133%，占重庆市班列数的22%，共运输货物26822标准箱，运输货值超过12亿元，为成渝地区双城经济圈构建

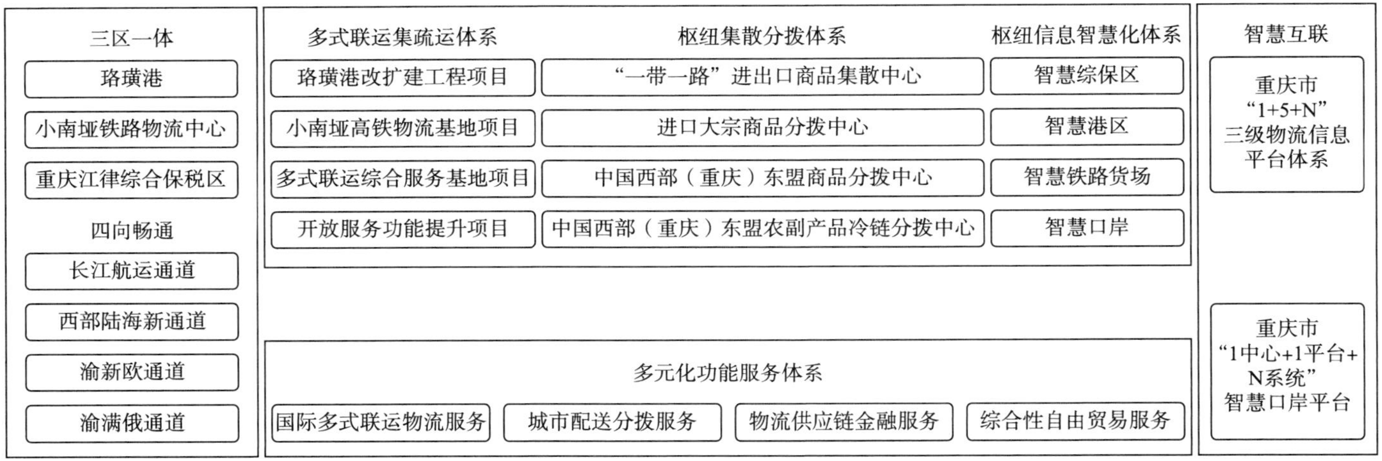

图 4　江津珞璜临港产业城"大通道、大平台、大产业"发展架构

注：重庆市"1+5+N"三级物流信息平台：依据《重庆市推动交通强国建设试点实施方案(2021～2025年)》，"1"为重庆市物流信息平台，"5"为水运、公路、铁路、航空和各类物流园区5个功能性平台，"N"为围绕物流业发展服务的各类商业平台。重庆市"1中心+1平台+N系统"智慧口岸平台："1中心"为重庆电子口岸中心，"1平台"为重庆智慧口岸物流平台，"N系统"为各类智慧口岸信息系统。

021

四向开放通道格局注入了新动能，成为成渝地区双城经济圈连通世界的重要前沿阵地。

2023 年 1 月，小南垭铁路物流中心海关监管作业场所启用，并顺利完成首票外贸货物出口，产品通关速度更快、企业合作热情更高。2023 年前两个月，外贸货物运输量约 1200 标准箱，外贸总货值超 8000 万元。同时，珞璜临港产业城加快推进海关特殊监管区域和口岸的协同发展，重庆江津综合保税区老挝仓储集拼中心已挂牌运营，珞璜港海关监管作业场所正加快建设，重庆水运口岸扩大开放珞璜港项目正在紧锣密鼓地向前推进。

同时，珞璜临港产业城充分发挥"通道＋平台"优势，有效连接"两个市场"，大力发展以进口铝、铜等为代表的有色金属及以木薯粉、冻榴莲、亚麻籽、油菜籽等为代表的国际农产品大宗贸易，让江津区及成渝地区双城经济圈内有关企业直接实现国际原材料本地采购，大大降低采购和物流成本。同时，面向上述地区，建设多类国内商品集采平台，牵引双向贸易，将珞璜临港产业城打造成推动贸易高质量发展的重要支点。2022年，珞璜临港产业城实现出口贸易额 148 亿元，增长迅速。

（四）坚持工业强区不动摇，建设先进制造业基地

建设先进制造业基地是江津区"五地一城"战略定位之一，具体为：坚持工业强区不动摇，把先进制造业作为发展实体经济的主战场；升级壮大消费品、装备制造、汽摩、材料产业集群；加快培育以智能产业为重点的战略性新兴产业集群；建成千亿级消费品工业集聚区；形成 1～2 个领先全市的优势主导产业。

工业是江津的立区之本，更是强区之本。近年来，江津区坚持把先进制造业作为发展实体经济的主战场，工业转型升级不断加快、创新能力显著增强、集聚效果更加明显，工业经济总量、质量和效益稳步提升，高质量发展步履坚定。2020～2022 年，江津区规上工业总产值分别为 1357.4亿元、1601.4 亿元、1797.4 亿元，在重庆所属区县中稳居前列，并且在 2021 年、2022 年分别突破 1600 亿元大关和迈上 1700 亿元的新台阶。到

2022年末，江津区规上工业企业总数达539家，居全市第一位，落户世界500强企业24家。

同时，江津区工业主导产业实力持续增强，形成消费品、装备、汽摩、材料四大主导产业和战略性新兴制造业组成的"4＋1"产业集群。2022年，江津区四大主导产业集聚度达90.5%，规模以上战略性新兴制造业产值同比增长7.9%左右，总体态势向上向好。

随着江津区工业集聚发展水平的提升，江津工业园区[①]的集聚作用不断显现，到2022年末，已集聚工业企业2514户，其中规上企业501户，规上工业产值超1750亿元，园区集中度达97.7%，工业净用地产出强度达90亿元/公里^{2}以上。四大工业园建成区面积超过70平方公里，是重庆唯一拥有"国家新型工业化产业示范基地·装备制造""国家新型工业化产业示范基地·食品（粮油加工）""国家新型工业化产业示范基地·工业互联网"三个国家级产业基地的区县，获评国家大中小企业融通型创新创业特色载体等荣誉称号。图5为江津珞璜工业园全景。

图5　江津珞璜工业园全景

（供图：珞璜工业园管委会）

① 江津工业园区：是重庆市人民政府2002年首批批准的16个特色工业园区之一，并通过国家发改委2006年审核，在发展建设中形成双福、德感、珞璜、白沙四大园区。

（五）村美民富产业旺，建设乡村振兴示范地

建设乡村振兴示范地是江津区"五地一城"战略定位之一，具体为：坚持农业农村优先发展，实施乡村产业提质、乡村建设提升、乡村治理创新、农村改革深化、数字乡村建设"五项行动"，促进农业高质高效、乡村宜居宜业、农民富裕富足，推动乡村振兴走在全市前列。

百业农为先，农兴百业兴。江津区是传统的农业大区，也是中国长寿之乡、中国生态硒城，是全国唯一的"大城市城郊型天然富硒区"。近年来，江津区因地制宜发展粮油、花椒、茶叶、蔬菜、果品、畜禽、水产、中药材等八大类富硒产业近 200 万亩，富硒产业年产值突破 100 亿元，打造"一江津彩"农产品公用品牌，培育"江津花椒""四面绿针""渝津橙""聂家菜""江津枳壳"等富硒产业品牌 5 个，认证富硒产品 200 余个，农业总产值和增加值连续多年居重庆市第一位，走出了一条乡村振兴的"硒"望之路。

值得关注的是，江津区是全国闻名的花椒之乡。2021 年，江津花椒被选入中国共产党历史展览馆展示，中央广播电视总台"品牌强国工程——乡村振兴行动"和 CCTV 7"美丽中国乡村行"栏目重磅推介江津花椒，重庆轨道交通 2 号线开通"江津花椒"专列，北京地铁 1 号线乡村振兴专列刊登"江津花椒"公益广告。全区花椒种植面积达 57 万亩，鲜椒年产量 30 万吨，品牌价值达 62.69 亿元。图 6 为江津花椒国家林木种质资源库。

泸永江融合发展示范区建设启动后，江津区建立规划融通、种苗融育、技术融享、品牌融创、渠道融建、效益融赢的"六融"机制，与泸州市、永川区联合实施"江津花椒、永川秀芽、合江荔枝"国家地理标志保护工程，提升"一江津彩"区域公用品牌知名度，协同共建中国富硒产业发展高地、全国花椒和调味品产业聚集地、中国白酒"金三角"、巴蜀鱼米之乡、荔枝龙眼特色水果出口示范基地、泸永江现代农业合作示范园。

（六）推进文旅融合，建设休闲旅游胜地

建设休闲旅游胜地是江津区"五地一城"战略定位之一，具体为：把

图 6　江津花椒国家林木种质资源库
（供图：江津区农业农村委员会）

生态与人文优势转化为发展优势，筑牢长江江津段生态屏障，建设山清水秀美丽江津，推动生态、文化、旅游、休闲、康养多元融合发展，创建国家全域旅游示范区和国家级旅游度假区，争创国家历史文化名城。

江津区是长江进入重庆市的第一区，辖区有重庆区县最长的 127 公里长江岸线。近年来，江津区坚持生态优先、绿色发展，强化上下联动、区域互动，加强与泸州、永川、璧山等周边地区环境共治共管共建，培育壮大绿色产业，加快打造绿色家园和无废城市，全力构建"全链无废"发展体系，推广"全民绿色"生活方式，营造全社会绿色生活环境，全面筑牢"绿色屏障"。到 2022 年末，江津区 8 个市控及以上断面中，Ⅰ~Ⅲ类水质断面占 100%，无劣Ⅴ类水质，长江江津段水质稳定达到Ⅱ类标准。

江津区地处长江要津，风光旖旎，人文荟萃，是重庆首个市级历史文化名城，拥有 5 个中国历史文化名镇，数量位列重庆市区县第一。近年来，江津区依托自然人文优势，积极打造旅游休闲胜地，在做靓历史文化名城的基础上，按照全域旅游理念，推进文旅融合，推出覆盖全区、带动全域的"一江两岸"都市游、津南大四面山生态游、津西古镇民俗文化游、津北原乡人文风情游、津东綦河画廊乡村游 5 条精品旅游线路，获评国家公共文化服务体系示范区、2019 中国旅游影响力年度区县、中国文旅融合典范、首批全国文化旅游胜地、2021 文化旅游优选目的地等多项荣誉。例如，在江津四面山景区，春赏花、夏消暑、秋观叶、冬玩雪，一座四面山，四季玩法皆不同，这既是四面山的生态禀赋魅力，也是江津区立足四面山做优旅游品质品牌的结果。图 7 为江津四面山景区望乡台瀑布。

图 7　江津四面山景区望乡台瀑布
（供图：江津区发展改革委）

此外，江津区还抢抓成渝地区双城经济圈建设机遇，加快推动渝川黔毗邻地区文旅融合发展，与泸州、宜宾、自贡、内江、永川、荣昌等市区县共同成立川南渝西文化旅游联盟，共同打造中国康养旅游"金三角"。

（七）完善提升城市功能、品质和能级，建设宜居城市

建设宜居城市是江津区"五地一城"战略定位之一，具体为：深入实施以人为核心的新型城镇化，全面提升城市功能和品质，推动城乡基础设施提档升级、公共服务提标扩面，完善社会保障和社会治理体系，成功创建国家森林城市、全国文明城区，建设现代化高品质宜居城市。

宜居是城市核心竞争力和可持续发展能力的根本。江津区面积达 3200平方公里，到 2022 年末，全区常住人口 135.38 万人，常住人口城镇化率为 62.0%。近年来，江津区按照高质量建设同城化发展先行区目标，坚持人民城市人民建、建好城市为人民，把群众满意作为第一标准，尊重城市发展

规律，统筹空间、规模、产业三大结构，规划、建设、管理三大环节，改革、科技、文化三大动力，生产、生活、生态三大布局，政府、社会、市民三大主体，实施"大城细管""大城众管""大城智管"，全力建设"有品质、有颜值、有情怀、有温度"的宜居城市，全域"一轴两翼、拥江发展"空间格局①和"一主两副六节点多特色"的现代化城镇体系②逐渐形成。

同城发展，交通先行。江津人先后圆了"高铁梦"和"轨道交通梦"，贯通连接的港口、高速公路、高铁、轨道交通，打开了江津与外界互联互通的大门。

尤其是江津区正全面畅通联系重庆市中心城区及成渝地区双城经济圈的轨道交通、过江大桥、快速道路等通道，努力实现"半小时中心城区，一小时江津全域，两小时周边城市"的同城化发展目标。2023年3月，华福隧道、华岩隧道、西江大道、江津白沙长江大桥等融城道路已陆续建成通车，重庆首条市郊铁路轨道交通5号线跳磴至江津段建成通车，国道G244改线、G348升级改造，强化与周边城市、城区快速联通；江州大道、长风路等城市断头路打通，让群众日常交通出行更加便捷；渝赤叙高速、永津高速等开工建设；江泸北线高速、渝昆高铁川渝段等加快推进；江津塘河至泸州合江白鹿省际公交线路开通运行……江津区高速公路、铁路通车里程分别达191公里、182公里，区域性交通枢纽功能持续增强。

---

① "一轴两翼、拥江发展"空间格局：以双福新区、滨江新城、几江半岛、支坪片区为南北向"城市主轴"，以江津综合保税区、珞璜工业园、珞璜镇为"东翼"，以德感工业园、德感街道为"西翼"的城区同城一体化发展新格局。

② "一主两副六节点多特色"的现代化城镇体系："一主"是江津的中心城区，由双福、德感、圣泉、几江、鼎山和支坪、先锋、龙华部分区域组成，要大力推动一体化发展，建设西部（重庆）科学城展示高品质生活的现代化新区；加快推进双福—滨江新城—德感集中连片发展，有序启动江洲湾片区规划建设，加快推动西部（重庆）科学城江津片区和长江以南几江半岛、支坪及先锋等区域空间融合、功能耦合。珞璜、白沙两个副中心城市要高起点规划城市布局，高质量推进产城融合，强化城市功能配套和特色塑造，提高承载力和吸引力。石蟆、李市、油溪、蔡家、贾嗣和四屏6个节点镇要加快推动产城景、农文旅融合，发挥好联结城乡、服务农村、带动周边的作用。其他镇要因地制宜、立足特色谋发展，建设一批产业特而强、功能聚而合、形态小而美、机制新而活的精品小镇。

通过不断完善城市功能、提升城市品质和能级，推动"产、城、人、景"融合发展，一系列看得见、摸得着的城市品质蝶变，正在江津区持续上演：几江母城焕新重生，楼栋微整治、空间微改造、景观微提升和功能补遗拾缺有序推进；滨江新城强势崛起，高标准、高品质搭建"城市会客厅"；双福新区聚焦交通基础、园区提质、城市配套等重点领域狠抓品质提升，产城融合全面提速；德感片区加速优化生活空间、补齐城市功能短板，建设消费品产业城；珞璜片区持续放大枢纽优势，建设临港产业城；白沙片区建设工业新区、文化重镇；等等。图 8 为江津滨江新城全景。

图 8　江津滨江新城全景
（供图：江津区滨江新城建设管理中心）

近年来，江津区坚持将整治和改善人居环境作为重点民生实事来抓，持续改善群众居住条件，努力实现城市"宜居、宜业、宜乐、宜游"。截至 2022 年末，累计实施老旧小区改造 444 个共 29081 户，改造面积约249.74 万平方米，实施棚户区改造 3599 户，累计改造农村危房 27357 户，建成美丽庭院 3026 个，安装村庄亮化工程路灯 8000 盏，白沙镇宝珠村东海沱、塘河镇硐寨村、塘河镇石龙门村、吴滩镇邢家村、中山镇鱼湾村等5 个村被列入中国传统村落名录。

公共服务同标同质是都市圈同城化的重要风向。近年来，江津区扎实办好民生实事，加人与毗邻地区公共服务的共建共享，加速构建"15 分钟社区服务圈"和"5 分钟便民生活圈"，解决市场主体与群众最关心、最直接、最现实的"急难愁盼"问题。2022 年，江津区城乡常住居民人均可支配收入分别达 45160 元、23933 元，分别同比增长 8.3%、10.3%；新增城镇就业 2.7 万人，城乡养老保险和医保综合参保率稳定在 96% 以上；完成 18 个养老服务中心建设，新增床位 500 张。

　　由于民生获得感幸福感已经媲美区位优势、产业先发等传统营商要素，江津区营商环境优化重点也随之转向民生软环境的填平补齐和效率质量提升。从近年来江津区经济砥砺前行的成效看，相当程度上得益于其着力推动民生保障改善"七有六性"①，打造更具开放包容性的便商亲商友商的营商环境，促进各类人才和市场主体的"近悦远来"。

四　梳理江津实践，总结江津经验，为成渝地区双城经济圈高质量发展提供样本案例和智库成果

　　从江津的实践来看，通过发挥要素、区位、交通、通道、产业等综合比较优势，以及把握融入国家战略产生的新机遇、新空间，坚持从全局谋划一域、以一域服务全局，大力推进交通便捷通畅、产业局部领先、公共服务均等同质，发力建设"五地一城"和同城化发展先行区，打造成渝地区双城经济圈重要战略支点，已形成三大经验可供参考借鉴。

　　一是强化创新链、产业链协同，建设成渝地区双城经济圈重要的科技创新基地。出台推动科技创新"黄金29条"意见等政策规划，以赛马机制营造内生式创新环境。高标准建设西部（重庆）科学城江津片区，融入西部科学城"一城多园"产研生态及成渝地区双城经济圈全域创新体系，跨区域整合创新要素，建设产学研用融合型科技创新基地，推动"江津制造"向"江津智造"升级。

　　二是加快发展开放型经济，建设内陆开放前沿和陆港型综合物流基地。推动西部陆海新通道、中欧班列（成渝）、长江黄金水道、国际铁路班列、成渝班列等通道在江津贯通连接，主动承接重庆主城都市区及渝川

---

① "七有六性"："七有"为幼有所育、学有所教、劳有所得、病有所医、老有所养、住有所居、弱有所扶，"六性"为便利性、快捷性、宜居性、多样性、公正性、安全性。

黔等周边地区的物流服务功能，做优做活珞璜"水公铁"多式联运体系，发展"通道＋物流＋产业"的临港经济、物流经济、保税经济，营造市场化国际化法治化营商环境，形成联动周边、对接外埠、面向世界的开放合作新格局。

三是坚定不移地实施"工业强区"战略，建设成渝地区双城经济圈重要的先进制造业基地。积极融入重庆都市圈产业链供应链配套及成渝地区双城经济圈世界级产业集群布局，推动传统制造业智能化转型，培育电子信息、高端装备制造、新能源、节能环保等战略性新兴产业。通过产业配套、交叉投资、相互参股、设立子公司等多种合作方式，推动形成以研发在中心城区、制造在江津为特色的"链式配套、梯度布局"型产业分工体系。引领川渝毗邻地区产业协同合作，共建食品、新能源、新材料、智能制造等特色产业合作园区，加快打造川渝滇黔结合部经济中心。

进一步看，国家赋予成渝地区双城经济圈打造具有全国影响力的重要经济中心、科技创新中心、改革开放新高地、高品质生活宜居地的战略定位，在江津区都能对应到具体举措、实施路径、工作机制、典型案例和阶段成效。特别是成渝地区双城经济圈面临发展不平衡不充分的严峻挑战，江津的实践探索和发展经验，能够为同类地区提供具有实操性的借鉴和参考，进而促进成渝地区双城经济圈全域打造"中国经济第四增长极"。

《成渝地区双城经济圈建设研究报告》致力于打造高质量、具有国际影响力的智库成果，由中国国际经济合作学会、北京师范大学政府管理研究院、成渝地区双城经济圈研究院、北京京师润教育科技研究院、中经智研（重庆）商务信息咨询有限公司等机构组建编委会，联络有关机构和专家共同编撰，以《成渝地区双城经济圈建设规划纲要》及相关战略部署为纲领，计划每年围绕若干主题，通过数据分析、成效总结、挑战分析、对策建议等实证研究和对策研究，出版若干报告，并召开成果发布会，在国内外媒体发表系列智库成果，为读者描绘波澜壮阔的成渝地区双城经济圈建设史、发展史和靓丽画卷，为各级党委政府、企事业单位更好部署和参与成渝地区经济圈建设提供工具指南和参考建议，为国内外城市群和都市圈建设提供实践方案。

《成渝地区双城经济圈建设研究报告（2022）》（刘洋、方宁主编，社会科学文献出版社）在2022年中国国际服务贸易交易会发布，会后由主办方赠送给部分服贸会参展参会领导、企业、国际机构，商务部等部委网站、部分国际机构网站及学习强国、《财经》、《经济》、《中国经济时报》、《丝路百科》、《四川日报》、《重庆日报》、《中国社区报》、《乡镇论坛》、《人民日报》、《民生周刊》、《创意城市学刊》、《中国贸易报》、人民网、《封面新闻》、中国社会科学网、中国改革网、网易新闻等过百家媒体报道和转载有关成果。

《重庆市江津区融入成渝地区双城经济圈建设研究报告（2023）》以"加快建设'五地一城'，融入成渝地区双城经济圈高质量发展的江津样本"为主题，包括主报告、专题报告两大板块。主报告由编撰机构课题组编写，聚焦江津区围绕高质量建设同城发展先行区，加快建设"五地一城"，深度融入成渝地区双城经济圈和全市"一区两群"协调发展，梳理分析其实践探索、改革创新、主要成效、典型案例、问题挑战与对策建议。专题报告邀请相关专家围绕若干重点领域撰写。

2023年5月13～14日，由重庆市发展改革委、四川省发展改革委指导，重庆市江津区人民政府、中国国际经济合作学会联合主办，西部（重庆）科学城江津片区管委会、中国国际经济合作学会数字经济工作委员会、成渝地区双城经济圈研究院等承办的2023年成渝地区双城经济圈高质量发展论坛在重庆市江津区成功召开。本次论坛以"打造带动全国高质量发展的重要增长极"为主题，邀请了国家部委、高校科研院所、知名企业及成渝地区双城经济圈各级政府部门、企事业单位的负责人参与，举行了专家报告、成果发布、行业交流、考察调研、项目路演等配套活动。

本次论坛发布了《重庆市江津区融入成渝地区双城经济圈建设实践探索研究报告（2023）》（见图9），受到线上线下参会嘉宾的热烈关注，《人民日报》、人民网、《经济日报》、《经济》、新华社、《财经》、重庆新闻联播、央视网、《中国经济时报》、《中国证券报》、《重庆日报》、《四川日报》、七一网、重庆发布、中国网、中国新闻网、新浪、网易、搜狐、凤凰网、腾讯等上百家媒体，以及有关政府官网广泛报道和转载相关智库成果，被媒体誉为"成渝地区双城经济圈首部以地级行政区实践探索为样本的智库报告"。

图 9 《重庆市江津区融入成渝地区双城经济圈建设实践
探索研究报告（2023）》揭幕

（蒲阳 摄）

《重庆市江津区融入成渝地区双城经济圈建设研究报告（2023）》有关素材选取、案例分析和理论研究截稿于 2023 年 5 月，较为全面、系统、完整地呈现了江津区融入成渝地区双城经济圈建设的机制创新、实践探索和成效经验，为各级党委政府、企事业单位、高校科研院所、社会组织、新闻媒体以及广大读者提供具有时效性、针对性的高质量智库成果。

需要说明的是，《重庆市江津区融入成渝地区双城经济圈建设研究报告（2023）》在编写过程中，得到了江津区党委政府有关部门在资料提供、调研开展、成果研讨等方面的支持，在此表示真诚的感谢。同时，研究报告亦参考借鉴了一些学者、专家、机构的研究实践成果和数据资料，课题组在参考文献中列示，在此表示真诚的感谢。由于部分资料来源于未标明出处的公开网络，请相关版权所有人与编委会联系（邮箱：158950711@qq.com，微信号：18612399807），以便致奉谢意和薄酬。如有争议内容，也请有关人员及时与我们联系，在本报告再版时予以调整。

本报告提供的所有资料、数据和案例分析，系基于公开资料研究分析得出，仅供研究、学习等参考，并不构成任何专业性决策意见。

由于有关数据资料引用自公开媒体报道、转载，以及编写人员的实地调研和资料收集，可能存在信息不准确的地方，加之时间仓促和作者知识面有限，《重庆市江津区融入成渝地区双城经济圈建设研究报告（2023）》存在编写错误与疏漏之处在所难免，希望各位读者及时给予我们反馈。我们也非常愿意与读者及有关机构就成渝地区双城经济圈建设的各项议题进行广泛深入的交流、探讨和合作。

主 报 告

第1章
重庆市江津区融入成渝地区双城经济圈共建具有全国影响力的科技创新中心，打造科技创新基地的主要成效、面临挑战与对策建议

党的二十大报告共有39次提到"科技"、50次提到"创新"，这进一步凸显了科技创新在中国式现代化新征程中的基础性、战略性支撑作用。习近平总书记在党的二十大报告中指出："必须坚持科技是第一生产力、人才是第一资源、创新是第一动力，深入实施科教兴国战略、人才强国战略、创新驱动发展战略，开辟发展新领域新赛道，不断塑造发展新动能新优势。""具有全国影响力的科技创新中心"是成渝地区双城经济圈的战略定位之一。《成渝地区双城经济圈建设规划纲要》提出，要发挥科教人才和特色产业优势，推动创新环境优化，加强创新开放合作，促进创新资源集成，激发各类创新主体活力，大力推进科技和经济发展深度融合，打造全国重要的科技创新和协同创新示范区。

《重庆市科技创新"十四五"规划（2021～2025年）》提出，到2025年，重庆力争成为更多重大科技成果诞生地和全国重要的创新策源地，到2035年成为具有全国影响力的科技创新中心，整体创新水平力争进入全国科技创新第一方阵。进一步看，加快建设特色鲜明、功能突出的科技创新基地既是江津区融入成渝地区双城经济圈打造具有全国影响力的科技创新中心的具体举措，也是江津区"五地一城"战略的首要目标。近年来，江

津区把数字化、智能化前沿领域作为科技创新的主方向，把产业科技创新作为主战场，建设西部（重庆）科学城江津片区作为主平台，把科技成果创造、转化、应用作为主抓手，把优化创新生态作为主任务，加快培育创新主体，高标准打造创新平台，促成各类创新要素资源加速聚集，全面激发创新活力，全力以赴实现创新驱动高质量发展。

第1节　近年来江津区科技创新发展的主要成效、典型案例

2020 年以来，江津区创新能力提升取得新成效，研发投入稳步提高，全社会 R&D 经费支出从 2020 年的 26.4 亿元增长到 2022 年的 34.58 亿元（见表 1－1），增幅为 30.98%，全社会 R&D 投入强度达 2.4% 以上，高于全国、全市平均水平。到 2022 年末，江津区市级及以上创新平台总量达 186 个，累计引进院士专家及其团队 7 个、海外专家团队 3 个，现有院士工作站 1 个、海智工作站 3 个、博士后科研工作站 14 个，有关科技创新成果先后获得国家科技进步奖二等奖、重庆市科技进步奖一等奖等荣誉，基本形成科学合理的科技创新平台布局。2022 年新增高新技术企业 62 家、科技型企业 202 家（见表 1－2），高新技术企业和科技型企业总量均居全市前列。知识价值信用贷款总量稳居全市第一位，综合创新竞争力、青年人才发展指数均居重庆市主城新区第一位。

表 1－1　2022 年川南渝西地区市区县科技创新效能比较

序号	市区县	R&D 经费支出（亿元）	R&D 投入强度（%）	高校数量（所）	高新技术企业数（家）	科技型企业数（家）	有效发明专利拥有量（件）
1	江津	34.58	2.60	7	342	1678	1928 *
2	永川	28.87	2.40	9	229	1201	1309
3	綦江	17.07	2.30 *	5	144	1976	1079
4	大足	14.65	1.83 *	5	220	1254	347
5	铜梁	16.51	2.25	3	174	961	530

序号	市区县	R&D 经费支出（亿元）	R&D 投入强度（%）	高校数量（所）	高新技术企业数（家）	科技型企业数（家）	有效发明专利拥有量（件）
6	荣昌	16.35	2.00	1	151	1273	736
7	泸州	26.54	1.02	7	184	841	1049
8	内江	16.20*	1.01*	4	134	446	130
9	宜宾	44.20*	1.40*	8	309	1324	1345

* 为 2021 年数据。

注：（1）以上数据主要来自相关市区的政府工作报告、国民经济和社会发展统计公报以及政府部门的公开数据。

（2）江津区"R&D 经费支出"指标值居川南渝西地区市区县的第二位、"R&D 投入强度"指标值居川南渝西地区市区县的第一位、"高校数量"指标值居川南渝西地区市区县的第三位、"高新技术企业数"指标值居川南渝西地区市区县的第一位、"科技型企业数"指标值居川南渝西地区市区县的第二位、"有效发明专利拥有量"指标值居川南渝西地区市区县的第一位。由此可见，江津区科技创新主要指标居川南渝西地区市区的前列，具备打造科技创新基地的基础条件。

表 1－2　2020 年和 2022 年江津区科技创新主要指标值

序号	指标名称	2020 年指标值	2022 年指标值
1	全社会 R&D 经费支出占地区 GDP 的比重（%）	2.40	2.60
2	战略性新兴产业产值占工业总产值的比重（%）	22.00	25.00
3	有研发活动的规上工业企业占比（%）	45.00	51.00
4	全社会研发经费投入增长率（%）	12.80	17.50
5	新增高新技术企业数量（家）	39.00	62.00
6	新增科技型企业数量（家）	409.00	202.00
7	市级及以上创新平台数量（个）	163.00	186.00
8	知识价值信用贷款新增支持科技型企业［家（次）］	184.00	130.00
9	万人发明专利拥有量（件）	10.67	14.18*

* 为 2021 年数据。

一　科技创新政策环境持续优化

2020 年以来，江津区深入贯彻落实国家、重庆市科技创新战略方针，出台《中共重庆市江津区委　重庆市江津区人民政府关于深入推动科技创新支撑引领高质量发展的实施意见》（江津委发〔2021〕14 号）、《重庆市江津区人民政府关于印发江津区"十四五"科技创新发展规划的通知》（江津府发〔2022〕3 号）、《重庆市江津区人民政府关于印发重庆市江津区"揭榜挂帅"制科技项目实施方案（试行）的通知》（江津府发〔2022〕29 号）、《重庆市江津区人民政府办公室关于印发江津区高质量孵化载体建设实施方案（2021～2025 年）的通知》（江津府办发〔2022〕121 号）、《重庆市江津区科学技术局关于印发〈重庆市江津区科技特派员管理办法〉的通知》（津科发〔2022〕25 号）、《重庆市江津区科学技术局关于印发〈江津区科技人才队伍"十四五"发展规划（2021～2025 年）〉的通知》（津科发〔2021〕16 号）（见表 1 – 3）、《重庆市江津区经济和信息化委员会关于印发〈江津区推进规模以上工业企业研发机构建设行动方案（2020～2022 年）〉的通知》（津经信委发〔2020〕141 号）等科技创新专项政策规划，围绕科技创新发展布局、推动产业创新发展、激发创新主体活力、完善科技创新体制机制等多个方面，基本形成政府引导、企业主体、市场导向、产学研用结合、区域协同协作的江津科技创新制度建设"加强版"。

为贯彻落实《中共重庆市委关于深入推动科技创新支撑引领高质量发展的决定》等文件要求，2021 年 6 月，中共重庆市江津区委、重庆市江津区人民政府出台《关于深入推动科技创新支撑引领高质量发展的实施意见》，该实施意见由 7 个部分构成，共 29 条。这是江津区融入成渝地区双城经济圈、建设科技创新基地的首份专项顶层设计，也是指导"十四五"和今后一个时期江津区科技创新工作的纲领性文件。

该实施意见提出建设科技创新基地"两步走"的发展目标：到 2025年，西部（重庆）科学城江津片区实现一体化发展，初步形成重要的科技创新基地框架体系，全区 R&D 强度达到 2.8%，科技进步贡献率达到 65%以上，数字经济增加值年均增速达 20% 以上；到 2035 年，力争整体创新水平、创新实力跻身重庆市乃至西部地区前列，科技进步成为经济增长的主动力，建成重要的科技创新基地。与之对应，打造"一核一圈多点"科

技创新格局[①]、构建"4+1"现代工业产业体系[②]、高效能激发创新主体
活力、推进科技创新治理体系和治理能力现代化则是实现"两步走"目标
的重点任务和具体路径。

表1-3　2020年以来江津区相关科技创新重点部署

序号	政策规划	发展目标	重点任务
1	《重庆市江津区人民政府关于印发江津区"十四五"科技创新发展规划的通知》（江津府发〔2022〕3号）	到2025年，基本构建以西部（重庆）科学城江津片区为主平台、联动珞璜片区和白沙工业园的创新发展新格局，基本形成具有行业影响力的科技创新资源集聚区、科技创新成果转化承载区、高精尖制造业承接区，基本建成重庆重要的科技创新基地，创新驱动高质量发展取得显著成效。	一是全力打造西部（重庆）科学城江津片区；二是加快产业核心技术攻关，实现高质量科技供给；三是打造高端创新平台，推动创新资源集聚；四是坚持人才优先战略，激发创新人才活力；五是聚焦重点关键环节，促进科技成果转化；六是深度融入社会民生，促进科技应用示范；七是推动创新开放合作，增强科技创新协同能力；八是全面推进创新改革，不断完善创新体制机制；九是持续优化创新环境，构建优良创新生态。
2	《重庆市江津区人民政府关于印发重庆市江津区"揭榜挂帅"制科技项目实施方案（试行）的通知》（江津府发〔2022〕29号）	探索重大科技项目"揭榜挂帅"攻关机制，调动利用全社会科技创新资源，攻克江津重点产业发展的技术难题，推动江津高质量发展。	聚焦一二三产业关键核心技术攻关和破解产业发展瓶颈的共性关键技术以及重大公益性需求，重点关注无人机及反无人机、玄武岩新材料、交通检测、山地丘陵智慧农机等四个细分领域和"4+1"主导产业。

---

① "一核一圈多点"科技创新格局：加快推进西部（重庆）科学城江津片区建设，着力构建以团结湖数字经济产业园为核心，以环重庆交通大学创新生态圈为环带，以高新技术龙头企业和高端创新平台为支撑的"一核一圈多点"科技创新格局，初步形成双福片区为研发创新集聚区，德感片区为科技成果转化示范区，滨江新城片区为城市配套区的功能布局。将西部（重庆）科学城江津片区打造成为有江津特色的"两中心、两地"——西部（重庆）科学城南部科创中心、商贸中心，科技成果转化基地和高品质生活宜居地。

② "4+1"现代工业产业体系：消费品、装备、汽摩、材料四个主导产业做大做强，做精做优以智能产业为重点的新兴产业。

序号	政策规划	发展目标	重点任务
3	《重庆市江津区人民政府办公室关于印发江津区高质量孵化载体建设实施方案（2021～2025年）的通知》（江津府办发〔2022〕121号）	优化全区孵化载体空间布局，逐步完善"众创空间＋孵化器＋加速器"全链条孵化体系，加快创新主体引育和科技创新成果转移转化，打造规模化、专业化、高质量孵化载体。	一是围绕西部（重庆）科学城江津片区建设的总体要求，打造环重庆交通大学创新生态圈；二是建设产业特色突出、孵化功能完备、配套服务健全、集聚效应显著的大型孵化载体；三是围绕专业化、平台型、国际化等方向，打造特色孵化载体。
4	《重庆市江津区科学技术局关于印发〈重庆市江津区科技特派员管理办法〉的通知》（津科发〔2022〕25号）	以推进农业科技社会化服务体系建设为抓手，以"派得出、下得去、留得住、干得好"为目标，引导科技特派员积极参与乡村振兴战略，着力培养一批科技创新人才，建设一批创新创业基地，破解一批关键技术难题，推广一批科技成果，培育一批科技型企业，扶持一批特色优势产业，促进一二三产业深度融合。	
5	《重庆市江津区科学技术局关于印发〈江津区科技人才队伍"十四五"发展规划（2021～2025年）〉的通知》（津科发〔2021〕16号）	"十四五"期间，江津区科技人才队伍规模稳步扩大、素质明显提升、结构优化调整、发展环境改善，科技人才队伍总量与结构与江津区经济社会发展水平相适应。	一是培育高水平创新平台；二是壮大人才队伍，优化人才结构；三是助推科技成果转化和应用。

二 促进科技创新的主题活动蓬勃开展

2020年以来，江津区举办首届成渝地区双城经济圈"专精特新"创新赋能大赛、科技活动周、首届泸永江协同创新暨环重庆交通大学创新生态圈科技成果发布会、"百问百答"科技创新政策宣讲、"双创"活动周等系列活动，组织区内科技成果参展智博会、西博会、西洽会等国际展会，推进大众创业、万众创新，努力形成有利于创新创业的发展环境。

江津区科技活动周已连续举办22年，2021年被全国科技活动周组委会办公室评为优秀单位。2022年江津区科技活动周进一步体现出联动周边市区县、融入成渝地区双城经济圈的特色，由江津区人民政府、重庆交通大学主办，江津区科技局、泸州市科学技术和人才工作局、永川区科学技术局、重庆交通大学工程与产业研究院联合承办。

近年来，江津区科普服务体系持续完善，扎实推进全国地方科协改革综合示范区江津区专项试点工作，持续落实"为科技工作者办实事，助科技工作者作贡献"重点事项，科普活动精彩纷呈，公民科学素质、社会文明程度不断提升。区科技馆成功申报全国科普教育基地、首批重庆市中小学校外科普特色基地，完成市区两级9个"基层科普行动计划"项目，建成市级科普基地累计6家、区级科普基地累计32家。

三　科技创新财政金融支持力度持续加强

近年来，江津区贯彻落实国家、重庆市有关科技企业扶持支持政策，加强区级科技财政资金激励扶持，财政金融惠及企业创新的力度不断加强。例如，"十三五"期间，江津区级财政累计兑现1.8亿元，激励全区781家（次）企事业单位科技创新；2022年，江津区修订出台《2022年江津区科技创新促进高质量发展激励资金项目指南》，3批次梳理发布区级稳企惠企科技政策共16条，兑现科技创新促进高质量发展政策项目资金3643.85万元，惠及463家（次）创新主体。由此可见，在年度财政投入并未明显增长的情况下，仅2022年区级财政支持企业数量就占到"十三五"总数的59.3%，体现出江津区科技创新企业数量增长较快、区级财政支持更加普惠精准和带动性更强的特点。

科技型企业大都具有轻资产、重创新的特征，在以重资产为基础、以财务指标为核心的传统商业价值征信评价体系下，很难从银行获得贷款。为破解科技型企业融资难问题，江津区做实科技金融服务，先后推出创业种子投资基金、专利质押融资、科技型企业知识价值信用贷款3支科技金融产品，实现科技型企业融资轻资化、信用化、便利化。

2017年，江津区加入重庆市科技型企业知识价值信用贷款改革试点，与市级财政共同出资设立规模为2亿元的科技型企业知识价值信用贷款风险补偿基金，对银行为科技型企业发放知识价值信用贷款提供风险补偿。相关科技型企业无须提供任何抵押物，只凭知识价值信用，就可获得银行最高500万元的贷款授信，利率执行同期基准利率。2022年，江津区充分发挥政府风险补偿基金的杠杆效应，引导银行等金融机构加大对科技型企业的资金支持，新增支持科技型企业130家（次），发放知识价值信用贷款2.96亿元，累计支持企业687家（次），共计14.29亿元，放款总量稳居全市第一位。

案例1-1 科技创新"揭榜挂帅"：在成渝地区双城经济圈建设具有全国影响力的科技创新中心中打造具有江津辨识度的引领示范成果

习近平总书记强调，完善科研任务"揭榜挂帅""赛马"制度，实行目标导向的"军令状"制度，鼓励科技领军人才挂帅出征。2022年，江津区出台《"揭榜挂帅"制科技项目实施方案（试行）》（以下简称《实施方案》），由依靠自身力量难以解决重大需求或产业关键技术难题的企业作为发榜方，江津区科技局、江津区经济和信息化委员会根据产业发展情况及征集的技术需求，组织专家论证后面向全球张榜，由符合条件且有研发实力的区内外高校、科研机构、企业等创新主体或各类创新主体组成的联合体揭榜。

按照《实施方案》，原则上"揭榜挂帅"制科技项目每年立项不超过1项，主要由需求征集、需求论证、发布榜单、揭榜申报、评审推荐、组织对接、揭榜公告、项目监管、结题验收等环节确定。

"揭榜挂帅"制科技项目资金主要由需求方、揭榜方协商并签约确定。资金保障以需求方提供配套资金为主，财政资金对"揭榜挂帅"科技项目的主要出资方采取事前和事后补助的资助方式，按照项目榜额给予一定比例的资金支持。财政资金对单个项目的配套资金支持不超过揭榜协议（合同）金额的50%（包括市级补助资金），总金

额最高不超过800万元。区级财政资金由区财政出资30%和西部（重
庆）科学城江津片区管委会（江津区双福工业园发展中心）出资70%
统筹组合而成。

"揭榜挂帅"是江津区深化科技创新体制改革的重要举措，通过充
分发挥战略导向、问题导向、需求导向、多方投入和集中力量办大事等
制度优势，优化协同创新机制，发挥创新主体的积极性、能动性，集聚
成渝地区双城经济圈和全球优质科技创新要素资源，促进科技成果转化
和产学研用深度融合，有效破解江津区面临的前瞻性基础研究和引领性
原创成果不足、关键科技领域存在"卡脖子"现象等问题。

从2022年实施情况看，江津区共征集技术需求12项，集聚区内
外高校、科研机构、行业龙头企业等优质创新主体参与技术攻关，有
力地提升了江津区关键核心技术和破解产业发展瓶颈的共性关键技术
的攻关能力。

四　科技创新主体量质齐升

近年来，江津区按照"做大存量、挖掘增量、提升质量"的思路，通
过"政策引导、平台搭建、项目支撑、环境服务"，坚持规模与质量并重、
传统与新兴并行，改良企业群体的创新结构，培育优质创新主体，科技创
新主体培育工作总体走在全市前列。

一方面，深入挖掘基础好、实力强、潜力大的企业重点培育，做强传
统优势产业。到2022年末，江津区已累计培育高新技术企业342家、科技
型企业1678家，高新技术企业与科技型企业数量均居全市和川南渝西地区
较前列。尤其是2022年江津区规模以上工业总产值达1797.4亿元，居全
市前列，规上工业企业总量达539家，居全市第一位，2022年有研发活动
的规上工业企业占比达51%，一半以上的规上工业企业重视科技创新，开
展创新活动，正引领带动更多工业企业参与和分享科技创新红利，科技创

新作为江津区工业重要竞争力的效应在进一步加强。

另一方面，江津区正发力培育新型创新主体。近年来，江津区挂牌运行西部（重庆）科学城江津片区管委会，团结湖数字经济产业园和环重庆交通大学创新生态圈加快建设发展，院士专家工作团队从无到有，国家重点实验室和国家级科技企业孵化载体均实现"零"的突破，各类科技创新孵化载体正围绕大数据、人工智能、云计算、区块链、物联网、智能制造等数字科技前沿领域，结合重点产业、重点企业的科技创新需求，培育具有自主知识产权、能够发挥核心引领作用的新型创新主体，促进创新链与产业链、供应链深度融合。依据《江津区高质量孵化载体建设实施方案（2021～2025年）》，通过打造"双创"升级版，到2025年底，全区有望聚集在孵企业和初创团队2400个以上，这些科创团队将是江津区未来的高新技术企业、科技型企业、"专精特新"企业等科技创新的主力军。图1-1为渝丰科技"网络神经电缆"数字化生产车间。

图1-1　渝丰科技"网络神经电缆"数字化生产车间

注：渝丰科技股份有限公司是一家集电线电缆研发、生产、销售于一体的国家级高新技术企业，注册地和生产基地在西部（重庆）科学城江津片区，建有院士专家工作站、博士后科研工作站，拥有四个省级科技研发平台和国内外专利133项，其研发生产的"网络神经电缆"及其安全状态监测系统关键技术与应用获得2020年重庆市科技进步奖二等奖等荣誉，在智能线缆领域实现行业"领跑"。

［供图：西部（重庆）科学城江津片区管委会］

五　产才融合跑出"加速度"

国内功率最大、传扭能力最大、重量最大的民船用双机并车齿轮箱实现"江津造"；三峡电缆集团依托中国工程院院士及清华大学、重庆大学等专家

团队，构建"一院二心三科四部五领域"科研体系①，自主研发专利及实用
新型专利超 100 项，成为重庆市电缆行业首家同时获得欧盟 CE 认证、海关
联盟 EAC 认证、美国 UL 认证的企业；重庆智展齿轮传动有限公司成功研发
的齿轮和齿轮轴（JL、ZP、HP 等系列）产品填补国内该领域空白；重庆江
增船舶重工有限公司研发的 5MWe 超临界二氧化碳透平发电机组，其核心技
术处于世界领先水平；区级高层次人才参与完成的"复杂修形齿轮精密数控
加工关键技术与装备"项目获国家科学技术进步奖二等奖；……一系列"江
津创新"成果的背后，是江津区坚持党管人才原则，以人才引领创新驱动的真
实写照。图 1-2 为位于江津德感工业园的重庆齿轮箱有限责任公司生产车间。

图 1-2　位于江津德感工业园的重庆齿轮箱有限责任公司生产车间

注：重庆齿轮箱有限责任公司是国内最大的硬齿面齿轮研发制造基地之一，拥有科
技部等五部委联合认定的国家级企业技术中心，两次荣获国家科技进步奖二等奖，并获
得其他省部级科学技术进步奖一二三等奖 20 余项，以及国家级知识产权优势企业、国家
科技创新示范企业、中国齿轮行业最具影响力企业等荣誉称号。

（贺志付 摄）

---

① 三峡电缆集团"一院二心三科四部五领域"科研体系："一院"为黄桷树智能传感器研
究院，"二心"为三峡防火电缆研发中心（重庆首个防火电缆研究机构）、三峡创新研发
中心；"三科"为战略科、工艺科、环保科，"四部"为超导电缆、防火电缆、智能电
缆、新能源电缆四个研发部，"五领域"为开发智能电网、高端装备、智慧交通、绿色建
筑、环保能源五个领域的电缆产品。

近年来，江津区成立区委书记任组长的人才工作领导小组，制定领导小组议事规则，完善定期召开例会、重大事项集体审议等制度，及时研究解决人才工作重难点问题。将人才队伍建设职责列入人力资源和社会保障、农业农村等16个职能部门和30个镇街"三定"方案，全力保障人才引进、培养、使用等工作开展。

2022年以来，江津区创新实施"一把手"抓"第一资源"专项，压紧压实党委（党组）领导班子和主要负责人抓人才工作的政治责任，立项"党组织书记抓人才工作项目"，区委书记督办人才工作重点任务，镇街、部门党组织书记每年落实"七个一"任务①，制定实施"1＋10＋N"人才政策体系②，设立每年不少于1亿元的人才发展专项资金，充分释放人才集聚"虹吸效应"，坚持引进与培育并重，形成人才与城市共同成长、相互成就的良好格局。

2022年以来，江津区启动实施"科技副总"进企业专项行动，引进区内外高校、科研院所的专家、教授、青年科技人才等到江津区重点企业担任"科技副总"，充分发挥"科技副总"的科技创新能力和所在高校、科研院所综合资源优势，带动产业和人才工作"双赢"发展。同时，江津区建立区领导日常联系"科技副总"机制，配备"一对一"人才服务专员，区财政给予每名"科技副总"每届任期内5万元人才补助，聘用企业给予"科技副总"一定的薪酬补助，确保"科技副总"进企业工作取得实效。

为助力乡村人才振兴，江津区建立现代农业产业技术体系首席专家制度，配套人才发展专项资金支持，激励首席专家发挥作用。目前，已经组

---

① "七个一"任务：专题研究1次人才工作、抓实1批人才政策落地见效、主推1个重点人才工作项目、联系1批专家人才、主抓1次人才发展主题活动、开展1次人才工作专项述职、参与1次人才工作主题宣传。

② "1＋10＋N"人才政策体系：以《江津区关于加强和改进新时代人才工作相关意见》为统领，以6支人才队伍和科技、教育、医疗、商贸物流4个重点领域人才队伍"十四五"发展规划为支撑，以《江津区关于纵深推进"津鹰计划"的实施意见（试行）》《江津区打造"津鹰计划"·青年人才友好型城市若干措施（2022～2026年）》《江津区事业单位人才专项编制周转池管理办法（试行）》等为补充的人才政策体系。

建47人的首席专家工作团队，建立"山地果园智能高端农机制造试验站"等产业服务平台18个。

江津区持续推动人才工作"线上服务入网，线下服务进港"，做精做优人才公共服务。线上拓展"江津智慧人才平台"功能，实现人才评定、项目申报、政策兑现等服务事项"一网通办"；线下打造并投用"科创人才服务港"，搭建办事大厅，开设服务窗口，配套人才沙龙室、人才会客厅、休闲等候区等场所，为人才提供"一站式""全流程"暖心服务。

聚焦"爱国奉献"主题，江津区建成重庆市首个人才主题长廊，打造集国情研修、休假疗养、人才交流等功能于一体的人才研修基地，开展多场次科技人才专题培训。江津区有关部门举办"津鹰讲坛""青年人才读书荟""青年人才说""青年科技之星""津工精匠"评选等特色人才活动，搭建青年人才分享交流和成长成才平台，增强青年人才归属感。

案例1-2　"津鹰计划"：践行人才引领高质量发展的"江津共识"

近年来，江津区以"津鹰计划"统揽全区重要人才计划、政策、项目、活动等，推进"津鹰计划"与重庆英才计划有效衔接，通过创新人才政策、搭建平台载体、实施人才工程、完善人才服务，加速引育集聚顶尖科技人才（团队）、一流科技领军人才和创新团队、急需紧缺高层次人才、青年创新创业人才等，为纳入"津鹰计划"的相关人才给予分层分类政策支持，持续为重庆英才等市级及以上人才计划提供优秀人才储备。

《江津区关于纵深推进"津鹰计划"的实施意见（试行）》（江津委办发〔2022〕14号）提出引育顶尖科技人才（团队）、推进高层次人才培养提质增效、支持青年人才发展、推动技术经理人队伍建设、鼓励柔性引才等17条意见，将津鹰计划人才分为津鹰计划·顶尖科技人才、津鹰计划·区级高层次人才和津鹰计划·青年人才三类。同时，还明确了对卓越工程师和高技能人才、技术经理人队伍、基础人才队伍等优秀人才的政策支持。

在引育顶尖科技人才（团队）方面，对来江津区就业创业的顶尖科技人才（团队），特别是设立整建制重点科研机构的，给予最高1000万元的安家补助，纳入高层次人才服务范围；携带科研成果创业或实施成果转化的，按"一事一议"提供政策组合支持。

在高层次人才培养方面，出台《江津区津鹰计划·高层次人才引进、认定评价和优惠政策实施细则（试行）》（津委人才办〔2023〕1号），全职新引进或入选国家级人才，按"一事一议"实行政策支持。全职新引进或入选重庆英才计划人才、市级高层次人才，符合条件的，给予相应政策支持。

在支持青年人才方面，江津区提出打造青年人才友好型城市，出台《江津区打造津鹰计划·青年人才友好型城市若干措施（2022～2026年）》（江津委办发〔2022〕15号），就支持青年人才就业、创新创业、见习实践给出一系列"真金白银"的政策大礼包。

近年来，江津区构建科技成果评价机制，建立科技成果数据库，组建技术经纪人队伍，加快打通技术成果走向产业市场的"最后一公里"。目前，江津区建成市级标准的区级科技创新中心（科技成果转化中心、科技金融服务中心），江津区科技局成功获批重庆市技术合同认定登记机构，全面开启区内技术合同认定登记工作，促进科技成果转化的财税政策落实，提高技术合同履约率，技术合同成交额持续增长。同时，从事科技咨询、合作研发、成果转化、资源对接的技术经理人成为江津区新的人才需求领域，《江津区关于纵深推进"津鹰计划"的实施意见（试行）》对技术经理人的引育也做了专门部署。

另外，江津区"津鹰计划"有关人才政策对柔性引才、平台创建、创新创业支持、强化与高校院所合作、推动人才协同发展、人才安居、人才公共服务等方面提出配套支持措施，并就重点领域、重点企业需求，明确"一地一策""一企一策""一校一策""以才荐才"

等专项支持。

栽下梧桐树，引得凤凰来。各类人才如雨后春笋般竞相成长，离不开江津区以"津鹰计划"为统揽，持续营造"近悦远来"的人才生态，精准施策引才聚才，创新举措育才用才，做优服务爱才留才。截至 2021 年底，江津区人才总量达 19.71 万人，占全区常住人口的 14.56%。2022 年，江津区新引进海内外高层次人才 325 名，累计入选重庆英才计划人才团队 31 个、"鸿雁计划"人才 40 名，高层次人才队伍结构日益优化。

第2节　江津区融入成渝地区双城经济圈建设具有全国影响力的科技创新中心的主要成效、典型案例

一　西部（重庆）科学城江津片区科创中心建设加快推进

2020 年 1 月，习近平总书记在中央财经委员会第六次会议上对成渝地区双城经济圈推进科技创新提出明确要求，指出支持两地以"一城多园"模式合作共建西部科学城。《成渝地区双城经济圈建设规划纲要》明确提出高标准建设西部（重庆）科学城。2020 年 9 月，重庆召开西部（重庆）科学城建设动员大会和新闻发布会。

江津区委、区政府主动谋划、积极作为，把融入共建西部（重庆）科学城作为江津推动高质量发展的最大机遇和最大抓手。2020 年 12 月，成立西部（重庆）科学城江津片区领导小组，实行区委书记、区长双组长制，负责推进西部（重庆）科学城江津片区的决策部署和统筹协调。2021 年 2 月，成立西部（重庆）科学城江津园区管理委员会，为区委、区政府议事协调机构，统筹管理辖区中心、街道、平台公司各项工作。2021 年 3 月 31 日，西部（重庆）科学城江津园区管理委员会正式挂牌并开始运作。

2021 年以来，西部（重庆）科学城江津片区紧紧围绕西部（重庆）科

学城南部科创中心这一目标定位，突出创新驱动引领，全面实施科技创新提升行动，高标准推动重点项目建设，高质量集聚科创主体、科创项目，高效率推动产业技术创新与科技成果转化，创新环境不断优化，创业空间不断拓宽，创新要素不断集聚，科技创新的氛围日渐浓厚，"创新蓝图"越绘越绚烂，正努力建设成为带动江津区高质量发展的重要增长极和新的动力源。

（一）搭建科技创新平台，提升创新策源能力

西部（重庆）科学城江津片区不仅是"山水湖城"，更是"智慧福地"，以团结湖数字经济产业园为核心，以环重庆交通大学创新生态圈为环带，以高新技术龙头企业和高端创新平台为支撑的科技创新格局梯次构建。目前，围绕大交通、智能制造、新材料、航天航空四大产业方向，瞄准高等院校、科研院所、科技企业、科技产品四类创新主体，西部（重庆）科学城江津片区引进孵化中科（重庆）智慧产研城、西北工业技术（重庆）研究院等一批研发机构和创新中心，以及驼航重载无人机、自行者科技光纤陀螺仪、测威反隐身测试仪等数百个高新技术项目。图1-3为重庆自行者科技有限公司生产车间。

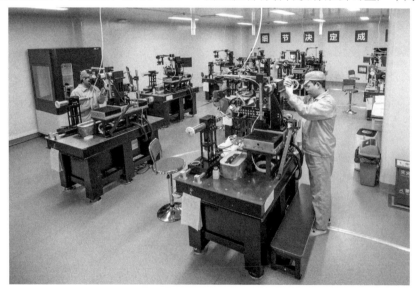

图1-3 重庆自行者科技有限公司生产车间
［供图：西部（重庆）科学城江津片区管委会］

作为江津区科技创新的核心区、绿色发展的新引擎、产业转型升级的新典范，团结湖数字经济产业园被确定为国家生态安全与农村环境监测创新基地、全国首批生态环境导向开发（EOD）模式试点，重点培育高新技术产业和战略性新兴产业，建成后将辐射带动周边地区形成数字产业集群。到2022年末，团结湖数字经济产业园已引进玄武岩新材料总部及研发基地、重庆交通大学绿色航空技术研究院、重庆博恩富克医疗设备有限公司等数字经济智能产业项目数十个，累计协议引资超过200亿元，初步形成中科系、北航系、西工系三大国家级科技创新体系。

截至2022年底，西部（重庆）科学城江津片区拥有山区桥梁及隧道工程国家重点实验室、国家内河航道整治工程技术研究中心等市级及以上创新平台55个，其中重点实验室2个、中小企业技术研发中心16个、企业技术中心20个、博士后科研工作站3个，区域性科技创新主阵地效应进一步强化。

（二）培育壮大创新主体，加快科研成果转换

企业是创新的主体，是推动创新创造的主力军。西部（重庆）科学城江津片区大力实施科技型企业创新发展计划，依靠创新平台推动科技创新、科技成果助推产业发展，推动存量企业创建国家和市级技术创新中心、制造业创新中心，推进智能工厂和数字化车间建设，引育"专精特新""小巨人"和"单项冠军"，形成产业创新高地。例如，重庆市经信委授牌"重庆市山地丘陵智慧农机特色产业基地"，江津区成为全市首个也是目前唯一一个山地丘陵智慧农机特色产业基地；渝丰科技股份有限公司研发的"网络神经电缆"及其安全状态监测系统关键技术与应用，荣获多项国家、重庆市科技创新大奖；重庆智笃新材料科技有限公司是世界上少数几个可在玄武岩纤维领域拥有完全自主知识产权的企业之一，在团结湖数字经济产业园打造集玄武岩纤维新材料研发、生产、应用及销售于一体的全国性总部……。

截至2022年底，西部（重庆）科学城江津片区拥有453家科技型企

业、109 家高新技术企业、4 家国家级"小巨人"企业、52 家"专精特新"企业。2022 年，高新技术产业和战略性新兴产业对规上工业产值增长贡献率分别达到 46.2%、36.7%，呈逐年上升趋势。图 1 - 4 为位于西部（重庆）科学城江津片区的重庆龙煜精密铜管有限公司生产车间。

图 1 - 4　位于西部（重庆）科学城江津片区的重庆龙煜精密铜管有限公司生产车间

注：重庆龙煜精密铜管有限公司是国家"专精特新""小巨人"企业，拥有市级企业技术中心，获得高新技术企业、重庆市智能工厂、重庆市数字化车间等认定，拥有有效专利 104 项、市级重大新产品 4 项、高新技术产品 8 项、重庆名牌产品 6 项，"龙煜"商标被评为重庆市著名商标。重庆龙煜精密铜管有限公司坚持科技创新，研发生产多种新型产品，为行业工艺升级、填补国内技术空白做出积极贡献。

（贺奎 摄）

（三）校地合作、校企合作持续走深做实，创新氛围日益浓厚

西部（重庆）科学城江津片区内有重庆交通大学、重庆电讯职业学院、重庆公共运输职业学院、重庆交通职业学院、重庆能源职业学院等多所高校、职业院校入驻，科创人才资源较为丰富。校地合作、校企合作使得西部（重庆）科学城江津片区及区域内有关高校、职业院校和企业均可"近水楼台先得月"，在科技创新资源对接和成果转化方面较快达成务实合作。

重庆交通大学科学城校区是重庆交通大学位于西部（重庆）科学城江津片区的新校区，占地 2400 亩，批准建筑总面积 85 万平方米，已完成一、

二期建设，于2017年9月正式投入使用，已有重庆交通大学的15个学院、
1.2万余名师生入驻。2021年，江津区和重庆交通大学签署战略合作协议，
充分发挥重庆交通大学、重庆交通职业学院、重庆公共运输职业学院、重
庆能源职业学院等在公路、内河航道、铁路和轨道交通领域的人才优势、
平台优势、科技优势和成果优势，规划打造10平方公里的环重庆交通大学
创新生态圈，形成涵盖核心研发圈、技术创新圈、成果转化圈的"校地
企－产学研"协同创新格局，力争成为成渝地区双城经济圈最具竞争力的
"大交通"科技研发创新区。图1－5为重庆交通大学科学城校区。

图1－5　重庆交通大学科学城校区

（图片来源：重庆交通大学官网）

西部（重庆）科学城江津片区引导和支持有关高校、科研院所与区内
企业签署校企合作协议，在智能制造、新能源、新材料、航空等领域开展
研发合作，实现平台共建、资源共享、产业共推的产学研合作多赢局面，
并形成一批实效成果。例如，重庆交通大学航空学院与重庆驼航科技有限
公司共建实习实训基地，合作开展科技研发、人才培养工作；渝丰科技股
份有限公司先后与中国信息通信研究院、重庆大学、重庆理工大学、大连
理工大学、重庆市科学技术研究院等高校、科研机构建立科研创新联盟；
重庆驼航科技有限公司依托北京航空航天大学科创资源支持，成功研发
"驼峰500""驼峰600"重载无人机；西部工业技术重庆研究院有限公司
正在开展新材料产业和高端智能装备产业共性关键技术研发。

二 融入泸永江融合发展示范区科技创新协同合作成效初显

《泸永江融合发展示范区总体方案》《泸永江融合发展示范区发展规划》等政策规划对重庆市江津区、永川区和四川省泸州市科技创新协同合作做出部署，明确提出，依托渝昆高铁通道，促进沿线人口、要素集中集聚、联动发展，打造具有较强集聚度、活跃度和辐射力的创新发展带。共建西部职教基地和工匠城，加强与成都、重庆中心城区创新合作，依托泸州国家高新区、永川国家高新区、江津团结湖数字经济产业园，通过创新链、产业链、供应链深度融合，增强科技创新能力，促进科技创新中试转化和新经济新业态创业孵化，重点围绕装备制造、新能源智能网联汽车、信息技术、生物医药等产业，打造区域创新高地。到 2025 年，R&D 投入占 GDP 的比重达到 3% 左右。

2020 年以来，江津区和永川区、泸州市科技部门签署战略合作协议，围绕互派科技特派员、建设泸永江三地科技人才库、开展三地科技人才培训、联合发布科技创新成果等事宜达成合作，努力实现三地科创资源共享、人才共用、成果转化共推。目前，三地科技创新合作已有多个可视化的前期成果：遴选 1600 余名三地专家组建科技人才库；互派多名科技特派员，泸州市科学技术情报研究所邀请江津区科技特派员赴泸县方洞镇庆丰村开展生姜种植技术培训；江津区和泸州市的孵化载体共同组织"泸江双创孵化载体联动促进川渝双创资源共享"对接活动；江津多赢创嘉国家级众创空间与泸州职业技术学校合作开发直播带货平台。

在 2022 年江津区科技活动周期间，同期召开了首届泸永江协同创新暨环重庆交通大学创新生态圈科技成果发布会，来自江津、永川、泸州三地创新主体的 89 项最新"黑科技"惊艳亮相，涉及新能源汽车、生物医药、智慧交通、新材料等重点领域，其中 60% 以上的科研成果处于国内领先水平，更有 10% 以上的科研成果处于国际领先水平。自此，泸永江协同创新进入"快车道"，三地共同推进政产学研用跨区域合作，集聚、共享三地

高校、科研院所、企业的优质创新成果，为科技创新成果跨区域转移转化
提供更大空间。

案例1–3　成渝地区双城经济圈首届"专精特新"创新赋能大赛：建立科创企业选育"加速"体系

2023年2~7月，江津区携手永川区、泸州市政府相关部门共同举办成渝地区双城经济圈首届"专精特新"创新赋能大赛，以"共建双城经济圈　链接四大城市群"为主题，分为启动、项目招募、决赛、企业落地及加速培育四个阶段，重点围绕高端装备、智能网联新能源汽车、电子信息、新材料、生物医药五大产业领域的科技创新及产研合作需求，面向成渝地区双城经济圈、京津冀地区、长三角地区、粤港澳大湾区等四大城市群的"专精特新"企业征集解决方案。

截至2023年5月，大赛征集参赛"专精特新"企业数量超过1000家，将由科研院所负责人、专家学者、大型企业高管等组建的专家评审团评选出100家参赛企业晋级决赛，并组织系列线下对接活动，最终颁发一等奖2个、二等奖3个、三等奖5个。除现金奖励外，江津区有关部门还重点推荐区内企业与参赛企业对接合作，促进具备条件的参赛企业落户。同时，获奖企业负责人还可进入中关村创新领航者–"专精特新"企业加速营，接受为期6个月的专业培训。

2023年2月16日召开的大赛启动会还发布了《成渝地区双城经济圈（泸永江）首批重点应用场景机会清单》，主要聚焦上述五大产业领域的15个场景项目，总值达1026.6亿元。涉及江津区的场景项目有数字化车间改造、齿轮研发应用、智能网联汽车技术创新、氢燃料电池研发应用、新能源汽车共性技术研发、工业园区智慧园区建设、光伏及高性能纤维材料项目建设、智慧医院改造等。图1–6为成渝地区双城经济圈首届"专精特新"创新赋能大赛在西部（重庆）科

学城江津片区（双福工业园）的启幕仪式。

图1-6 成渝地区双城经济圈首届"专精特新"创新赋能大赛在西部（重庆）科学城江津片区（双福工业园）的启幕仪式

（甘侠义 摄）

2020年10月，江津区和泸州市的科协部门签署战略合作协议，双方在院士（专家）工作站建设、科技专家服务团队运作、产学研协同发展、青少年科技教育等方面加强合作，建立优势互补、合作共赢的区域科协共同体。

2020年12月，江津区和泸州市科技部门签订合作协议，加速推进白酒、新兴产业、现代农业、医药健康等领域的科技合作，加强科技人才交流，推动科技专家资源共享，共建科技合作平台，开展关键核心技术联合攻关，促进科技成果跨区市转移转化。

泸永江三地的企业科技协同创新也在加速推进。例如，位于江津珞璜工业园的重庆凡久隆汽车零部件有限公司与位于泸州市高新区的泸州容大智能变速器有限公司共同研发RDC系列智能变速器，为东风日产、奇瑞、力帆汽车、东风小康、长安等知名车企提供配套产品。

三　融入川南渝西科技协同创新稳步推进

四川将川南地区定位为全省第二经济增长极，重庆将渝西地区定位为全市工业主战场，凸显了川南渝西地区在两省市区域经济版图中的重要地位。川南渝西地区也是成渝地区双城经济圈除重庆、成都双核外，区位优势最明显、科技创新基础最好、科技成果转化承载能力最强的区域。高质量推进川南渝西地区科技协同创新发展，有利于深入实施区域协调发展战略，优化区域产业链、创新链、供应链布局，提升区域经济发展能级和水平，加快形成成渝地区双城经济圈重要增长极。

《成渝地区双城经济圈建设规划纲要》提出"共建川南渝西融合发展试验区，探索建立重大政策协同、重点领域协作、市场主体联动等机制"的战略部署以来，江津区积极参与川南渝西地区科技创新协同合作，成效逐渐显现。

2021年6月，江津区与自贡市、泸州市、内江市、宜宾市、永川区、荣昌区的政府部门、高等院校以及百度、携程、华为等300多家知名企业共同成立川南渝西大数据产业联盟，开展大数据产业研究、决策咨询、科技创新协同、产业链对接、人才培训、科创平台共建、业务合作、研讨交流和数据共享等公共服务。

2022年1月，江津区与宜宾市、自贡市、内江市、泸州市、永川区、铜梁区、大足区、綦江区、荣昌区9市区科技部门在川南渝西科技协同创新发展战略合作暨科技成果发布对接会上，共同签署《川南渝西科技协同创新发展战略合作协议》。依据该协议，按照"长期合作、互补共赢、协同创新、共同发展"的原则，10市区发挥区域毗邻优势，建立协同创新联席会议、重大科技计划项目跨区域定期协商、研发主体联动等工作机制，共同促进创新资源共建共享，协力推动关键核心技术攻关，联合开展创新联盟建设，共促科技成果转移转化，整体提升川南渝西区域协同创新能力。

《四川省人民政府　重庆市人民政府关于印发推动川南渝西地区融合发展总体方案的通知》（川府发〔2023〕9号）有33处提及"创新"，将"创新引领，产业融合"作为基本原则和重点任务，提出深入实施创新驱动发展战略，协同推动产业链创新链深度融合，携手推进产业基础高级化、产业链现代化，全面构建创新能力突出、协作配套紧密的现代产业体系，着力提高经济发展质量与效益。全此，川南渝西地区科技协同创新进入"快车道"，通过强化产业和创新两个支撑，立足川南渝西地区老工业基地和西部职教高地的基础，着力推动区域内重点产业全链条布局、集群化发展，促进科教资源整合提升、集成转化，联动打造具有全国影响力的先进制造业基地和科技成果转化基地。

四　与成渝地区双城经济圈其他市区县和有关创新主体的科技创新合作全面推进

科技特派员制度是习近平总书记总结提升、倡导推进的一项十分重要的农村工作机制创新。江津是农业大区，历来重视农业科技创新与推行科技特派员制度，出台《重庆市江津区科技特派员管理办法》，发展壮大科技特派员队伍，把创新动能扩散到田间地头，打通农业科技成果转化"最后一公里"，不断满足广大农民迫切的技术需求。2022年，江津区新选派科技特派员56人，其中市级科技特派员26人，建成科技特派员创新创业示范基地20个、6000余亩，推广示范新品种、新技术、新模式、新产业130余项。江津党员科技特派员志愿服务团先后与九龙坡区、巴南区、永川区、开州区、泸州市等成渝地区双城经济圈有关市区县农业农村部门和机构建立技术交流协同创新机制，构建农业科技跨区域社会化服务体系。

近年来，江津区落实"一区两群"区县对口协同创新合作机制，加强与重庆市开州区科技对口协同发展工作，在科技平台建设、特色产业发展等方面开展深度合作，促成两区多家企业签订科技合作协议。

2021年12月，江津区科技局与四川省广安市科技局、广安华蓥市人民政府签署科技协同创新发展合作协议，三方通过共建创新平台、共用科技人才、共推成果转化，加速推进新兴产业、现代农业、智能制造等领域的科技合作，打造成渝地区双城经济圈协同创新典范。

第3节　江津区融入成渝地区双城经济圈，打造科技创新基地面临的挑战和对策建议

一　江津区打造科技创新基地面临的主要挑战

（一）相较于中心城市，江津区科技创新基础总体相对不足，协同创新机制亟待进一步跃升

从宏观环境看，新一轮科技革命和产业变革加速演进，以信息技术、生物技术、新材料技术、新能源技术等为主导的高新产业呈现群体突破态势，以互联网、大数据、云计算、物联网、人工智能、区块链为内核的数字经济日新月异，并加速向各行业各领域渗透，全球科技竞争愈演愈烈。我国部分领域核心技术仍受制于发达国家，面临核心技术"卡脖子"风险，科技自立自强上升为国策。成渝地区双城经济圈总体处于"不创新就要落后，创新慢了也要落后，谁能下好科技创新'先手棋'，谁就能抢占高质量发展制高点"的严峻挑战和重大机遇叠加的创新驱动发展窗口期。

比照《成渝地区双城经济圈建设规划纲要》关于"具有全国影响力的科技创新中心"的战略定位，以及江津区打造科技创新基地的发展目标，江津区科技创新仍然缺乏重大引领性的基础研究原创成果、带动性强的科创企业、影响力大的科创平台、领军型科创人才、高水平科研机构、完备顺畅的科技创新体制机制，自主创新能力有待进一步提高。尤其是汽摩及零配件、装备制造、新型材料、电子信息、消费品工业等重点产业的部分企业在核心技术和自主知识产权方面仍有较大提升空间，研发投融资要素聚集不够，技术创新主体地位不突出，产品附加值不高，还处于产业链和价值链的中低端。

由于大量科技资源集中在重庆和成都的大院大所、重点企业、重点园区和中心城区，江津区要对接、承接成渝地区双城经济圈核心科技要素资源，亟待完善锚定头部科创资源、共建共享共用的科技协同创新和科技成果转移转化机制。另外，落户江津的部分重大科技创新项目尚处于建设期或者起步阶段，引领带动创新要素自由流动和高效配置的作用尚未充分发挥。部分引进的科研院所、高端人才团队、科创企业的建设运营时间不长，科研成果产出及转化尚不能满足江津区科技创新迭代升级的总体需求。

（二）江津区打造科技创新基地面临成渝地区双城经济圈其他市区县的竞争挑战

相较于发达城市和重庆、成都的中心城区，江津区的科技创新硬实力和软环境并未形成差异化优势，而从国家层面政策看，各地采取"赛马"模式建设区域性科技创新中心，意味着江津区在科技创新要素资源引育上面临其他市区县愈加激烈的竞争，传统招商引智优惠政策的比较优势、边际效应正在衰减，因此需要全域创新政策协同优化，尤其是创新环境的整体提升，走出一条创新驱动高质量发展的差异化"新路径"。

另外，"区域创新资源布局不均衡且向中心城市高度集中"是包括发达省市在内的大部分地区面临的共同挑战，这是经济梯度发展客观形成的创新资源布局。以都市圈、省域、跨省域等更大空间协同建设全国性科技创新中心，各地均要解决后发地区在经济发展差距无法短时间内填平补齐的现实下，通过制度设计和机制创新，较快提升后发地区科技创新能力的问题。从这个层面看，成渝地区双城经济圈打造具有全国影响力的科技创新中心的进程中，江津区与经济圈内其他市区县仍处于相同的"起跑线"。

二 江津区加快建设特色鲜明、功能突出的科技创新基地的建议

（一）加快营造包容开放、近悦远来的一流创新生态

对标国家、重庆市和周边地区科技政策，完善以创新研发体系引育为核心的科技创新政策，确保政策系统完备、精准高效、落实到位。对标成

渝地区双城经济圈其他市区县，完善优化有关人才政策，推动构建与周边市区县科技人才共享和政策同享机制，在确保待遇大致不变的情况下，率先实现科技人才在区域内的自主流动、择业创业和深化合作。推动建立校企、院企科研人员"双向流动"机制，加强企业主导的产学研深度融合，提高人才培养、科学研究、成果转化的效能。长效实施"津鹰计划"，按需全方位培养、引进、用好各类人才，构建"科学家＋企业家＋经纪人＋投资人"的新型科创人才结构，推动人才链与产业链、创新链、资金链深度融合，有效引导人才和智力资源汇入江津。建立"单位出榜、中介揭榜、政府奖补"的市场化协同引才机制，通过成果转化、联合研发、技术引进、项目孵化等方式，靶向引育一批引领科技发展趋势、具有行业号召力的科学家、技术专家和高端科创人才。探索"区内注册、海外孵化、全球运营"的"柔性引才"机制，依托全球知名的科学城、产业园区、高校、科研机构等人才富集地异地筑巢引凤，积极推动"江津人才飞地"建设，鼓励大院大所大企大才将科研成果留在江津。

综合运用财政金融政策工具，激励企业加大研发投入力度，推动银行保险机构在团结湖数字经济产业园、重庆交通大学科学城校区、双创基地等科创企业和创新资源聚集的地区设立科技支行和业务网点，积极参与技术产权、数据资源等交易场所的运作及在江津区设立服务网点，引导创业投资机构、产业基金落户江津区或者投资江津区内的早中期、初创期科技型企业，强化知识产权保护运用，推动在江津的金融机构创新开发跨区域运作的科技金融产品服务，不断拓宽"技术—项目—产品—产业"投融资对接通道，完善科创企业"全生命周期"金融服务体系。

弘扬开放包容、大胆求索、坚韧不拔、严谨求实、特色鲜明的江津创新精神，强化激发创新意识、鼓励创新实践、推广创新成果的创新环境建设，大力宣传广大科技工作者爱国奉献、永攀高峰的感人事迹和崇高精神，弘扬创新精神、工匠精神、企业家精神等，涵养新时代江津企业家、创业者、创新者的家国情怀和责任担当，让创新在全社会蔚然成风。办好成渝地区双城经济圈"专精特新"创新赋能大赛、成渝地区双城经济圈高质量发展论坛等各类有利于创新的文化品牌活动，搭建新思想新理念的交流传播平台、新科技新产业的前沿引领平台、新技术新产品的发布交易平台、创新规则和创新治理的共商共享平台。

（二）高质量建设西部（重庆）科学城江津片区

围绕"科学之城、创新高地"总体目标，高标准建设、高水平管理西部（重庆）科学城江津片区，加快"建平台、兴产业、聚人才、优环境、提品质"，促进产城景智融合，着力构建"一核一圈多片多点"科技创新格局，加快实现"两中心两地"① 发展目标，引领建成"科学家的家、创业者的城"。

加速聚集科技创新资源，争取重大科技基础设施、高校科研机构、高端研发机构、央企国企等战略科技力量在江津落地，加速布局、培育和引进各类创新平台和研究机构、高新技术企业等创新主体，形成创新主体集群效应。推动科技创新引领产业高质量发展，构建"原始创新—科技成果转移转化—产业协同创新—产业化落地"的产学研用金服协同创新体系，突出产业创新，集聚创新资源，催生创新成果，赋能江津区"4+1"主导产业。

（三）稳步提升科技创新能级能力

实施科技体制改革攻坚行动，建好用好院士工作站、海智工作站、重点实验室等高端创新平台，强化企业科技创新主体地位，推动创新要素向企业汇聚，激励企业加大研发投入。基于问题导向采取"企业出题、政府立题、协同破题"的形式，围绕江津区主导产业定期发布科技创新机会清单，实施一批主导产业核心技术攻关工程。推广"揭榜挂帅"、"博士直通车"、"赛马制"、科研经费"包干+负面清单"等制度，形成市场导向和结果导向相结合的科技创新主体引育机制。依托主导产业"链长制"，选

---

① 两中心两地：西部（重庆）科学城南部科创中心、南部商贸中心、科技成果转化基地、高品质生活宜居地。

准产业技术发展方向，组织实施一批重点科研项目，推动关键核心技术、
"卡脖子"技术实现突破，以及传统产业面向价值链高端转型升级。发展
军民融合产业，推动江津企业加快对接国防科技、前沿科技创新需求。

实施高新技术企业和科技型企业"双倍增"行动。通过"政策引导、
平台搭建、项目支撑、环境服务"四措并举，引导现有传统企业转型发展
为创新型企业。构建"选种、育苗、成长、升高、壮大"科技企业全周期
培育链条，孵化引育科技型中小微企业，精准培育高新技术企业，助推优
质企业升规上市。

（四）推动科技创新开放合作

聚焦成渝地区双城经济圈重大科技创新战略任务、经济圈内城市经济
社会发展重点科技创新需求，推动江津区有关科技创新平台、创新主体参
与共建技术研发、创业孵化、科技金融、技术交易、成果（异地）转化、
知识产权保护等跨区域性科技协作网络，清单式联合开展原始创新、应用
创新、场景创新等共性关键核心技术攻关和成果转化，联合举办科技成果
对接、创新创业大赛等活动。

推动江津区全域融入西部（重庆）科学城科技创新网络，引领川南渝
西融合发展试验区、泸永江融合发展示范区、重庆"一区两群"等科技创
新协同发展。结合西部科学城"一区多园"的创新要素布局特点，加大与
西部（重庆）科学城其他片区、西部（成都）科学城的对接，错位发展，
构建原始创新联合攻关、科技成果有序转移转化的特色鲜明、优势突出、
联动协同新格局。联合泸州打造西部（重庆）科学城南部科创中心，在科
技创新顶层设计、科技创新体制机制改革、科技创新政策制定、高新技术
产业发展、双创基地建设、科技创新资源开放共享、科技创新活动共办等
方面开展深度合作，共建"江津－泸州"科技合作示范区。加大与中国
（绵阳）科技城、两江协同创新区等成渝地区双城经济圈重大创新平台的
交流合作，推动区内高校、科研院所、企业与成渝地区双城经济圈其他城
市创新主体共建产业创新中心、技术创新中心、制造业创新中心、工程研

究中心、检验检测中心等创新平台，共担科技创新项目，共享科技创新成果，共育新市场、新产业。

积极对接国家科技战略，深度融入长江经济带国家科技创新中心协同创新网络，加强与京津冀、长三角、粤港澳大湾区等发达地区的科技成果转移转化合作，扩大与广西、云南、贵州等周边地区科技创新协同辐射合作。

充分利用西部陆海新通道重要节点优势和重庆江津综合保税区等平台优势，积极对接中新（重庆）、中国-欧洲中心（成都）等重大国别（地区）合作项目的外溢科技创新合作需求，促进与中欧班列沿线国家地区和东盟国家在物流、商贸、加工贸易等开放型经济的科技创新合作，打造国际陆港科技成果转移转化基地，共建"一带一路"科技创新合作区，打响"江津创新"全球品牌。

第2章
重庆市江津区融入成渝地区双城经济圈 联手打造内陆改革开放高地，建设 内陆开放前沿和陆港型综合物流 基地的主要成效、挑战与建议

改革开放是党和人民大踏步赶上时代的重要法宝，是坚持和发展中国特色社会主义的必由之路，是决定当代中国命运的关键一招，也是决定实现"两个一百年"奋斗目标、实现中华民族伟大复兴的关键一招。党的二十大报告51次提到"改革"、29次提到"开放"。习近平总书记把"坚持深化改革开放"作为推进中国式现代化必须牢牢把握的一项重大原则。2023年全国两会上，习近平总书记强调，必须坚定不移深化改革开放、深入转变发展方式，以效率变革、动力变革促进质量变革，加快形成可持续的高质量发展体制机制。

"改革开放新高地"是成渝地区双城经济圈战略定位之一。《成渝地区双城经济圈建设规划纲要》提出："积极推进要素市场化配置、科研体制、跨行政区经济社会管理等重点领域改革。依托南向、西向、东向大通道，扩大全方位高水平开放，形成'一带一路'、长江经济带、西部陆海新通道联动发展的战略性枢纽，成为区域合作和对外开放典范。"

内陆开放前沿和陆港型综合物流基地是江津区"五地一城"建设的目标任务之一。江津区是重庆承东启西、联结川南黔北的重要门户，中欧班列（重庆）和长江黄金水道交汇点，西部陆海新通道的南向起点，拥有江津综合保税区对外开放大平台，西部陆海新通道、长江黄金水道、中欧班

列等对外开放大通道，以及珞璜港大口岸，已具备"带头开放、带动开放"的基础条件。近年来，江津区发挥大枢纽、大通道、大平台优势，立足江津综合保税区这一国家级开放平台、珞璜"水公铁"多式联运交通优势和自身产业基础，坚持规划引领，强化功能配套，优化营商环境，加快建设开放包容、产业集聚、功能突出、产城融合的珞璜临港产业城，全力建设内陆开放前沿和陆港型综合物流基地，以高水平开放推动高质量发展，初步形成"四向齐发、四式联运、四流融合"的国内国际通道体系和"通道＋枢纽＋网络"的商贸物流高效运行体系。

第1节　江津区融入成渝地区双城经济圈"水公铁"立体交通体系建设的主要成效、典型案例

江津区作为长江入渝第一站、重庆西南门户，其交通具有承东启西、接南转北、通江达海的独特优势。近年来，江津区抢抓成渝地区双城经济圈建设和重庆市"一区两群"协调发展历史机遇，按照"坚持同城化、融入中心区，联结渝川黔、打造新支点"的思路和方向，立足"交通强区"建设目标，聚焦基础设施补短板，在"外联"和"内畅"上双管齐下，着力打造"水公铁"一体化立体交通网络，形成与重庆中心城区"无缝连接、多点融入、一体发展"格局，西部陆海新通道重庆主枢纽建设的成效初显，引领带动作用持续加强。

到2022年末，江津区铁路、高速公路、普通公路通车里程分别达182公里、191公里、6660公里。一条条铁路、公路、水路，如雨后春笋般在江津大地拔地而起，它们承载了一座城市、一片土地和一方人的记忆与憧憬，又把江津区发展推升到一个新的里程。

一　铁路建设全面提速

近年来，江津区从东、南、西、西南四个方向多点发力，2018年渝贵铁路建成通车，实现江津动车零的突破，渝昆高铁、成渝铁路重庆站至江津段公交

化改造工程于 2019 年开工建设，渝昆高铁江津北站①建设加快推进，重庆首条
市郊铁路——江津—跳磴线建成通车，重庆东环铁路开通运行……按照有关规
划，到 2030 年，江津区铁路总里程将达到 400 公里，构建起以渝昆高铁等为
主，辅以渝贵铁路、成渝铁路、川黔铁路、东环线、西环线、二环线、沿江铁
路的"9 干线"铁路骨架网络，与珞璜小南垭铁路综合物流中心共同构成"9
干线 1 中心"区域性交通枢纽新发展格局。图 2-1 为渝贵铁路珞璜南站实景。

图 2-1　渝贵铁路珞璜南站实景

注：珞璜南站是渝贵铁路在江津区境内设立的中间站点，位于重庆市江津区珞璜工
业园区 B 区，2018 年 1 月投入使用，是中国铁路成都局集团重庆车务段管辖的三等站。
（供图：江津区珞璜工业园发展中心）

案例 2-1　重庆首条市郊铁路与重庆东环铁路：交通融合助力
江津同城化发展先行区建设

2021 年《重庆市中心城区交通发展年度报告》显示，江津区是主

---

①　渝昆高铁江津北站位于西部（重庆）科学城江津片区，于 2023 年动工建设，建成后将实
现江津城区的高铁覆盖，实现高铁和轨道交通的"零距离"换乘。未来江津将通过渝昆
高铁实现与全国高铁网络的融通和快速接入。比如，江津城区到达重庆中心城区只需 10
分钟，到达宜宾只需 1 小时，到达昆明只需 2 小时。

城新区 12 个行政区中与中心城区交流量最大的区，发展轨道交通尤其是市郊铁路，是加强重庆中心城区与江津等主城新区之间联系的有效解决方案。2022 年 8 月，重庆首条市郊铁路——江津—跳磴线（简称"江跳线"）建成通车。江跳线的通车，为江津区再添一条连接中心城区、便捷快速的客运通道，也为重庆再添一条贯穿主城都市区南北的发展大动脉，助推江津区加快实现与重庆中心城区的同城化发展，深度融入成渝地区双城经济圈建设和重庆"一区两群"协调发展。图 2-2 为重庆首条市郊铁路——江津—跳磴线实景。

图 2-2　重庆首条市郊铁路——江津—跳磴线实景

注：江跳线于 2016 年全面动工建设，起于重庆轨道交通 5 号线跳磴站，止于江津滨江新城圣泉寺站，全长 28.22 公里，贯穿重庆主城都市区南部的大渡口、九龙坡、江津 3 个区，是江津区首条连接重庆中心城区轨道交通网络的线路。这是国内第一条将市域（郊）铁路交流 25KV 供电制式和轨道交通直流 1500V 供电制式的双流制车辆应用到实际商用的线路，其中多项关键技术属国内首创。

（贺奎 摄）

　　为进一步提升同城化发展先行区交通便捷通畅能级，江津区积极推进更多轨道线路、市郊铁路接入，形成"米"字形 + "环"形交通网。例如，江跳线、重庆轨道交通 18 号线和 5 号线将在跳磴站无缝换乘，江津区市民可通过轨道交通直达渝中、九龙坡、巴南等重庆中心城区。

2022年12月30日，起于江津珞璜南站的重庆东环铁路开通运营，设计时速160公里，正线全长160公里，为客货共线双线电气化铁路，沿线经过重庆市江津区、巴南区、南岸区、江北区、渝北区、北碚区，形成江津区到重庆中心城区的又一条快速通道，直达重庆东站、重庆北站、重庆西站、江北国际机场等综合交通枢纽，与沿线水土、空港、龙兴、鱼复、东港、茶园等工业园区，兴隆场、团结村、果园港等物流口岸和港口码头实现快速对接交流，并能连接路网中的渝贵铁路、襄渝铁路、沪蓉铁路、成渝铁路、渝怀铁路、兰渝铁路、成渝城际铁路、郑渝高铁、西昆高铁（在建）、渝湘高铁（在建）等多条铁路干线。

重庆东环铁路的开通，对于江津区打造铁、空、陆、轨一体化综合交通体系，推动江津区与重庆中心城区的融合发展，加快打造陆港型国家级物流枢纽和"千亿级"珞璜工业园，构建渝新欧大通道与长江黄金水道连接点上的"水公铁"物流枢纽，建设都市功能拓展区与城市发展新区结合带上的开放大口岸均意义重大。

案例2-2　成渝铁路70年：推动江津从"边缘地带"到"发展热土"

"江津渝西边，公路绕山边。铁路沾点边，坐车一路颠……"这是20世纪50年代以前，江津乃至成渝地区不少城市交通状况的真实写照。1952年7月1日，成渝铁路全线建成通车，打破四川盆地"蜀道难"的局面，把成都、重庆及沿线10多个市区县串联起来，带动各地经济、科技、民生等方面发展，为今天成渝地区双城经济圈建设搭建了最初的铁路"骨架"。

成渝铁路是新中国成立后建成的第一条铁路，也是我国西南地区第一条铁路干线。成渝铁路江津段里程达78.1公里，共设有江津站、朱杨溪站、白沙站、油溪站等8个车站，极大地便捷了江津居民出行，带动江津产业发展。近年来，伴随着成渝地区双城经济圈建设，江津区依托成渝铁路逐渐形成"水公铁"多式联运物流体系，成为西南地区重要的特大件、散货和集装箱集疏运基地。同时，成渝铁路联动公路、铁路、港口打开中西部腹地，与川黔铁路、渝贵铁路、重庆东环铁路等汇聚于江津珞璜片区，构建起年到发能力达2000万吨的珞璜小南垭铁路综合物流中心，无缝连接珞璜长江枢纽港，实现江铁联运。

成渝铁路放大了江津的区位交通优势。一批批工业企业、高新技术产业、科技企业纷纷落户，将江津打造为成渝地区双城经济圈的工业大区，江津区主要工业指标居重庆市区县及周边市区县前列。例如，2007年，丰益国际集团（益海嘉里母公司）负责人从上海沿江而上一路考察，最后选择落户江津德感工业园。2009年，中粮集团同样选择德感工业园落户。得益于成渝铁路，德感工业园建有铁路编组站，拥有兰家沱港，可实现快捷的"水公铁"一体化联运，有利于相关企业以江津为中心向外拓展市场，也可以说，一条铁路带动了一个工业园区的发展。如今，德感工业园以巩固壮大高端消费品工业为着力点，做优做强粮油食品加工产业，成为成渝地区双城经济圈最大的粮油食品加工基地。图2-3为益海嘉里（重庆）粮油有限公司生产车间。

2022年5月，成渝铁路重庆站至江津段改造工程①圣泉站正式动工。圣泉站为新建站，以"交通中心+城市景观平台"为设计定位，实现"站、城、景"三者完美融合，展现山城、江城历史风貌。按照重庆市政府和国铁集团明确的"增改交通功能、传承历史文脉、开发旅游资源、提升城市品质"的功能定位要求，整个改造工程将实现"一站一风景、站站有特色"，成为一条沿江旅游观光线，与渝湘、成

---

① 重庆铁路投资集团按照统一规划，将成渝铁路重庆站至江津段改造为市域铁路，开行公交化列车。成渝铁路改造工程起于江津（德感）站，沿既有线增建二线，经江津、九龙坡、大渡口至渝中区菜园坝，全长约60.8公里，设13个车站、2个预留站。江津境内铁路约8.8公里，设圣泉、江津两个站。该铁路改造完工后，将形成双线运输，成为沿线市民出行的重要交通方式之一。

渝、渝万等国家干线铁路无缝衔接，形成江津区至重庆中心城区的快速通道，成为重庆市高铁、市域铁路和城市轨道交通"三铁"融合发展的重要示范线，推动江津区与周边市区县协同发展，助力打造轨道上的区域性中心城市。

图 2 - 3　益海嘉里（重庆）粮油有限公司生产车间

注：益海嘉里金龙鱼粮油食品股份有限公司是中国重要的农产品和食品加工企业，坐落在江津德感工业园的益海嘉里（重庆）粮油有限公司是其全国布局的重要生产基地之一，每年通过成渝铁路运输大米和小麦达 20 万吨，荣获 2022 年度重庆市智能制造标杆企业，其智能在线检测、精益生产管理入选"2022 年度智能制造优秀场景"。

（供图：江津区德感工业园发展中心）

二　江津港区效能进一步提升

港口作为水陆交通的集结点和枢纽，是一个地区工业、农业产品和外贸进出口物资的重要集散地，沿海沿江地区港口吞吐量的大小是该地区经济社会发展的"风向标"。江津区地处长江中上游，坐拥 127 公里黄金水道，依水而建、因水而兴，仅长江干线航道就占重庆市长江干线航道总里程的 1/5，港口规划岸线 48 公里，占重庆市的 1/4，水运发展条件得天独厚，水上货运成为江津区物流产业的支柱之一。作为重庆 8 个重点港区之一，江津港区包括珞璜港、兰家沱港、滩盘港、朱杨港、白沙港 5 个国家级深水良港、41 个港口码头、46 个生产性泊位，货物年吞吐能力达 2000 万吨、110 万标箱。

根据长江航道的水文条件，江津区在德感、珞璜、白沙等工业园附近均布局有港口和大型货运码头。加之便捷的高速公路、铁路集疏运条件和成熟的腹地产业，江津港区全面实现"水公铁"多式联运以及保税、物流、仓储、加工等复合功能，形成服务重庆主城都市区、辐射川黔滇桂的区域性航运枢纽和货物集散地。

为提升服务成渝地区双城经济圈效能，江津港区加快推进港口升级改造。例如，2022 年 9 月，德感工业园打造临港物流基地、建设辐射西南的粮油集散中转基地和消费品产业城的里程碑项目——江津兰家沱港作业区一期改建工程开工，总投资约 2.5 亿元，改建 5000 吨级以装卸粮食粮油为主的综合泊位 2 个，设计年通过能力达 360 万吨，力争 2024 年竣工。

案例 2 - 3 珞璜港：打造成渝地区双城经济圈重要门户枢纽

珞璜港是重庆第四大长江枢纽港，位于江津珞璜临港产业城，距离江津综合保税区 15 公里，处于重庆朝天门上游 50 公里的长江南岸，是集"水公铁"多式联运为一体，连接"一带一路"和长江经济带，辐射云贵川陕等西部地区，涵盖集装箱、件杂货、散货物流功能的综合枢纽港，也是长江上游航运中心的重要组成部分。

2022 年 3 月发布的《关于重庆市"十四五"时期推进西部陆海新通道高质量建设的实施意见》（渝府办发〔2022〕31 号）提出，"推动陆港型国家物流枢纽江津珞璜港片区建设"，这是珞璜港第一次在市级及以上文件中明确与西部陆海新通道建设直接相关联的战略定位。另外，"重庆水运口岸扩大开放珞璜港区"项目列入《国家"十四五"口岸发展规划》和国家口岸开放 2022 年度审理计划，也进一步强调珞璜港的枢纽地位。

近年来，江津区委、区政府高度重视珞璜港引领发展，出台系列惠利政策助其做大做强。目前，珞璜港已建成2个5000吨级泊位、16条铁路专用线，通过能力超550万吨，实现"水公铁"联运模式，"东西南北"四个方向开放通道在珞璜港集聚，并通过6公里铁路专用线与珞璜小南垭铁路综合物流中心接轨，具备铁路整列到发装卸能力。另外，珞璜港区公路快速接入重庆绕城高速公路，衔接渝邻、渝黔、渝万、成渝等高速公路，辐射西南地区。图2-4为江津区珞璜港全景。

图2-4　江津区珞璜港全景
（供图：江津区摄影家协会）

2020年，珞璜港启动3号、4号、5号直立式泊位建设，预计2023年建成投用，届时年吞吐量将跃升至2000万吨、100万标准箱，进一步夯实重庆内陆开放前沿、服务成渝地区双城经济圈建设的重要门户枢纽地位。

近年来，珞璜港以建设重庆航运中心江津枢纽港为抓手，加强与泸州港、果园港、万州港等成渝地区双城经济圈及长江经济带有关港口合作，共同构建互联互通、干支衔接的长江"黄金水道"航道网。

江津与泸州、荣昌、永川三地达成行动计划，联合运营长江上游水运外贸直通船和水上快运精品航线，共同打造长江上游航运中心。

获评成渝地区协同创新案例的长江"水上穿梭巴士"于2021年7月在珞璜港开启首航，联动港口包括珞璜港、泸州港、果园港等川渝重要港口，以及珞璜港——上海港集装箱班轮，为成渝地区双城经济圈构建通江达海、首尾联动的东向国际开放通道。

2021年8月，珞璜港与江津综合保税区联合打造的江津物流枢纽铁水联运示范项目成功入选重庆首批市级多式联运示范工程项目。2022年11月，交通运输部办公厅、国家发展改革委办公厅公布第四批多式联运示范工程创建项目名单，由重庆港务物流集团牵头的珞璜港与万州港"双港联动、铁水一单、干支衔接、集散转换"多式联运示范工程榜上有名，成为重庆市唯一入选项目。

2022年10月，珞璜港进境粮食中转码头项目经海关总署同意，正式获批进境粮食中转码头资质，可开展进境粮食中转业务。

三　高速公路建设提速增效

2009年12月，江津高速公路从无到有，江津第一条高速公路——重庆绕城高速公路江津段建成通车，正式开启高速公路时代。近年来，江津高速公路建设以贯通、加密、扩容为重点，构建起"四横三纵"的高速路网结构。到2020年末，江津区高速公路通车总里程达到191公里，可用高速下道口24个，每百平方公里拥有高速公路里程5.97公里，超过重庆市平均水平。

重庆绕城高速公路江津段打破江津人到重庆中心城区"近而不进"的尴尬局面；江合高速经四川泸州市合江县至泸州其他地区，首次打开江津区直联四川的高速通道，进一步敞开对西南方向经济合作的大门；重庆三环高速江津至永川段极大带动江津区现代农业和乡村旅游等发展，江津至綦江段获评"最美中国高速公路"，使沿线20多万人直接受益，綦河特色经济带得以提速发展；九永高速公路为江津双福片区的对外流通敞开又一道大门；江习高速公路结束江津区南部山区出行难的历史，极大增加四面山景区客流量，亦成为重庆较短的一条陆上出海大通道。图2-5为江习高速公路江津境内的笋溪河特大桥。

图2-5　江习高速公路江津境内的笋溪河特大桥

注：笋溪河特大桥是一座典型的超高墩、大跨度、特长山区高速公路桥梁，大桥全长1578米，桥面宽24.5米，桥面距谷河290米，被称为"重庆市第一高桥"，也是重庆市首座山区大跨度悬索桥、最大跨度钢桁加劲梁悬索桥，获得鲁班奖、中国钢结构金奖等荣誉。

（王化全 摄）

未来，待合璧津高速公路①、渝泸北线高速公路②、永津高速公路③、渝赤叙高速公路④建成通车后，江津区高速公路将形成"二环九射"的加密

---

① 合璧津高速公路起于重庆合川区，与重庆三环高速（铜合高速）连接，穿九峰山至重庆璧山区，经大路、正兴、丁家、广普至江津油溪跨长江，至刁家连接江合高速、江习高速，总里程96公里，建成后将有效串联成渝高速、渝蓉高速、渝遂高速等多条高速公路，在重庆二环和三环高速之间形成新的连接，成为重庆主城都市区重要的集散通道，有效缓解重庆绕城高速的通行压力。

② 江津—泸州北线高速公路是重庆市境内一条对接四川省泸州市的快速通道，是重庆高速公路路网的重要跨省通道，2020年6月开工建设。江泸北线（重庆段）全长71.359公里，经江津、九龙坡、永川三个区，向四川泸州方向延伸，预计2023年建成通车。

③ 永津高速公路项目起于九永高速永川环线，止于江津区油溪镇，全长15.5公里，2023年年底将实现初通车，未来将与区域高速公路网共同串联江津、永川旅游资源，推动沿线旅游及社会经济发展。

④ 渝赤叙高速公路重庆段终点位于江津区中山镇西侧渝川省界处，与渝赤叙四川段相接。在渝赤叙高速公路重庆段68.5公里的项目里程中，江津段独占57.25公里，所占里程为项目所跨区县中最长。该项目建成后，将形成重庆至昆明出境面向东盟国家的南向新通道。

网络。至 2025 年，江津区高速公路总里程将突破 400 公里，实现行政区域、工业园区、农业园区、所有历史文化名镇的全覆盖，所有镇街市民均能开车半小时或者乘坐公共交通工具上高速公路。图 2−6 为江津区白沙长江大桥。

图 2−6　江津区白沙长江大桥

注：成渝地区双城经济圈建设启动后，拥有港口和火车站的江津区白沙镇成为通达渝川黔三省直辖市的水陆交通枢纽，天然深水良港——白沙港和长江黄金水道润泽当地，白沙火车站与江津城区隔江相望，紧邻重庆绕城高速、江习高速，渝泸高速、重庆三环高速穿境而过。2022 年 1 月，江津区白沙长江大桥正式通车，东接白沙工业园、G93（渝泸高速），西联成渝铁路白沙货运站、合璧津—港桥工业园区快速干道白沙连接线。

（李航 摄）

四　城乡交通和客运网络持续完善

内畅外联织就农村幸福路。近年来，江津区将"四好农村路"① 作为重要的民生工程来抓，到 2022 年 10 月，累计建设农村公路 6113 公里，支撑乡村旅游、生态农业、休闲农业等乡村产业振兴发展，交通基础设施服务能力由脱贫攻坚向共同富裕转变。石门猕猴桃、油溪龙眼、贾嗣桑葚、西湖柑橘、杜市花卉……依托四通八达的农村公路，江津特色农产品货通成渝。

与此同时，江津区城乡一体衔接的客运出行服务质效并提，城市公交健

---

① 四好农村路：以建好、管好、护好、运营好农村公路为主要内容的农村公路建设。

康发展，全区镇街、产业平台的公交网络基本形成，实现行政村通客车率达
100%，江津区至璧山区城际公交、江津区塘河镇途经四川省泸州市合江县
石龙镇至合江县白鹿镇省际公交、江津区至大学城同城公交等公交线路开
通，让市民出行更便捷。同时，开展爱心送考、定制公交、特殊群体免费或
优惠乘坐公交、半小时免费换乘等暖心服务，提升公共交通服务质量。

第2节　江津珞璜临港产业城开放发展的主要成效、典型案例

　　江津区未来发展的最大增量在珞璜临港产业城。江津珞璜临港产业城总
体规划面积约68平方公里（含拓展区6.8平方公里），位于重庆主城都市区
南部组团，毗邻重庆市巴南区，与重庆市大渡口区、九龙坡区仅一江之隔，
距重庆轨道交通2号线、3号线交汇站鱼洞站仅10分钟车程，到重庆江北国
际机场T3航站楼仅约45分钟车程，区位优越，枢纽交通优势明显，拥有国
家级开放平台——江津综合保税区，重庆四大长江枢纽港之一——珞璜港，
国家级铁路物流中心——小南垭铁路物流中心，省级特色工业园区——江津
珞璜工业园，通过充分发挥"西部陆海新通道+RCEP（区域全面经济伙伴
关系协定）"叠加效应，正加快完善"水公铁"多式联运集疏运体系，拓展
枢纽、口岸、通道功能，强化"通道+平台+产业"联动效应，推进镇、
园、港、区一体化融合发展，打造内陆开放前沿和陆港型综合物流基地，
以及江津建设"重庆陆港型国家物流枢纽"的主要承载地。

　　值得关注的是，由于开放资源和平台相对分散、周边市区县协作机制
尚未完善，西部陆海新通道江津班列2019年仅开行20多列。成渝地区双
城经济圈建设启动后，为进一步提升竞争力，江津区改造升级珞璜港等辖
区内主要港口，2万多平方米的保税仓库在江津综合保税区拔地而起，"一
带一路"进出口集散中心、进口大宗商品分拨中心、中国西部（重庆）东
盟商品分拨中心相继建立……

尤其是江津区委、区政府将珞璜工业园发展中心与江津综合保税区合并办公，成立珞璜临港产业城管委会，统筹珞璜工业园、江津综合保税区、小南垭铁路物流中心、珞璜港等平台运营，优化开放型经济管理体制机制，进一步释放珞璜临港产业城开放潜力和动能。2022年，江津珞璜临港产业城出口贸易额148亿元，同比增长17.93%，是重庆市唯一实现进出口额以两位数增长的开放平台，与全球119个国家和地区的393个港口建立合作关系，外贸进出口产品覆盖120个品类。

一 江津综合保税区建设成效显著

重庆江津综合保税区于2017年1月17日经国务院批准设立，2018年4月23日通过海关总署等八部门联合验收，同年6月28日首批货物通关，7月5日正式封关运行。江津综合保税区批准四至范围①2.21平方公里，重点发展保税加工、保税物流和保税服务；围网外配套区27.9平方公里，主要发展智能装备、医疗器械、消费电子、现代物流等产业，以实现网内网外联动发展。作为重庆继两路寸滩保税港区（2022年2月更名为两路果园港综合保税区）和西永综合保税区之后的第三个海关特殊监管区域，也是重庆中心城区以外的首个海关特殊监管区域，江津综合保税区串联起长江黄金水道、西部陆海新通道，是重庆全面融入"一带一路"建设和长江经济带发展、打造内陆开放高地的重要节点。

2020年10月，国家公布新一批物流枢纽建设名单，重庆陆港型国家物流枢纽入选，江津综合保税区与重庆国际物流枢纽园区共同承担重庆陆港型国家物流枢纽建设的目标任务，江津综合保税区融入成渝地区双城经济圈进一步提速增效。例如，2021年10月，江津综合保税区与重庆经济开发区、长寿经济开发区、万州经济开发区、西永综合保税区、两路寸滩综合保税区、涪陵综合保税区、重庆国际物流枢纽园区、果园港国家物流

---

① 四至范围：东南西北四个方向的边界。

枢纽、南彭公路物流基地共同签订协同联动创新发展倡议书，倡议形成优势互补、产业联动、错位发展的新格局。

聚焦大通道、大枢纽建设，大力发展"水公铁"多式联运，是江津综合保税区提升开放能级的关键一步。为此，在完善枢纽功能方面，江津综合保税区依托陆港型国家物流枢纽建设，推动珞璜港泊位堆场等建设，支持周边集装箱货物通过多式联运在珞璜港实现集疏运，并完善集装箱堆存、冷链仓储等服务功能。在持续做优国际物流品牌方面，围绕"一带一路"进出口商品集散中心建设，江津综合保税区积极拓展国际供应链货物过境运输、中转集拼和分拨配送业务。在班列开通方面，努力加密西部陆海新通道江津班列开行数量，提升开行质量，推动东南亚冷链海陆快线稳定开行，加快推进冷链物流基地建设，常态化开行珞璜港至泸州、宜宾的水上穿梭巴士、珞璜港至上海港集装箱班轮，谋划开行中老高铁国际货运班列、中欧班列（渝新欧）江津班列……江津综合保税区正朝着货物熙熙攘攘、南来北往互通有无的繁荣景象奋力迈进。

同时，充分合理利用综合保税区功能和制度机制创新，江津综合保税区积极拓展贸易新业态新业务。例如，2022年，在重庆市海关、市商务委等部门的大力支持下，江津综合保税区利用成功获批开展平行进口车保税仓储及合规性整改业务的契机，先后引进两家平行进口车企业落地，并参与重庆市试点评选工作，走货业绩均排在全市参评企业前列，其中重庆渝津欧供应链管理有限公司成为全市唯一一家完成目标任务的试点资质参选企业；LED研发生产企业——重庆金睿诚科技有限公司获评国家级高新技术企业，成为江津综合保税区内网首家高新企业；泰富捷高端摩托车保税仓储分拨项目完成试运行，保税物流和进出口贸易等项目加速推进；露珠生物科技（重庆）有限公司研发生产的"国货之光露华百英"6208系列护肤品通过江津综合保税区海关卡口验放后快速出区，成为江津综合保税区自封关运营以来首批顺利出关的保税研发成品，标志着江津综合保税区的保税业务实现从研发到生产的全链条闭环。

案例 2 - 4 江津小南垭铁路物流中心：打造西部
陆海新通道重要枢纽

重庆江津综合保税区内的小南垭站交通位置优越，位于川黔铁路上，与珞璜港直连，距重庆绕城高速公路仅约 5 分钟车程，10 公里内便可实现"铁水公"联运，2 天就能从广西钦州港出海。相比重庆团结村站，小南垭站多了港口，运载能力更大；相比重庆果园港，小南垭站能为发往四川、贵州方向的货物节省更多时间。可以说，西部陆海新通道建设为江津区带来"走出去"的大机遇，而小南垭站则是江津区"走出去"的基石。

看准小南垭站的开放优势与发展潜力后，江津区政府与中国铁路成都局合作，将只有 5 条铁轨的小南垭站，扩展为占地 3600 亩、年运能达 2000 万吨以上的小南垭铁路物流中心。图 2 - 7 为小南垭铁路物流中心全景。

图 2 - 7 小南垭铁路物流中心全景
（供图：江津区摄影家协会）

2019 年，在西部陆海新通道建设正式上升为国家战略后，江津区即将小南垭铁路物流中心定位为西部陆海新通道的重要枢纽之一。东盟是重庆最大的贸易伙伴，因而江津区在面向东盟国家的通道建设上频频发力，整合重庆乃至成渝地区双城经济圈等物流资源，小南垭铁路物流中心先后开通经钦州、防城港、凭祥等口岸出入境的铁海联运和跨境国际班列线路。如今，江津小南垭铁路物流中心成为西部陆海新通道与中欧班列（渝新欧）的重要衔接点、西部陆海新通道班列的主要到发站点。

2022年5月，首列成渝地区双城经济圈货运班列（重庆江津—成都青白江）从江津小南垭铁路物流中心发出，直达成都市青白江区城厢站。开通后的成渝地区双城经济圈货运班列可紧密衔接西部陆海新通道、中欧班列和长江黄金水道，提高成渝地区双城经济圈铁路货物运输占比，加强重庆和成都两大陆港型国家枢纽的互联互通。

2022年10月，小南垭铁路物流中心海关监管作业场所通过重庆海关验收，进出口货物可在此实现"一次申报、一次查验、一次放行"，直接运抵海港装船出境，满足西部陆海新通道江津班列进出口货物"就近监管"的需求，提升企业物流贸易便利化水平。2023年1月，5个装载着江津区及周边市区县生产的摩托车配件、汽油机、微耕机散件等货物的集装箱，进入小南垭铁路物流中心海关监管作业场所完成出口转关手续，通过西部陆海新通道江津班列（成渝地区双城经济圈出口专列）从小南垭铁路物流中心出口到印度尼西亚，这是小南垭铁路物流中心海关监管作业场所建成投用后的首票转关出口业务。

案例2-5　打造"政策洼地"：重庆江津综合保税区政策创新和机制创新典型案例

近年来，重庆江津综合保税区不断优化公共服务，持续优化营商环境，深化开展综合保税区增值税一般纳税人资格试点，探索创新海关监管制度、实施保税监管改革等政策，有力提升外贸便利度，积极打造开放筑梦、宜居宜业的"政策洼地"和"创新热土"。

以下为重庆江津综合保税区封关运作以来的六个政策创新和机制创新案例。

以往企业要同时从事内销、外销，必须注册两个企业，而且相比综合保税区外的一般纳税人企业，区内企业既不能进行增值税专用发票进项抵扣，又不能向国内客户开具增值税专用发票，给区内企业开拓国内市场造成壁垒。重庆江津综合保税区支持区内企业获批增值税一般纳税人资格试点，推动企业既能享受对外保税政策，又能享受国内采购进项增值税全额抵扣等政策红利，降低内销成本。

针对中小企业资金实力不强、难以承担衍生业务保证金占用成本的瓶颈，重庆江津综合保税区与国家外汇管理局江津中心支局联合推出中小企业汇率避险支持政策，重庆江津综合保税区出资设立300万元专项资金池并存入合作银行，经营情况和信用情况良好的中小企业在合作银行办理外汇衍生业务时，可依托该资金池申请汇率避险专项授信，免交相关保证金，单户授信限额50万元，额度可循环使用，且不占用在银行的原有授信额度，有效减轻企业资金压力。

重庆江津综合保税区推动进口整车保税仓储分拨中心建设，创新整车保税仓储"三个一"（一次检测、一次运输、一体化作业）监管模式，解决整车在保税仓储监管过程中需多次运输、申报流程烦琐等问题，车辆抵达口岸到完成入区仓储最短6小时即可完成。

重庆江津综合保税区推动"抽样后即放行"贸易便利化措施惠及有关企业，将抽样送检货物出区时间由7天缩短为半天，并确保区内首个保税进口大宗农产品项目（共计20个集装箱、500吨的越南糯米）顺利落地。

在新冠疫情极大冲击国际供应链、运输线的背景下，中欧班列订舱量激增，普通班列运输难以满足客户需求。2022年8月，重庆江津综合保税区利用《国际公路运输公约》[①] 制定公铁联运跨境运输方案，

[①] 《国际公路运输公约》是一种全球通用的国际海关中转和担保系统。根据规则规定，对集装箱的公路运输承运人，如持有TIR手册，允许由发运地到达目的地，在海关签封下，中途可不受检查、不支付关税、不提供押金，简化过境流程，降低海关与物流公司的管理成本。

启运首票"中欧卡车"，将满载越南工厂生产的汽车零部件，经过江
津综合保税区组织国际中转集拼和跨境运输，并克服重庆市场暂时不
具备国际公路运输资质车辆的现状，在阿拉山口口岸换装国际公路运
输车辆后出境直达波兰华沙，保障欧洲汽车生产的供应链稳定运行。

2023 年 3 月，中交一公局集团租赁德国出产的摊铺机、压路机等
设备在重庆江津综合保税区完成存放、通关、放行、交付，重庆江津
综合保税区首票保税进口成品租赁①业务成功落地。重庆江津综合保
税区携手西永海关，采取"一对一"引导企业备案及规范申报，实施
"总担保＋分期纳税"等政策为企业节省成本，与交付地海关共同开
展异地监管及"24 小时"云通关，开辟专用通道保障大型设备出区，
为企业降低成本，压缩货物出区时长。

二　西部陆海新通道江津班列稳步增长

2018 年，西部陆海新通道江津班列开行，江津区成为重庆首批融入通
道的重庆区县。2019 年 7 月，西部陆海新通道江津班列实现常态化运行。
2020 年 2 月，克服新冠疫情影响，西部陆海新通道江津班列顺利复运。
2020 年成渝地区双城经济圈建设启动以来，珞璜临港产业城整合西部陆海
新通道江津班列全链条，开行频次不断加密，联通重庆、四川、贵州、云
南、甘肃、新疆等"13＋1"省区市，实现与中欧、中老、中老泰班列的
无缝对接，其铁海联运模式相较于传统江海联运模式节约 10 天以上，运输
效率更高，有效帮助企业降低物流成本，成为东盟国家联系我国西部内陆
地区的一条"大动脉"，也使得江津区与西部陆海新通道其他市区县及沿
线各国、各地区经贸合作水平不断提升，让成渝地区双城经济圈乃至西南

---

① 保税进口成品租赁：指国外公司委托有资质的物流公司购买进口成品，国内租赁使用方
以租金形式租赁货物。此形式能大幅缓解使用方的资金压力，促进双方贸易合作，优化
保税区金融结构，丰富保税服务业态，拉动区域开放型经济发展。

地区老百姓的"菜篮子"和"购物车"越来越丰富。

2022年，江津区累计开行西部陆海新通道班列536列，同比增长133%，实现天天班，共运输26822标准箱，累计运输货值12.46亿元，其中外贸货物运输4549标准箱，总运量居全市第二位，在全市占比提升至22%，让珞璜这个产业集聚洼地在对外开放的历史跨越中有了更高辨识度。目前，江津班列货物主要包含建材、纸品、化工品、粮食、非金属矿石、汽摩配件、通用机械、农机、化肥等12种大类50多个货品，货物更加多元化，其中有多个产品是首次通过西部陆海新通道运输。

值得关注的是，江津区成功开通中老铁路国际货运列车、成渝地区双城经济圈出口专列、中老泰国际铁路联运班列、泰国进口纸浆专列、"江津制造"专列、企业定制班列等西部陆海新通道江津班列精品线路。

例如，2022年10月，装载着来自泰国国家石油公司大宗塑料颗粒的首列中老泰（泰国玛达浦—老挝万象—重庆江津）国际铁路联运班列抵达小南垭铁路物流中心，并进入重庆江津综合保税区进行保税仓储分拨。这是泰国国家石油公司首次将交付仓前置到中国西部地区，标志着珞璜临港产业城进一步融入国际产业链、供应链。

2021年3月，搭载重庆润通科技有限公司生产的通用机械产品的西部陆海新通道江津班列中远海运润通专列从小南垭铁路物流中心出发，驶达广西钦州港，再通过海运发往美国和越南，这是西部陆海新通道江津班列发运的首趟企业定制专列。重庆润通科技有限公司是江津区重点外贸企业，仅出口美国和越南市场的货物每年就达到2000标准箱，过去的传统出口方式以江海联运和汽运为主，而通过西部陆海新通道铁海联运可缩短12天运输时间，为企业节约超过千万元的运输费用。

2023年3月，满载东风小康江津双福基地生产的汽车零部件的西部陆海新通道"江津制造"专列从小南垭铁路物流中心发出，到达广西北部湾后，通过铁海联运出口到印度尼西亚，由东风小康印尼工厂进行组装销售，服务印度尼西亚及周边国家汽车消费市场。

2023 年 4 月,江津区与云南省德宏州签订《共建西部陆海新通道战略合作协议》,陆海新通道运营有限公司、重庆江津综合保税区发展集团有限公司、德宏州基础设施投资公司三方签订《主要平台企业共建西部陆海新通道战略合作协议》。当月,陆海新通道跨境铁公联运班列(重庆—瑞丽—缅甸)① 从小南垭铁路物流中心发出,通过云南省德宏州瑞丽市畹町口岸出口至缅甸,这是国内开行的首趟经瑞丽口岸出口的西部陆海新通道中缅跨境铁公联运班列新线路,打通了重庆经云南瑞丽陆路口岸衔接缅甸、联通东南亚的中缅国际通道新路径。

案例 2 - 6 西部陆海新通道江津班列深耕中老线路:促进江津做实做深与东盟经贸合作关系

2021 年 12 月,中老铁路通车。中老铁路是中国"一带一路"倡议与老挝"变陆锁国为陆联国"战略对接取得的重大成果,直接深入东南亚腹地,使中国与老挝、泰国、柬埔寨等国家形成便捷的陆运新通道。搭乘中老铁路"大动脉",跨境运输可实现全天候、低成本、快速通达,为中老铁路沿线地区开放型产业发展带来新机遇。

过去,江津区出口老挝万象的产品,只能依靠公路经云南西双版纳州磨憨口岸运至老挝万象交货,全程需要 10 天,中老铁路的开通,则大大缩短全程运输时间。2022 年 3 月,中老铁路(江津—万象)国际货运列车从江津珞璜小南垭铁路综合物流中心成功首发。

此后两年多来,珞璜临港产业城充分挖掘 RCEP 战略机会,深耕"中老线路",打造深入中南半岛,辐射东南亚地区,集贸易、物流、

---

① 从开行线路上讲,瑞丽是南亚经济圈、东盟经济圈的交汇点,泛亚铁路西线的出境枢纽,中缅油气管道入境第一站,通往南亚、东南亚最便捷、最安全、最成熟的陆路通道节点;从企业层面来讲,西部陆海新通道跨境铁公联运班列(重庆—瑞丽—缅甸)开行大大缩短重庆至缅甸的运输距离和降低成本,比传统江海联运节约 20 天左右;从战略层面上看,该班列进一步提升江津区的物流枢纽开放能级,促进江津区与成渝地区双城经济圈、西部地区其他市区县的对接合作,以及与东南亚、南亚国家的经贸往来和国际交流合作。

仓储于一体的铁海联运开放通道：其一，通过西部陆海新通道江津班列经贵阳、南宁至钦州港和凭祥出海；其二，通过中老铁路国际货运列车，经宜宾、昆明至老挝；其三，通过西部陆海新通道冷链快线，从珞璜小南垭铁路综合物流中心直达防城港出海。图2-8为西部陆海新通道中老铁路（江津—万象）国际货运班列。

图2-8　西部陆海新通道中老铁路（江津—万象）国际货运班列
（供图：江津区发展改革委）

凭借该通道，茶叶、白酒等西部地区货物从江津珞璜临港产业城出发，销往东盟乃至世界；老挝的啤酒、水果、粮食，泰国的木薯粉、大宗塑料颗粒，越南的线槽、碳酸钙等东南亚乃至世界各地的生产资料和消费品则在珞璜集结，发往广阔的中国大市场。例如，珞璜临港产业城与新加坡叶水福集团签订战略合作框架意向书，围绕国际陆海贸易新通道开展物流供应链合作，共同助力南向和西向通道的建设，加强东南亚的多边商贸交流，全力推动江津区多式联运体系和中国西部（重庆）东盟商品分拨中心建设，打造面向东盟的"多式联运＋分拨中心"的复合型开放服务平台。重庆江津综合保税区与中国外运－环通老挝物流有限公司合作，建成重庆江津综合保税区老挝集拼中心；在重庆市中新示范项目管理局的牵线搭桥之下，江津区与泰国国家石油公司、泰国Nathalin集团以及渝新欧（重庆）供应链管理有限公司签订合作协议，共同打造中老泰（江津—万象—曼谷）国际铁路货运通道，以及欧洲经江津珞璜小南垭铁路综合物流中心直达东南亚，并通过海运港口辐射更广范围的双向运输通道，进而拓展东南亚海外仓市场合作。

案例2-7　补链强链江津冷链产业：做精珞璜临港产业城通道经济与口岸经济

2018年12月，中国西部（重庆）东盟商品分拨中心、中国西部（重庆）东盟农副产品分拨中心揭牌，分别落户江津综合保税区和江津双福西部国际农贸城，东盟商品开始大规模通过江津集散川渝地区。珞璜小南垭铁路综合物流中心的建成，进一步改变了过去东盟商品多从广州、深圳通关，再由公路运输至重庆的历史。

同时，随着人们生活消费方式的改变，加之生鲜电商的迅猛发展，冷链物流增量空间被打开，因而冷链产业也成为珞璜临港产业城重点打造的新兴产业。2020年9月，搭载东南亚国家水果、芬兰猪肉等货物的首班"东南亚冷链海陆快线"列车从广西防城港开出，到达江津珞璜小南垭铁路综合物流中心，并分拨到江津双福西部农贸城以及明品福、万吨、凯尔国际等重庆主要农贸冻品市场、成都都市圈水果市场。"东南亚冷链海陆快线"采取海铁联运方式，物流成本比传统公路冷链运输节省近1/3。

2022年9月，交通运输部、财政部公布2022年国家综合货运枢纽补链强链首批城市（群）名单，重庆市联合成都市以城市群的形式进入名单。其中，重庆市入围的18个项目中，江津区占4个，分别是：重庆西部（东盟）农产品冷链分拨中心（一期）、西部陆海新通道江津综合保税区冷链产业园项目、江津综合保税区围网内自建保税仓库（二期）建设工程、重庆港江津港区珞璜作业区改建工程铁路改造工程。其中，冷链项目占了一半。

《重庆市内陆国际物流分拨中心建设实施方案（2021～2025年）》提出，江津区要参与打造陆港型物流枢纽分拨运营基地。为此，江津区全力打造重庆西部（东盟）农产品冷链分拨中心和西部陆海新通道江津综合保税区冷链产业园。前者依托中国西部（重庆）东盟商品分拨中心、中国西部（重庆）东盟农副产品分拨中心，通过完善保税仓储设施，增强国际物流分拨服务能力，建设辐射西部地区、衔接亚欧大陆、面向东盟、连通全球的进出口商品集散分拨中心。后者建设冷链仓工程、配电基础设施、集装箱堆场及相关附属设施，依托重庆江津综合保税区等开放平台，更好服务冷链集疏运体系建设。

这对保税仓库提出更高要求，重庆江津综合保税区围网内自建保税仓库（二期）建设工程可谓"恰逢其时"，既可增加各类型仓储设施体量，提升高标准仓储设施占比，又可通过加强围网内外仓储业务联动，满足铁水联运体系下企业仓运配等运输环节一体化衔接的业务需求。

三 开放型产业发展迅速

（一）商贸物流业加快发展

国内外大型物流企业集聚明显加快，德邦、顺丰、中通、圆通、顺康物流等快递品牌和国际物流企业纷纷入驻珞璜临港产业城，建成以集中仓储、统一分拣、高效配送为主的区域物流配送中心。例如，2022年3月，坐落于江津珞璜临港产业城的德邦快递西南总部基地正式投入运营。该基地占地8万平方米，日均货物吞吐量超过4000吨，日均处理快递量超过15万件，设有智能仓储供应链服务中心、智能数字分拣中心、智能科技研发中心、企业管理培训中心、金融服务结算中心，将打造覆盖快递、整车、仓储、供应链等多元业务的综合性产业集群。德邦物流负责人认为，之所以选择珞璜临港产业城为其西南总部，主要考虑到这里地处"一带一路"和长江经济带联结点，水公铁多式联运的优势非常适合物流企业的发展。

案例2-8 江津对接中新（重庆）战略性互联互通示范项目：促进开放型经济提质增效

2022年7月，江津区人民政府与重庆市中新示范项目管理局签署战略合作协议，共同推动《中新（重庆）战略性互联互通示范项目[①]"国际陆海贸易新通道"[②] 合作规划》实施，助力中新（重庆）战略性互联互通示范项目建设。双方通过建立联席会议、日常联络、协助推介、人才交流等合作机制，在四个方面开展战略合作。

一是交通物流。借助国际陆海贸易新通道和中欧班列（成渝）发展契机，重庆市中新示范项目管理局协助江津区健全国际干线运输、中转分拨和冷链物流体系，共同推进中国西部（重庆）东盟农副产品冷链分拨中心建设，合力打造陆港型综合物流基地。

二是金融服务。在中新互联互通项目已建成的国际商业贷款、跨境发债、发行不动产投资信托、赴新上市融资4种跨境融资模式下，推动新加坡金融机构服务江津区实体经济发展。

三是经贸合作。推动江津区与新加坡等东盟国家优质农产品、食品双向贸易发展。重庆市中新示范项目管理局协助链接海外采购网

---

① 中新（重庆）战略性互联互通示范项目是中国和新加坡两国政府设立在中国西部地区的中新第三个政府间合作项目，以重庆作为项目运营中心，将金融服务、航空、交通物流和信息通信技术作为重点合作领域，2015年11月开始启动。7年多来，中新互联互通项目不断发挥开放平台作用，为重庆和新加坡架起了沟通的桥梁，也成为中新深化双边关系的重要纽带。截至2022年9月，中新互联互通项目累计落地政府和商业合作项目218项、总金额252.6亿美元，金融服务项目235项、总金额290.4亿美元，被誉为"一带一路"合作的典范、国际合作的名片。

② 国际陆海贸易新通道的前身是中新互联互通南向通道，是中国与新加坡政府于2015年11月签订的中新（重庆）战略性互联互通示范项目。2018年11月，中新两国签署《关于中新（重庆）战略性互联互通示范项目"国际陆海贸易新通道"建设合作的谅解备忘录》，"南向通道"正式更名为"国际陆海贸易新通道"，成为中国西部地区与东盟及其他国家区域联动和国际合作、有机衔接"一带一路"的复合型对外开放通道。

络，推动江津区优势产品拓展海外市场。

四是康养医疗。重庆市中新示范项目管理局引荐新加坡企业到江津区开展医疗康养、旅游等领域实地考察，深入挖掘江津长寿之乡的康养产业发展潜力，力争合作项目落户江津。

（二）工业发展量质齐升

围绕"通道带物流、物流带经贸、经贸带产业"的战略路径，珞璜临港产业城已形成消费品、材料、装备、汽摩四大主导产业，并重点发展智能家居、纸制品及包装等细分领域。截至2022年底，入驻玖龙纸业、杜拉维特、敏华家居、海亮铜业、威马农机、德邦物流等企业1043家。图2-9为威马农机股份有限公司生产车间，图2-10为重庆水轮机厂有限责任公司生产车间。

图2-9　威马农机股份有限公司生产车间

注：威马农机股份有限公司成立于2009年，主要从事山地丘陵农业机械及其他动力机械产品的研发设计、生产制造和销售，70%的产品出口到全球70多个国家和地区，其中微耕机出口量连续5年居全国第一位。2022年9月，深圳证券交易所创业板上市委员会审议通过威马农机股份有限公司创业板IPO申请，威马农机股份有限公司成为江津区本土培育的第一家上市过会企业。

（供图：江津区珞璜工业园发展中心）

　　到 2022 年底，珞璜临港产业城规上工业企业达 167 家，实现规上工业总产值 585.7 亿元，总量居江津区第二位；数字经济规上制造企业 16 家，实现产值 68.9 亿元，企业数居江津区第一位；战略性新兴规上制造企业 26 家，实现产值 112.6 亿元，增速居江津区第一位；当年工业投资 60.5 亿元，其中技改投资 21 亿元，工业投资和技改投资的总量均居江津区第一位。

图 2 – 10　重庆水轮机厂有限责任公司生产车间

　　注：重庆水轮机厂有限责任公司是研发、设计、制造水力发电成套设备的大型骨干企业，隶属于中国企业 500 强重庆机电控股（集团）公司，2017 年整体搬迁至珞璜临港产业城，拥有专利技术 200 余项，整体工艺水平、核心制造能力、核心试验检测能力处于国内同行业领先水平，已为国内外 3000 余座电站和泵站提供 6000 多套水轮发电机组和大中型泵组及技术服务，产品销往全球 40 多个国家。

　　（供图：江津区珞璜工业园发展中心）

第3节　江津区优化营商环境的主要成效、典型案例

　　营商环境是一个地方政治生态、社会生态的综合反映，也是一个地区软实力的重要体现。近年来，江津区把优化营商环境作为"一号改革工程"，以重庆市建设全国营商环境创新试点城市为契机，深入贯彻落实《优化营商环境条例》《重庆市优化营商环境条例》《重庆市营商环境

创新试点实施方案》等政策法规，出台《江津区持续优化营商环境工作实施方案》《江津区"营商环境优化年"实施方案》《江津区营商环境创新试点实施方案》等政策文件，实施推动全区观念大转变、审批大改革和效能大提升等多方面的 138 项改革事项。

江津区成立以区长为组长的优化营商环境工作领导小组，统筹全区营商环境工作事宜。领导小组下设办公室（设在区政务服务管理办公室），负责优化营商环境日常工作。成立 13 个专项小组，在具体领域打造公平公正的法治环境、高效透明的政务环境、平等竞争的市场环境、安商亲商的社会环境。

建立优化营商环境述职评议制度。江津区委、区政府每年 5 月、11 月分别召开一次营商环境述职评议大会，对全区 44 个政务服务类单位和 10 个要素保障类单位进行现场打分和满意度评价。对评议结果处于后 3 名单位的主要负责人、科室负责人分别采取取消年度综合考核资格、诫勉谈话、组织处理等处罚措施，以评促改、以评促优、以评促建，切实解决优化营商环境中的"堵点""痛点""难点"问题。

一　政务服务能力建设提质加速

（一）提升"一站式"服务集中度

2022 年 10 月，江津区政务服务中心（见图 2－11）启用，原区行政服务中心搬迁入驻，之前分别设立的不动产登记、婚姻登记、出入境、社保、医保、就业 6 个分中心实现集中入驻，设置综合受理窗口、统一出件窗口、"川渝通办"窗口、潮汐窗口、帮办代办窗口、"办不成事"反映窗口等各类窗口 276 个。水电气信、公证、法律服务等事项进驻区政务服务中心，车管、公积金分中心纳入区政务服务分中心一体化管理。1432 个政务服务事项集中到区政务服务中心集中办理，实现全区审批单位向大厅（见图 2－12）集结、审批服务向窗口集成、审批事项向网上集聚。到 2022 年末，江津区许可类事项全程网办率达 93.26%，申请类事项全程网办率达 84.83%。

图2-11　江津区政务服务中心

（蒲阳　摄）

图2-12　江津区政务服务中心大厅

（蒲阳　摄）

（二）推动基层政务服务便民化

江津区统一规范全区镇（街道）便民服务中心、村（社区）便民服务站的名称、标识，建成"1+30+301"政务服务体系①。30个镇（街道）

---

① "1+30+301"政务服务体系：1个区级政务服务大厅、30个镇街便民中心、301个便民服务点。

便民服务中心明确专职政务服务工作人员 360 余人，1500 余名村（社区）"两委"成员集中在便民服务站办公，为办事人提供全流程的帮办或代办服务。74 个帮代办服务事项在白沙镇、圣泉街道试点运行。

深化"政务+银行""政务+邮政""政务+通信"服务模式，打造便民服务矩阵。江津区在建设银行 10 个营业网点设立"政务+银行"智慧政务服务专区、101 个中国邮政营业网点设立"政务+邮政"服务点、6 个中国移动营业网点设立"政务+通信"一网通办厅，872 项高频事项实现就近办理。

全区 19 个公安派出所入驻属地镇街便民服务中心，可为办事人办理治安、户政、交巡等 28 类 134 项业务，其中窗口当场办结事项 86 项、江津区通办事项 9 项、重庆市通办事项 26 项、全国通办事项 6 项。

（三）"适老化"改造提升老年人办事体验

江津区政务服务中心设立老年人服务专区，便民服务中心、便民服务站设置敬老"爱心专座"，配备老花镜、便民药箱、血压仪等设备。结合老年人生理特点打造关爱模式，提供无障碍审批、帮代办和线上线下协同服务，包括"城镇职工基本养老保险关系转移接续申请""城乡居民基本医疗保险参保信息变更登记"等 38 项老年人无障碍审批服务事项，以及"经济困难高龄失能老年人养老服务补贴给付""城乡最低生活保障对象认定"等 74 项帮代办服务事项。到 2023 年 3 月，已为老年人办事提供 1500 余次志愿服务。

二 数智化开启政务服务"云时代"

（一）智慧政务大厅更高效

江津区政务服务中心使用"排队叫号+智能监控"系统，实现大厅人员流动及等待情况智能分析，及时提醒导服人员为等待时间较长的办事人提供"一对一"引导，并在人流高峰调配启用潮汐窗口，解决办事人等候时间长的问题。到 2023 年 3 月，区政务服务中心累计取号总量达 92899

次，导服人员开展 6700 余次 "一对一" 引导。

依托 "营商江津" 微信公众号，建设区政务服务中心智能客服系统，梳理形成审批知识库，为用户提供针对政务服务的智能问答服务，解答用户办事过程中的基础问题，用户可通过系统进行信息查询、相关问题咨询等。到 2023 年 3 月，智能客服系统维护问答信息 3200 余条，答复对话 5000 余次，转人工客服 200 余次。

（二）"24小时不打烊"自助服务更智能

江津区政务服务中心开辟面积 400 余平方米的 24 小时自助服务区，配置政务服务一体机、打印扩展柜、材料存取柜等 10 余类智能设备 60 余台（个），提供预约办事、智能审批、智能客服、打证等 30 余项便民服务。人社、税务、不动产、公积金、公安、教育、医保、水电气等 16 个部门的 525 项高频事项可实现 24 小时自助办理。

（三）人工智能审批提高办事效率

江津区开发上线人工智能审批系统，支持对用户申请材料智能核验，材料比对不一致或检测到未上传必要材料时能够智能提醒，做到秒批秒办，目前已梳理配置人工智能审批事项 3 项，并且区卫生健康委的公共场所卫生许可（注销）事项率先实现智能审批。

（四）电子证照应用更便民

充分应用电子证照库系统，江津区开展有效期内历史证照存量归集，增量证照实时汇聚，保障办事人 "有证可亮"，窗口 "有证可调"，完成综合受理系统对接改造，通过共享数据接口调用，实现身份证、营业执照、社保缴纳情况等材料 "免提交" 查验与审核。

（五）数字政务地图让办事更省心

江津区开发上线数字政务地图，用线上地图的方式标明各个政务服务网点，办事人结合拟办事项，可在线快速定位就近办理点，对附近办理点的开放时间、业务办理、窗口配备、可办事项、人员排队、服务质量评价等情况实现 "一图看尽"，实现业务就近可办。

三　多维度实现涉企服务精准化

（一）"津心服"企业服务云平台实现政策精准推送

江津区上线"津心服"企业服务云平台，设置企业画像、政策找人、金融服务、信用查询、行业商会、诉求咨询等栏目，建立"惠企政策超市"，提供统一、多源、多专题的政策访问入口，实时集成各部门稳企政策，变"人找政策"为"政策找人"，节约用户的网络查询、电话咨询等多渠道了解政策的时间成本，实现惠企政策即出即知、直达快享、免申即享。到 2023 年 2 月，"津心服"企业服务云平台注册用户（企业）达 1383 家。

（二）政府部门"面对面"主动为企业解难题

秉承"在其位谋其政，任其职尽其责"的执政理念，江津区落实各单位主要负责人都是优化营商环境的第一责任人，层层传导压力、层层抓好落实，建立领导干部联系企业（项目）工作机制，推出政企同心茶叙会、"领导干部遍访规上工业企业"行动等举措，实现区领导、区级部门领导、各产业平台和镇街领导分层级对口联系服务相关重点企业。建立营商环境观察员制度，搭起政府与企业的沟通桥梁。利用"非公人士接待日"、非公有制经济工作联席会议等载体，听取企业意见建议。巩固拓展"千人服千企""万家企业大走访""企业吹哨、部门报到"活动成效，政府部门建立帮扶组，"一对一"帮扶企业，健全跟踪问效、挂牌督办、责任到人工作机制，2022 年解决企业困难事项 1860 余件。

（三）强化要素保障"支撑"

落实"降、缓、返、补、扶"政策，2022 年，江津区累计兑现稳岗返还等纾困资金 3.5 亿元，帮助企业稳岗 17.4 万人，433 家企业申报社保缓缴；落实组合式税费支持政策，新增减免缓退等税收优惠资金累计 21.4 亿元，其中办理增值税留抵退税 11.72 亿元；加大对"五地一城"建设金融支持，建成"1+5+N"金融服务港湾[①]26个，全区重点项目新增贷款96.3亿元，有关金融政策惠及企业累计3万家次、350亿元；稳步推进科创金融发展，"专精特新"企业新增贷款27亿元，知识价值信用贷款累计发放金额稳居全市区县第一位。

四　"无证明城市"创建和"一件事"主题服务攻坚提质

（一）全力打造"无证明城市"

2021年以来，江津区积极创建重庆市首批"无证明城市"，成立"无证明城市"创建工作领导小组，出台《江津区创建"无证明城市"实施方案》《重庆市江津区创建"无证明城市"工作联席会议制度》《证明事项核验实施办法》《创建"无证明城市"工作投诉举报办法》《证明事项"无证明"办理清单动态调整管理办法》等多个文件，加强组织领导和统筹协调，证明事项做到能减尽减、能合尽合。聚焦办事人常办事项，开发"无证明城市"应用系统，通过告知承诺、信息共享、部门核验等方式实现"无证明"办理事项在线办理。区政务服务中心设置"无证明城市"办理综合窗口，确定白沙镇作为"无证明城市"创建的试点镇，将"无证明"办理事项全部纳入综合办理业务范围。

到2022年末，江津区先后公布两批行政机关取消证明事项清单，共取消证明事项861项，规范基层群众性自治组织出具证明工作，取消社区（村）证明事项35项，实现各部门信息互认共享，卫生健康、公安、医疗、市场监管等区级高频事项"免证办"达26000余件，白沙镇累计受理"无证明"事项办理1500余件次，努力实现"群众奔波"到"信息跑腿"，"减证便民"到"无证利民"。

---

① "1+5+N"金融服务港湾：由江津区工商联、中国人民银行江津中心支行合作共建，即打造1个民营小微企业和个体工商户首贷续贷中心；延伸首贷续贷中心功能，在街道、社区、园区等建设具备基层金融治理、政策宣传直达、信贷培育对接、综合金融服务、问题反馈解决五大功能的金融服务港湾；实施简易开户、首贷户培植、融资对接、信用体系建设、惠企政策宣传等N个护航政策。

（二）务实推动"一件事"便民服务套餐

在重庆市明确的"一件事"便民套餐基础上，聚焦企业、群众关心关注的民生实事，江津区将审批事项有机融合为"一件事主题套餐"，让办事人能看懂、能提交。同时，江津区委将"一件事"便民服务纳入2023年常委会工作要点，区政府将"一件事"便民服务写入2023年区政府工作报告，纳入"江津区2023年25件重点民生实事"。到2023年3月，推出企业开办、企业简易注销、出生、入学、婚育、二手房转移登记及水电气联动过户等具有江津特色的"一件事一次办"个人、企业全生命周期套餐53个，累计完成1万余件。

五　有效破解工程建设领域审批难题

一是常态化实施"拿地即开工"。江津区组建服务专班，紧扣土地挂牌、施工许可证办理等关键节点，组织相关部门提前介入，让审批部门"并肩跑"，审批程序"并联跑"，项目落地"加速跑"。2022年，7个重点项目实现"拿地即开工"。

二是全面推进"多测合一"改革。江津区将原来16个测绘事项合并为建设用地规划立项许可、建设许可、建设施工、竣工验收4个综合测绘事项，实现测绘数据共建共享。到2022年底，江津区完成综合测绘事项服务89件，占全市的比重达7.14%，在重庆市区县排名第三。

三是全面推行工程建设项目竣工联合验收。实行综合窗口"一口受理"，联合验收事项由原来的8项优化为4项，申报材料从37项精简到9项，办理时限由原来的12个工作日压减至5个工作日。对市政工程建设项目、装饰装修项目推行档案验收告知承诺制，企业无须单独办理竣工验收备案。2022年，江津区共开展竣工联合验收项目67项。

四是实行水电气信业务集成办理。江津区政务服务中心设置水电气信综合窗口，区住房城乡建委牵头水电气信等业务并联办理、联合报装事项，实行"一站式"集成服务和实行规范管理，压减分散报装环节，实现企业用户零材料、零费用、零报批。

五是推进区域整体评估成果应用。以区内重点产业平台、工业园区为评估对象，江津区已完成环境影响评价、节能评价、地质灾害危险性评估、地震安全性评价、气候可行性论证、水土保持评估、文物考古调查评估等 14 项区域评估。在区域评估范围内的地块，企业拿地后即可免费使用评估成果，无须再找中介机构办理专项评估，为企业节省评估费用，简化审批程序。2022 年，区内有关企业申请区域整体评估成果 126 项。

六　信用示范样板城市建设成效良好

江津区把信用建设作为高质量发展核心环节，营造不敢失信、不能失信的社会环境，成功创建重庆信用示范城市和全国社会信用体系建设示范区。一是扎实开展信用城市建设。将政策落实情况纳入政务诚信，将企业信用承诺纳入市场主体信用记录，作为事中事后监管依据。对信用评级高的企业给予优先安排资金补助、解决融资难题、授予荣誉称号等激励，推动银税贷、知识价值信用贷、商业价值信用贷等各类信用贷款与之对接合作。建立公共信用信息平台，归集区内信用信息 265 万余条，行政许可、行政处罚"双公示"信息合规率、及时率、上报率均达 100%。

二是创新开展"信易批"。推出"告知承诺、诚信预警、失信公示"三项举措，实现"信用越好，审批越容易"。在证照分离、工程建设、社会组织登记、证明事项等领域 75 个政务服务事项中实施信用承诺制度，基本构建"前端承诺＋中端核查＋后端失信惩戒"全过程电子化、全流程闭环化的信用承诺监管机制。截至 2023 年 3 月，江津区已签订各类信用承诺书 83519 份，均在"信用中国（重庆江津）"网站公示。

三是加强信用监管。构建差异化监管模式，江津区先后在劳动用工、税务、律所管理、交通运输、卫生健康等 16 个领域开展分级分类监管。到 2023 年 3 月，江津区 205 家企业曾被列入经营异常名录，其中 110 家企业履行相关义务后移出经营异常名录，310 家（次）市场主体失信记录完成信用修复。另外，江津区还积极参与成渝地区双城经济圈信用联合奖惩，推进"失信被执行人"信用黑名单信息跨区域共享。

七 民营经济稳健发展"逐浪成势"

（一）促进民营企业纾困解难和高质量发展

近年来，江津区出台《江津区服务非公有制经济"两个健康"系列制度（试行）》《领导干部联系商会制度》《常态化走访服务非公有制经济市场主体制度》等政策，举办"稳企惠企"新闻发布会、企业家"下午茶会"、"津商学法"答题、"法治体检"等活动，成立进企业调研宣讲小组，健全领导干部联系商会、企业的政企沟通机制。2022年，江津区成立由区委常委、统战部部长任组长，16个部门主要负责人为成员的稳企惠企工作专班，每季度召开1次专题分析会，抽调人社、税务、金融等单位60名业务骨干组建"助企服务专员"队伍，实施"助企纾困"专项行动56场，走访企业2602家，梳理解决企业问题450件。江津区工商联与中国人民银行江津中心支行共同打造民营小微企业首贷续贷中心、金融服务港湾与线上服务平台，设立贷款风险补偿资金池，撬动金融机构续贷88亿元、新增贷款33.4亿元，惠及民营企业1720家。

（二）成渝地区双城经济圈民营经济协同发展 "泸州－江津" 示范区起步良好

川渝地区民营经济交流合作基础良好，民营企业交流合作、民间投资往来密切。据四川省工商联数据，两地民营企业相互投资领域涵盖电子信息、汽摩配件、智能制造、医药、农业、房地产等几十个行业，重庆在四川投资的民营企业达5万余家，四川在重庆投资的民营企业达10万余家。

《四川省重庆市成渝地区双城经济圈民营经济协同发展示范区总体方案》确定建设"泸州－江津"示范区，江津区民营企业融入泸永江融合发展示范区、成渝地区双城经济圈发展进入"加速期"。2021年3月，江津区与泸州市两地政府办公室共同印发《成渝地区双城经济圈民营经济协同发展"泸州－江津"示范区实施方案》，这是泸永江融合发展示范区建设首批制度文件之一。按照该实施方案，到2025年，"泸州－江津"示范区民营经济基本实现转型升级，营商环境优化显著，支持民营经济发展的政策体系趋于完善，民营经济增加值达3000亿元以上。

江津区与泸州市的民营经济领导小组办公室共同落实成渝地区双城经济圈民营经济协同发展"泸州－江津"示范区建设的具体工作，共同印发涵盖产业协同发展、开放平台合作、优化营商环境、要素自由流动、工作运行机制等领域的年度重点任务清单，依托川渝"合江·江津（珞璜）"新材料产业合作示范园区等载体，重点推动消费品（白酒）、电子信息、装备制造、新能源、新材料、现代服务业、现代农业等产业的两地民营企业开展技术研发与生产合作。

第4节　江津区融入成渝地区双城经济圈联手打造内陆改革开放高地，建设内陆开放前沿和陆港型综合物流基地面临的挑战和对策建议

一　江津区建设内陆开放前沿和陆港型综合物流基地面临的主要挑战

（一）江津区内陆开放型经济总量质量亟待进一步提升

当前国际国内环境、形势正在发生深刻变化，百年变局与世纪疫情交织叠加，全球经济环境的不稳定性、不确定性明显增加，给国际经贸体系带来巨大冲击，世界经济持续低迷，经济全球化遭遇逆流，贸易保护主义、单边主义抬头，国际经济、科技、文化、安全、政治等格局持续深刻调整，国际产业链、供应链向区域化、本土化深刻调整，国际经贸规则更趋碎片化，导致外需下降、贸易投资受阻。

尽管珞璜临港产业城及江津其他工业园区等产业载体内陆开放型经济

已取得良好进展，但是从江津区全域来看，对标内陆开放前沿和陆港型综合物流基地的目标任务，江津区的开放平台还需进一步增加数量、做大规模、丰富功能、提高能级、增强引领性。例如，2022 年，江津珞璜临港产业城出口贸易额约 148 亿元，中国 153 个综合保税区的出口总额为 37061.44 亿元，累计同比增长 14.2%，重庆市外贸出口 5245.3 亿元，同比增长 1.5%。从外贸出口增长率看，江津珞璜临港产业城的同比增长率要高于全国综合保税区（累计）和重庆全市二者的平均水平，但规模仅相当于全国综合保税区累计出口额的 0.4%，且低于全国综合保税区外贸出口平均水平（242.23 亿元），与重庆头部综合保税区（西永综合保税区、两路果园港综合保税区）的差距仍然较大。而在外需面临结构性下行挑战的背景下，江津区要保持较快的外贸"加速度"，需要实施更多"超常规"的机制创新"组合拳"，构筑可持续的内生式增长动能和比较优势。

目前，江津区对外贸易仍然以通道贸易和部分重点产业的加工贸易为主，重在发挥区位、交通、基础设施等传统要素成本优势，但在规模优势并不突出的情况下，通道成本优势面临周边同类城市竞争，通道贸易面临补链、强链以及与江津区传统产业共筑具备竞争力的内循环价值链的需求和挑战。另外，江津区还面临高附加值的一般贸易①和服务贸易发展相对滞后、战略性新兴产业和高新技术产业仍需加大培育力度、城市品牌国内外影响力与东部发达城市仍有差距、国际化生活配套和涉外服务需要进一步完善等挑战。

（二）与战略定位相匹配的对外通道网络需进一步完善

总的来看，江津区的综合交通网络布局、效率和服务水平仍需完善提升，结构有待优化，与成渝地区双城经济圈其他城市互联互通和网络韧性还需增强，规划建设的高速铁路、高速公路、铁路、轨道交通等需要提速提效，长江上游内河航道能力和协同协作亟待提升，毗邻地区路网连通性

---

① 一般贸易指单边输入关境或单边输出关境的进出口贸易方式，其交易的货物是企业单边售定的正常贸易的进出口货物。

需要加强。受新冠疫情、地缘政治挑战以及回程班列空返等影响，中欧班列（成渝）的正常运行存在诸多压力，尤其是地区冲突导致连带风险上升，这给江津区拓展中欧班列市场带来挑战。

另外，江津区的综合物流园区、自动化场站、专业化仓储、多式联运转运、区域分拨配送等物流设施设备需要进一步完善升级。水铁、海铁、水公铁联运等有效衔接的国际多式联运网络和高效、便捷、低成本的国际物流服务网络需要加快构建，江津综合保税区的口岸功能、通关效率、服务质量需要提档升级。区内部分物流市场主体实力偏小，竞争力较弱，物流信息化水平偏低，物流人才不足，第三方物流、第四方物流的市场规模有待扩容。

（三）营商环境需要"同标同质"式全域优化提升

不断改进和优化的营商环境日益成为激发市场主体活力、增强经济发展内生动力、释放内需潜力、提升治理水平的"强心剂"和"推进器"。江津区尽管在基础设施建设、政务服务等"硬环境"方面显著改善，但是对标经济强市，市场环境、信用管理、公共服务等领域的"软环境"优化尚需久久为功。加之在新冠疫情期间，一些公共资源主要集中用于疫情防控，部分企业出现经营困难现象，对政府纾困帮扶企业带来新挑战。部分产业平台在教育、医疗等方面的公共服务短板，也在一定程度上影响了优质市场主体和人才的集聚。

二　江津区加快建设重庆内陆开放高地的前沿阵地和国家陆港型综合物流基地建议

（一）构建联动发展、物畅其流的开放大通道

以友好城市、陆港组织、产业联盟等形式，深化与成渝地区双城经济圈及中西部地区陆港型城市的交流协作，加强与沿海、沿边、沿江节点城市的联动，完善通道联通、口岸合作、物流运营组织等常态化沟通协调和全方位协同合作机制，拓展和优化境内外分拨集散中心合作资源，做大做

强西部陆海新通道江津班列品牌，积极拓展并稳定开行中老班列、中越班列、中缅印班列等面向东南亚的国际班列和特色班列，实现中欧班列（渝新欧）江津班列常态化运行，推动中俄班列等在小南垭铁路物流中心落地运行，探索开辟连接内陆地区的国际陆海贸易新通道。

提档升级珞璜港、兰家沱港、滩盘港等江津港口群，拓展长江经济带港口合作网络，做大成渝地区双城经济圈水上穿梭巴士市场价值，加强陆水和铁海联运、港口协同，构建通江达海、首尾联动的沿江综合立体国际开放通道。以"升级、加密、联网"为主攻方向，构建水公铁立体交通网络体系，加快交通同城化发展，实现"半小时中心城区、一小时江津全域、两小时周边城市"的通达目标。

（二）推进高水平开放平台和贸易体系建设

以"延伸物流链、拓展产业链、提升价值链"为引领，构建"通道＋枢纽＋网络"的现代国际物流体系，推动江津综合保税区高质量建设发展，加快推进珞璜港国家级开放口岸、小南垭海关监管作业场所、粮食中转场地（码头）等重点项目建设，延伸发展航空物流和高铁货运。以珞璜物流枢纽为主要载体，完善多式联运集疏运体系。对标"双碳"战略目标，促进大宗货物及中长距离运输货物"公转铁""公转水"。推动人流、物流、资金流、信息流高效畅通，建设智慧型综合物流基地。促进贸易和投资自由化便利化，优化打造市场化、法治化、国际化口岸营商环境。

江津综合保税区扎实推进具有全球影响力和竞争力的加工制造中心、研发设计中心、物流分拨中心、检测维修中心、销售服务中心"五大中心"建设。推进市级加工贸易转型升级示范区建设，以江津综合保税区为中心，在成渝地区双城经济圈内优化布局加工贸易产业集群，推动加工贸易向品牌营销、研发创新、销售服务等价值链高端延伸，促进加工贸易与一般贸易、服务贸易、智能制造深度融合发展。充分发挥国际物流枢纽优势，推动转口贸易物流通道畅通、金融服务便捷，实现"货通全球、融通世界"。紧盯"保税＋""贸易＋物流"等产业方向，积极融入中国（重庆）跨境电子商务综合试验区建设，加快培育外贸新主体，丰富外贸新业态，增强外贸新动能，大力发展保税研发、保税物流、数字贸易和"实体经济＋跨境电商"等新业态，探索数字自贸港①、产业沙盒②等创新平台建设。

办好成渝地区双城经济圈"专精特新"创新赋能大赛、泸永江工业设计大赛、江津科技活动周、成渝地区双城经济圈高质量发展论坛等在江津举办的大型会展活动，积极参与西洽会、西博会、智博会、陆海新通道国际合作论坛、中新（重庆）战略性互联互通示范项目金融峰会、"一带一路"陆海联动发展论坛、国际陆港高质量发展论坛等重要展会，申办、创办、联办、参与"一带一路"重要国际展会。深化文化、艺术、教育、体育、旅游、科技等领域的国际交流合作，对外籍高层次人才赴江津投资创业、参加经贸活动、讲学交流提供便利化服务，促进民心相通。促进非遗、古镇古街古村、历史名人、知名景区、富硒产品等江津特色文化走出去，提升江津的国际知名度和文化影响力。

（三）促进与成渝地区双城经济圈及国内外重点区域开放合作

紧密对接川渝合作规划，积极推动与有关城市建立重大政策协同、重点领域协作、市场主体联动机制，率先在参与共建泸永江融合发展示范区、川南渝西融合发展区中引领发展。推动江津珞璜临港产业城及江津工业园区与川渝的自贸区、国家级新区、开发区、高新技术园区、综合保税区、国际合作园区、跨境电商综合试验区等开放平台之间基础设施互通、

---

① 数字自贸港：参照综合保税区、自贸区政策推进实施的数字贸易区域。目前已有多个中国城市提出打造数字经济自贸区的相关战略部署，例如北京自贸区大兴机场片区、中关村软件园国家数字服务出口基地、朝阳金盏国际合作服务区成为北京数字贸易试验区落地的三大重点区域，杭州提出建设全球跨境电子商务核心功能区和数字丝绸之路战略枢纽，厦门提出打造数字化产业强链补链固链自贸区。

② 产业沙盒：头部企业可不用直接投资、收购处于种子期的初创企业和技术项目，而是建立产业沙盒先对符合条件的国内外技术和项目进行测试、验证，成功后再进行大规模投入，有效降低了投资风险。初创企业也有动力，如果测试成功，可提升其估值和融资话语权，即使与合作方后续未达成合作，拿着测试结果找其他投资人的成功概率也会提升。同时，地方政府、园区等可将产业沙盒作为支持市场主体发展的新型公共服务。

数据信息共享、产业招商联动、创新成果共用、优惠政策同标，共同发展高水平开放型经济。

深化与东部地区交流互动，加强与京津冀、长三角、粤港澳大湾区的战略对接，链条式、集群化承接东部地区产业转移。加强与长江经济带沿线城市协作发展，共同打造长江立体综合大通道。加强与钦州、防城港、凭祥、瑞丽等边境口岸协作，把出海出境通道优势转化为贸易和产业优势。引领建设渝黔合作先行示范区，延伸与西部地区其他城市的交流合作。

积极对接 RCEP 及澜湄流域经济发展带、中巴经济走廊、孟中印缅经济走廊等共建"一带一路"重大项目，挖掘"江津机会"。做实中国西部（重庆）东盟商品、农副产品冷链分拨中心。深度参与中新（重庆）战略性互联互通示范项目，推动中新供应链金融、贸易金融、金融科技、航空产业、通道物流等领域的合作示范区（项目）落户江津。积极对接中德、中法、中瑞（士）、中意、中以、中韩、中日等成渝地区双城经济圈国际合作园区（项目），探索飞地经济、项目合作、供应链合作、贸易畅通等创新合作机制。

第3章
重庆市江津区融入成渝地区双城经济圈协同建设现代产业体系，建设先进制造业基地的主要成效、挑战与建议

习近平总书记在党的二十大报告中指出，建设现代化产业体系，坚持把发展经济的着力点放在实体经济上。现代化产业体系是现代化国家的物质支撑，是实现中国式现代化的重要标志，其中，制造业是我国推动经济增长、保障物质文明供给、带动其他产业升级、促进科技创新的火车头和稳定器。在百年未有之大变局下，制造业还是保障国防安全、经济安全，提升全球治理能力的基础。中国经济社会的稳定、发展道路和发展方向牢牢把握在自己手中，都离不开产值规模大、发展水平高的制造业。

协同建设现代产业体系是《成渝地区双城经济圈建设规划纲要》提出的首要任务，也是经济圈内相关市区县的重点战略。《成渝地区双城经济圈建设规划纲要》提出，到2025年，成渝地区双城经济圈优势产业区域内分工更加合理、协作效率大幅提升，初步形成相对完整的区域产业链供应链体系，呈现世界级先进制造业集群雏形。

建设先进制造业基地是江津区"五地一城"建设的目标任务之一。江津区是重庆市传统的工业大区，制造业是江津区经济发展的家底，推动制造业转型升级是江津区发挥优势、创造胜势的先手棋。近年来，江津区坚持把先进制造业作为发展实体经济的主战场，坚持高端化、智能化、绿色

化发展方向，工业转型升级不断加快、创新能力显著增强、集聚效果更加明显，工业经济总量、质量和效益稳步提升，高质量发展步履更加坚定。

第1节　江津区先进制造业发展的主要成效、典型案例

2020年以来，江津区进一步坚持以产兴城、以城聚产，持续优化产业生态，出台《江津区工业高质量发展"十四五"规划》《江津区消费品工业"十四五"发展规划》《江津区"十四五"工业和信息化重点产业链提升工作方案》《江津区深化"互联网＋先进制造业"发展工业互联网的实施方案》《江津区工业企业高质量发展分级评价办法（修订）》《以实现碳达峰碳中和目标为引领深入推进江津区制造业高质量绿色发展行动计划（2022～2025年）》《江津区加快工业转型升级推动存量企业"倍增"行动方案（2022～2026年）》等政策文件，狠抓传统产业改造升级和战略性新兴产业培育壮大，抓紧布局未来产业，突出招大引强、招强引优，加快培育一批领军企业、"链主"企业，促进中小企业"专精特新"发展，抓好产城融合，提升工业承载能力，打造多个成渝地区双城经济圈引领型产业集群，先进制造业实现补链成群、集聚提升。

一　工业综合实力迈上新台阶

综合有关媒体报道，2022年，江津区实现工业增加值585亿元，居重庆市区县第三位，同比增长4.1%，占全区GDP的比重为44%，工业对全区经济增长的贡献率为55.1%，拉动经济增长1.8个百分点；规上工业企业数量达539家，居重庆市区县第一位；规上工业总产值达1797.4亿元，居重庆市区县第四位，占重庆市规上工业总产值的6.5%，同比增长7.6%，这是江津区规上工业总产值自2021年突破1600亿元大关后，又迈上1700亿元的新台阶（见表3－1）。到2022年末，江津区共有5049家工业企业，工业企业数量同比增长24%。

表3-1　2020年和2022年江津区工业经济主要指标

年份	工业增加值（亿元）	工业增加值占全区GDP的比重（%）	工业增加值占全市GDP的比重（%）	规上工业企业数量（家）	规上工业总产值（亿元）	工业对全区经济增长的贡献率（%）
2022	585	44	6.7	539	1797.4	55.1
2020	481.2	43	6.9	431	1357.4	46.3

案例3-1　存量企业"五大倍增"行动：促进江津区工业经济高质量发展

为破解江津区工业经济发展后劲、结构层次、亩产效益、龙头带动、补链强链等领域面临的结构性挑战，2022年2月，江津召开全区工业高质量发展大会，出台《江津区加快工业转型升级推动存量企业"倍增"行动方案（2022~2026年）》（以下简称《行动方案》），重点推动和支持50家骨干企业、50家优质企业、50家低效企业同步完成倍增目标。通过重点实施"骨干企业数量倍增""优质企业规模倍增""低效企业质量倍增""数智绿色改造倍增""企业创新能力倍增"五大行动，实现工业经济高质量发展。

1. 骨干企业数量倍增行动

《行动方案》提出，到2026年，江津区产值10亿元以上的企业达到50家，其中，50亿元以上企业10家、100亿元以上企业3家。为此，江津区遴选出50家骨干企业，落实好"链长制"工作机制，由区领导"一对一"联系服务，帮助企业解决用地、融资、人才、上市等重点问题，培育带动能力强、辐射面广的领军企业。

据《重庆日报》等报道，到2022年末，江津区50家骨干企业产值占全区规模以上工业产值一半以上，产值10亿元以上的骨干企业超过30家，占发展目标的60%以上。

2. 优质企业规模倍增行动

《行动方案》提出，到2026年，江津区50家优质企业产值实现翻倍，培育国家级"小巨人"企业15家、市级"专精特新"企业80家以上。为此，江津区遴选出50家优质企业，建立"一对一"精准培养服务模式，举办成渝地区双城经济圈"专精特新"创新赋能大赛等活动，鼓励更多符合条件的工业企业落户江津与申报入库"专精特新"，帮助解决企业实际困难问题。

据《重庆日报》等报道，2022年，江津区新增国家级"专精特新""小巨人"企业10家，新增数量居重庆市区县第二位，占发展目标的66.7%；新增108家市级"专精特新"企业，新增数量居重庆市区县第一位，提前4年完成发展目标。图3-1为广州双桥（重庆）股份有限公司淀粉糖数字化车间。

图3-1 广州双桥（重庆）股份有限公司淀粉糖数字化车间

注：人均产出提升12%，产品不良品率降低11.1%，运营成本降低16.3%，单位产品能耗降低59.3%……这是位于江津德感工业园的广州双桥（重庆）股份有限公司技术改造交出的亮眼"成绩单"。该企业将车间废弃蒸汽充分利用，既回收潜热，又提高热效率，成功打造数字化车间，获评国家级"专精特新""小巨人"企业。

（贺奎 摄）

3. 低效企业质量倍增行动

《行动方案》提出，到2026年，江津区低效企业用地红线内产

值、增加值完成翻倍。为此，江津区率先在重庆市探索建设工业企业
高质量发展分级评价体系，将全区规模以上工业企业分为 ABCDE 五
级，从中确定 50 家低效企业，建立服务专班，通过帮助企业技术改
造、盘活土地、二次招商，积极解决生产经营困难问题。

4. 数智绿色改造倍增行动

《行动方案》提出，到 2026 年，江津区建成重庆市智能工厂 15
家、重庆市数字化车间 70 个，规上工业企业全部实现"上云"，建成
国家级、市级绿色工厂 20 家以上，规模以上工业单位增加值能耗降到
每万元 0.6 吨标准煤。为此，江津区积极鼓励企业加快生产设备数字
化改造，推动企业信息系统与生产设备互联互通，大力实施节能降
耗、资源综合利用和绿色产品开发培育措施。

2020 年，位于德感工业园的中粮粮油工业（重庆）有限公司年产
30 万吨油料蛋白智能工厂和位于珞璜工业园的玖龙纸业（重庆）有限
公司环保造纸智能工厂被重庆市经济和信息化委员会认定为智能工
厂，江津区智能工厂实现"零的突破"。图 3-2 为中粮粮油工业（重
庆）有限公司福临门食用油自动灌装线。

据《重庆日报》等报道，2022 年，江津区建成东康汽车、东方雨
虹、双桥等数字化车间 12 个和江记酒庄等智能工厂 3 家，新增数量居
重庆市区县第二位，累计总量居重庆市区县第三位；新增哈韦斯特铝
业等市级绿色工厂 6 家，市级及以上绿色工厂累计 28 家，总量居重庆
市区县前列。推进工业企业智能化改造，江津区已认定通过 120 个智
能化改造项目，居重庆市区县第二位。

5. 企业创新能力倍增行动

《行动方案》提出，到 2026 年，70% 以上的规模以上工业企业开
展研发活动，研发投入强度达 2.2%；50% 以上的规模以上工业企业
建立研发机构，研发机构数量超过 260 家；建成市级以上企业技术中
心 100 家以上。为此，江津区不断完善支持企业创新的工作机制，引

导各种创新要素向企业聚集，引育创新平台和创新主体，推动产学研用的更好结合。

图 3 - 2　中粮粮油工业（重庆）有限公司福临门食用油自动灌装线

注：中粮粮油工业（重庆）有限公司是中粮集团有限公司子公司中粮控股油脂（香港）第二有限公司独资兴建的企业，主要生产"福临门"食用油等农副产品，同时从事生物饲料、蛋白饲料的开发、生产与销售，入选 2023 重庆市"双百企业"名单①。

（吴文高 摄）

2022 年，江津区全社会研发投入强度达 2.6%，有研发活动的规上工业企业占比达 51%，市级及以上创新平台总量达 186 个，新增高新技术企业 62 家、科技型企业 202 家，以企业为创新主体的科技创新基地建设行稳致远。

二　产业结构调整获得新进展

据《重庆日报》报道，近年来，江津区工业主导产业实力明显增

---

① 重庆市"双百企业"名单是重庆市经济和信息化委员会发布的 100 家重点工业企业和 100 家成长型工业企业名单，是在综合考虑企业资金规模、营业收入、利润总额、税收贡献等情况基础上，按照"发展前景好、增速快、后劲足"的原则所确定。中粮粮油工业（重庆）有限公司入选的是成长型工业企业名单。

强，形成由消费品、装备、汽摩、材料四大主导产业和战略性新兴制造
业组成的"4 + 1"产业集群。2022 年，四大主导产业共实现规上总产值
1626.5 亿元，同比增长 7.5%，产业集聚度达 90.5%，总体态势向上向
好；新兴产业发展加快，积极培育高端装备制造、新能源、节能环保等
战略性新兴制造业，规模以上战略性新兴制造业产值突破 450 亿元，同
比增长 7.9% 左右，占 GDP 的比重超 24%。

　　值得关注的是，随着江津区工业产业集聚发展水平的提升，江津工业
园区的集聚作用不断显现，已集聚工业企业 2514 家（占江津区工业企业
总数的 49.79%），其中规模以上工业企业 501 家（占江津区规模以上工业
企业总数的 92.95%），园区集中度达 97.7%，工业净用地产出强度达 90
亿元/公里^2 以上。

　　此外，江津工业园区建设步伐加快，双福、德感、珞璜、白沙四大工
业园建成区面积超过 70 平方公里，是重庆唯一拥有"国家新型工业化产
业示范基地·装备制造""国家新型工业化产业示范基地·食品（粮油加
工）"[①]"国家新型工业化产业示范基地·工业互联网"[②] 3 个国家级产业基
地的区县，成功申报首批"重庆市山地丘陵智慧农机特色产业基地"，获评
"国家大中小企业融通型创新创业特色载体""重庆市汽车产业示范基地"
"重庆市军民融合产业示范基地"等多个国家级和市级认定称号。图 3 - 3 为
江增重工自主研制的百吨级蒸汽压缩机产品。

　　除了优化工业存量，江津区还坚持以"永不落幕的招商会"引进产业
增量，出台《关于加强和改进新形势下招商引资工作的意见》等政策文
件，确立"百人招千企，五年五千亿"目标任务，全区干部靠前服务，突

---

　① 2020 年，工业和信息化部公布第九批国家新型工业化产业示范基地名单，江津工业园区
　　继在 2010 年获批"国家新型工业化产业示范基地·装备制造"后，再次上榜，获批"国
　　家新型工业化产业示范基地·食品（粮油加工）"。本次获批的 39 个国家新型工业化产业
　　示范基地中，重庆市获批 2 个。
　② 2022 年，工业和信息化部公布第十批国家新型工业化产业示范基地名单，江津区联合两
　　江新区、重庆经济开发区、北碚区共同成功申报获批"国家新型工业化产业示范基地·
　　工业互联网"。

图 3 - 3　江增重工自主研制的百吨级蒸汽压缩机产品

注：重庆江增船舶重工有限公司隶属于世界五百强——中国船舶集团，地处江津德感工业园，是国家高新技术企业、国家技术创新示范企业、国家知识产权优势企业，建有国家企业技术中心，拥有专利技术 300 余项，其"拳头产品"——高速离心式蒸汽压缩机连续多年市场占有率超过 60%。

（供图：江津区经济和信息化委员会）

出专业招商和以商招商，大力引进规模体量大、产出效益高、带动能力强的重大项目、产业链项目，2022 年产业类项目协议引资超过 1000 亿元。

三　"4 + 1"产业集群发展势头良好

目前，江津区已形成由消费品、装备、汽摩、材料四大主导产业和战略性新兴制造业组成的"4 + 1"产业集群，正加快形成以战略性新兴产业为引领、先进制造业与现代服务业双轮驱动的现代产业体系，力争 2025 年规上工业总产值超过 2500 亿元，先进制造业占规上工业总产值的比重达31%，建成千亿级消费品工业高质量集聚发展示范区。

依据《江津区"十四五"工业和信息化重点产业链提升工作方案》，"4 + 1"产业集群细化为粮油食品产业链、酒水饮料产业链、绿色包装产业链、智能家居产业链、装备制造产业链、汽摩产业链、新材料产业链、大数据智能产业链等 8 条重要产业链（见表 3 - 2），由处于产业链下游，

接近消费市场，但同时又在品牌影响力、研发能力、营销手段等方面具有
较强实力的终端产品制造商担任"链主"企业。相关区级领导干部担任
"链长"，作为推进产业链整体发展和提升的总负责人。针对上下游基础比
较成熟的产业链，采取"强链"方式予以补强发展；针对核心环节具备一
定基础，但链条比较短的产业链，采取"延链"方式向上下游延伸发展。
针对发展比较薄弱、尚未形成规模效应的产业链，采取"补链"方式补强
发展。

表3-2　《江津区"十四五"工业和信息化重点产业链提升工作方案》
确定的重点产业链概况

序号	产业链名称	发展方式	"链主"企业
1	粮油食品产业链	强链	益海嘉里（重庆）粮油有限公司、广州双桥（重庆）有限公司
2	酒水饮料产业链	强链	重庆江记酒庄有限公司、重庆市江津酒厂（集团）有限公司
3	绿色包装产业链	强链	玖龙纸业（重庆）有限公司、祥恒创意（重庆）新材料有限公司
4	智能家居产业链	延链	重庆敏华家具制造有限公司、重庆恒弘家具制造有限公司
5	装备制造产业链	强链	重庆齿轮箱有限责任公司、重庆潍柴发动机有限公司、重庆润通科技有限公司
6	汽摩产业链	强链	东风小康汽车有限公司重庆分公司、重庆润通智能装备有限公司
7	新材料产业链	延链	重庆海亮铜业有限公司、武骏重庆光能有限公司、重庆哈维斯特铝业有限公司
8	大数据智能产业链	补链	群光电子（重庆）有限公司、罗普特（重庆）科技有限公司

值得关注的是，2023年以来，江津区积极探索产业链党建工作，先后
依托重齿公司、玖龙纸业、东风小康、凯扬农业4个链主企业，分别成立
装备制造、绿色包装、汽摩、花椒4个产业链联合党委，推进"党建链"
和"产业链"同频共振、深度融合，以高质量党建赋能产业高质量发展。

另外，不少江津区制造企业将党建引领作为促进企业经营管理升级的

重要战略抓手。例如，重庆江记酒庄有限公司党支部坚持党建引领，加强企业文化建设，培育"好学上进"的品格特质、"自强不息"的奋斗精神、"革故鼎新"的创新动力、"扶危济困"的责任担当，推动企业提质增效；重庆三峡电缆集团搭建学习教育、职工关怀、人才培养、社会服务等党建工作平台，促进党员干部当好生产、科研一线的排头兵，与成渝地区双城经济圈有关政府部门、事业单位、企业开展党建共建合作，以源源不断的"红色动能"推动三峡电缆转型升级。

（一）千亿级消费品工业高质量集聚发展示范区建设稳步推进

消费品工业是我国重要民生产业和传统优势产业，是保障和满足人民群众日益多元的消费需求的重要支撑。2020 年以来，江津区出台《江津区打造消费品工业高质量发展示范区行动计划（2020～2022 年)》《江津区支持消费品工业高质量发展政策》《江津区消费品工业"十四五"发展规划》，这是江津区针对某个产业单独出台政策规划的首例，构筑了江津区立足本地优势，坚持走差异化发展道路，从要素支撑、产业布局和品牌打造等方面下功夫，全力打造重庆消费品工业高质量集聚发展示范区的战略框架。

目前，江津区已集聚江小白、益海金龙鱼、中粮福临门、鲁花花生油、桃李面包、伟星家装管、渝丰家装线、三峡家装线、敏华芝华士沙发、四维卫浴、三峡油漆、玫瑰米花糖、荷花米花糖、3539 鞋等消费品牌，基本形成"一桶健康油""一包调味品""一张生态纸""一瓶文化酒""一篮富硒菜"等行业性集合品牌，消费品工业总体呈现经济贡献率高、增速快、结构优等特点，在成渝地区双城经济圈的影响力越来越大，带动性越来越强。图 3－4 为桃李面包（重庆）有限公司工人正在生产蛋糕和面包。

根据江津区推动消费品工业高质量发展发布活动公开的数据，2022年，江津区消费品工业实现产值 536.1 亿元，占重庆市消费品工业总产值的 13.8%，较 2019 年底的 252 亿元产值实现翻倍增长，持续稳居全区第

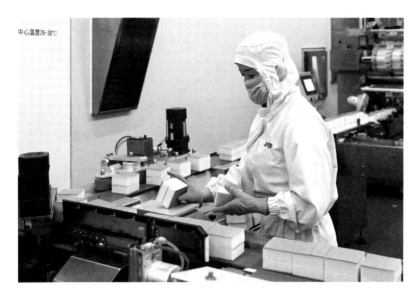

图3－4　桃李面包（重庆）有限公司工人正在生产蛋糕和面包
（廖秋萍 摄）

一大主导产业的地位。同时，细分领域的规模效应凸显，2022年，江津区
食品制造业实现产值40亿元，占重庆市的11.5%；酒、饮料和精制茶制
造业实现产值35.2亿元，占重庆市的14.9%；造纸及纸制品业实现产值
69.8亿元，占重庆市的15%；农副食品加工业实现产值140.5亿元，占重
庆市的12.7%；家具制造业实现产值10.5亿元，占重庆市的8.6%；新增
消费品规模以上工业企业16家，总数达151家。

2020～2022年，江津区建成重庆市唯一的消费品工业高质量集聚发展
示范区，获批"国家新型工业化产业示范基地·食品（粮油加工）"，成功
创建全国消费品三品战略示范城市，建设成渝地区首个工业互联网标识解
析综合型二级节点消费品行业（江津）运营中心①；培育重庆市消费品工
业重点培育品牌示范企业2家、重庆市消费品工业重点培育品牌试点企业

---

① 2021年3月，中国移动重庆公司与江津区人民政府签署战略合作协议，联合建设工业互
联网标识解析综合型二级节点消费品行业（江津）运营中心，这是成渝地区双城经济圈
首个针对消费品行业提供标识解析服务的运营中心。目前，运营中心开发的平台已具备
产品溯源、设备全生命周期管理等功能，正促进江津区消费品工业数字化、智能化转型。

11 家，总数居重庆市区县第一位；建立消费品工业市级创新平台 26 个、市级智能工厂 6 家、数字化车间 22 个，消费品工业企业累计实施智能化改造项目 120 个；消费品工业亦培育国家级"小巨人"企业 2 家、市级"专精特新"企业 34 家。

目前，江津区已形成五大消费品工业基地，产业集聚效应显著。其中，粮油食品加工基地主要以益海嘉里为龙头，集聚在德感工业园；清香型白酒示范基地主要以江记酒庄为龙头，集聚在白沙工业园；西南纸制品产业链集群发展示范基地主要以玖龙纸业为龙头，集聚在珞璜临港产业城（珞璜工业园）；新兴智能及高端消费品示范基地主要以敏华、顾家、慕思为代表，集聚在珞璜临港产业城（珞璜工业园）；西南农产品加工示范基地主要以凯扬农业、锦程实业为代表，集聚在德感工业园和白沙工业园。图 3 - 5 为玖龙纸业（重庆）有限公司智能化工厂。

图 3 - 5 玖龙纸业（重庆）有限公司智能化工厂

注：玖龙纸业（控股）有限公司是全球产能第二大的造纸集团，中国领先的造纸企业。玖龙纸业（重庆）有限公司是玖龙集团在珞璜临港产业城投资建设的第三大造纸基地，年产能 200 万吨，是高新技术企业、国家"两化融合管理体系贯标试点企业"、工信部第二批认定的"绿色工厂"企业，获得第六届重庆市市长质量管理奖。

（供图：江津区经济和信息化委员会）

案例3－2　江津白酒产业：融入白酒"金三角"产区，
勇担"重振渝酒"重任

重庆地处白酒川、黔、渝"金三角"产区，是中国清香型高粱酒
发源地之一，因盛产"烧酒"而享有中国"清香型高粱酒之乡"的美
誉。成渝地区双城经济圈建设启动后，重庆市政府于2020年发布
《重庆市推动消费品工业高质量发展行动计划（2020~2022年)》，提
出强化品牌和文化带动，提升酿造工艺，打造西南地区白酒优势产
区。"重振渝酒"成为重庆消费品工业高质量发展的重要任务之一。

重庆成为直辖市初期，江津区即拥有获证酒厂360多家，年生产白
酒达10万吨，江津烧酒既是重庆的主要白酒品种，也"代言"了中国
清香型高粱酒。目前，江津区拥有重庆江记酒庄推出的网红品牌——江
小白、始建于1908年的江津酒厂集团、拥有重庆市非物质文化遗产
（江津烧酒）的驴溪酒厂等知名白酒品牌或企业。例如，位于江津白沙
工业园的江记酒庄是重庆市白酒产业龙头企业，拥有包括5位白酒国家
级评委、11位高级品酒师、11位高级酿酒师为代表的专家队伍，酿造
出品的江小白、梅见等系列产品深受年轻人的欢迎，在国际酒类赛事中
获得176个奖项，拥有100多项专利，年销售收入近30亿元。

到2022年末，江津区白酒生产企业（正常经营）的达35家，实
现销售收入约40亿元，贡献税收3.16亿元，带动重庆华彬伟玻璃有
限公司（江记酒庄主要供应商）、重庆霏洋环保科技股份有限公司
（全国酒类活性炭行业龙头企业）等100余家上下游企业发展，白酒
产业链总产值接近60亿元。

江津区与泸州市毗邻，后者有中国酒城的美誉，拥有泸州老窖、
郎酒等知名白酒品牌，两个城市可以在酒种上形成互补，共同打造泸
津白酒产区，满足全球市场多样化、多品类、多口感、年轻化的酒饮
需求。强化与泸州等地白酒产业的交流合作，被江津区纳入"重庆酒
城"建设、贯彻成渝地区双城经济圈白酒产业发展战略的重要内容。

在 2021 年 6 月召开的中国（成渝）美食工业博览会川渝白酒产业发展论坛上，江津区和泸州市两地政府负责人提出，共同在成渝双城经济圈建设"泸津白酒产业带"，畅通两地白酒生产、加工及销售的绿色生态产业链。

依据《江津区消费品工业"十四五"发展规划》，江津区消费品工业重点发展方向升级为粮油食品，酒类，纸制品，农产品加工，智能、高端和健康消费品六个方面，明确了坚持科技强企、实施补链强链、扩大产品影响、聚焦绿色智能、强化质量安全、深化区域合作、联动一二三产业七大重点任务。

（二）装备制造业稳健发展

重庆市装备制造业发展历史悠久，重庆长安工业（集团）有限公司、重庆建设工业（集团）有限公司、重庆川仪自动化股份有限公司、重庆嘉陵工业有限公司等装备制造企业经历和见证了"中国制造"的发展历程。如今，重庆市已形成风电装备、轨道交通、数控机床、机器人等多个"整机＋配套＋系统集成"特色装备制造行业，其中江津区的齿轮箱、减速器、内燃机等装备制造行业领先。

装备制造业作为江津区先进制造业重要支柱产业之一，经过多年的稳健发展，产业链不断延伸，集群规模持续扩展，形成以重齿公司、江增船舶、润通科技、潍柴发动机等企业为龙头，以生产齿轮箱、增压机、内燃机、冶金装备、通用机械、农用机械等产品为主的装备制造产业集群，呈现龙头带动、创新引领、产业集聚、智能升级等特点，具备深度参与成渝地区双城经济圈建设、打造世界级万亿装备制造业集群的坚实基础。

到 2022 年末，江津区装备制造产业规模以上工业企业累计 119 家，较 2021 年净增 4 家，占全区规模以上工业企业的 22%，拥有 4 家国家级技术创新示范企业、3 家国家级企业技术中心、2 家国家知识产权优势企业、5 家重庆市技术创新示范企业、24 家市级企业技术中心（占全区总量的

30%）、19 个数字化车间（占全区总量的 35%）；江增重工高技术船用柴油机涡轮增压器智能工厂建设项目被认定为市级智能制造和工业互联网创新示范项目，重齿公司高精齿轮传动装置智能工厂建设项目入选 2021 年市级智能化赋能工程试点示范项目。图 3 - 6 为重庆潍柴发动机有限公司生产车间。

图 3 - 6　重庆潍柴发动机有限公司生产车间

注：潍柴控股集团是中国领先、在全球具有重要影响力的工业装备跨国集团，年营业收入超过 3000 亿元，居中国企业 500 强第 86 位。重庆潍柴发动机有限公司是潍柴控股集团成员企业，致力于打造面向西南地区和内河航运的重要发动机研发制造基地，其发动机产品在我国西南地区市场份额领先，远销 10 余个国家。

（供图：江津区经济和信息化委员会）

强国必先强农，农强方能国强。习近平总书记指出，要大力推进农业机械化、智能化，给农业现代化插上科技的翅膀。成渝地区双城经济圈属于典型的山地丘陵地形，小、碎、散、短、弯、陡是该区域耕地禀赋的先天不足，加强山地丘陵智慧农机发展是现代农业高质量发展的破冰之策。近年来，江津区农业机械化发展迅速，农机产业规模居重庆市前列，农机装备相关企业累计 20 余家，其中规上农机装备企业 9 家，2022 年 1 ~ 11 月实现产值 54.68 亿元，占重庆市农机装备产值的 25% 左右。区内有润通科技、威马农机、万虎机电、恒昌农具、汇田机械 5 家市级重点农机企业，重庆市唯一一个"山地丘陵智慧农机特色产业基地"已落户江津，具备建设具有全国影响力的山地丘陵智慧农机产研中心的基础和条件。尤其是在微耕机领域，江津区已形成年产量超 50 万台的规模，约占全市微耕机总产量的 25%，约占全国微耕机总产量的 16.7%，出口量连续 5 年位居全国第一。

（三）汽摩产业智能化、绿色化转型提速增效

作为全国重要的汽车制造业基地之一，近年来，重庆市汽车产业加速向新能源汽车、智能网联汽车方向转型升级，整体发展水平处于全国先进行列。汽车产业也是江津区的主导产业之一，到 2022 年末，江津区有东风小康、重汽轻型汽车、铁马专用车 3 家整车生产企业，新能源车增产上量，共生产新能源汽车 217771 辆，占江津区整车产量的 29%；规模以上汽车零部件企业超过 75 家，主要产品包括发动机系统零部件、底盘系统零部件、车身系统零部件等，70% 的企业参与智能网联新能源汽车配套；铁马专用车、瀚立机械、金海标准件等 4 家企业当年新获批重庆市企业技术中心，智茂机械、昌跃机电、建设传动等 33 家企业当年新获批重庆市"专精特新"企业，创精温锻、标准件工业等 3 家企业当年新获批国家级"小巨人"企业。图 3 - 7 为重汽（重庆）轻型汽车有限公司生产车间。

《重庆市江津区汽车产业转型发展行动计划（2023～2025 年）》提出，从提升整车新能源和智能网联化水平、完善汽车零部件供应链体系、加快推进自动驾驶及车联网创新应用、加快基础设施及服务体系建设等方面发力，推动江津区汽车产业向新能源化、智能网联化、高端化、绿色化转型发展，建成重庆市重要的汽车整车及零部件生产基地，智能网联新能源汽车整车产量占比达 50% 以上，规模以上智能网联新能源汽车零部件企业达 80 家，建成充电桩超过 5000 个，新建小区、中心城区具备条件的公共车位、高速公路服务区实现充电桩全覆盖。

2023 年 2 月，江津区人民政府与东风小康汽车有限公司就总投资 32 亿元的智能网联新能源汽车项目正式签约，对东风小康双福基地生产线进行技术改造，形成年产 10 万～15 万辆中高端新能源汽车的生产规模，实现年

图 3 - 7　重汽（重庆）轻型汽车有限公司生产车间

注：轻型汽车是中国重汽集团为打造"世界一流的全系列商用车集团"愿景而延伸
的全新业务板块，江津区是其生产基地之一。重汽（重庆）轻型汽车有限公司现代化整
车工厂拥有焊接、涂装、冲压、总装四大工艺，配备大量进口设备，采用全程自动化输
送、全程信息化支撑，工艺水平国内领先。

（供图：江津区双福工业园发展中心）

产值 150 亿 ～ 200 亿元。作为实施存量企业"五大倍增"行动的重要成果，
江津区以东风小康智能网联新能源汽车项目建设为契机，发挥其产业升级
示范效应和主机厂引领作用，全面实施汽摩产业转型升级提升行动。图
3 - 8 为东风小康双福基地生产车间。

（四）材料产业规模质效进一步提升

材料是工业化、信息化、城镇化发展的基石。近年来，江津区作为重
庆市、成渝地区双城经济圈材料工业的重要生产基地，水泥、涂料等传统
材料产业稳步发展，光伏及高性能纤维、有色金属深加工、装配式建筑等
新材料产业不断发展壮大。

到 2022 年底，江津区规模以上材料产业企业累计 96 家，比 2021 年增加
7 家，占全区规上企业数量的 17.8%，超过九成集中在工业园区；材料产业
区级以上企业技术中心累计 25 家、"专精特新"企业累计 30 家、高新技术

图 3 - 8　东风小康双福基地生产车间

注：东风小康汽车有限公司成立于 2003 年，由赛力斯集团与东风汽车集团合资组建，目前为赛力斯集团全资子公司，主营业务为传统燃油车和新能源汽车的研发制造。赛力斯集团拥有近 3000 项核心技术专利、超过 300 项发明专利，推出行业领先的智慧汽车及三电产品，为东风小康汽车有限公司在双福工业园布局智能网联新能源汽车项目增添了底气。

（供图：江津区双福工业园发展中心）

企业累计 58 家，海亮铜业"热水器壁挂炉行业用异型管拉伸工艺改进技术研究"等 17 个项目纳入市级技术创新指导性目录；材料产业实施 45 个数字化、智能化改造项目，数字化车间和智能工厂累计 9 个；实施 18 个以节能降碳减排为重点的绿色化改造项目，材料企业绿色转型成效明显，引领产品竞争力、企业综合实力持续增强。图 3 - 9 为重庆海亮铜业有限公司生产车间。

值得关注的是，江津区新材料产业发展迅速，以友强高分子、精榜高分子为代表的工程塑料制造企业主要从事高强度、高韧性、阻燃改性塑料生产；21 世纪四大新材料之一——玄武岩纤维产业链主企业重庆智笃新材料科技有限公司 5μm 玄纤针刺毡生产线顺利投产；总部在乐山市的四川和邦集团有限公司在江津白沙工业园设立武骏重庆光能有限公司，投资建设的年产 8GW 光伏材料及组件项目顺利投产，2023 年 1~2 月实现产值 1.8 亿元。

图 3 - 9　重庆海亮铜业有限公司生产车间

注：位于珞璜工业园的重庆海亮铜业有限公司是浙江海亮股份有限公司围绕"有色
材料智造2025"发展战略，在全球设立的第10个生产基地。2023年1～3月，其单条生
产线月产能均突破3300吨，一举成为行业标杆。

（供图：江津区珞璜工业园发展中心）

材料产业重点细分领域发展情况如下。

一是有色金属。江津区是西南地区规模最大的铜产品加工基地，市场
占有率90%以上，以海亮铜业、龙煜铜管、金田铜业为代表，客户涵盖格
力、美的、海尔等行业巨头。铝加工领域以哈韦斯特、新西亚铝业、南芬
信诚等企业为代表，产品广泛用于航空、汽摩、建筑装饰等领域。

二是黑色金属。重庆金凯特殊钢制品有限公司是一家生产销售各种合
金结构钢及高端工模具钢，集研发、生产、销售为一体的高新技术民营企
业，拥有15年的特殊钢生产经验，是重庆市唯一一家经政府认证符合国家
规定的特殊钢企业。宝鼎新材料、展志汽车部件、春鹏钢绞线、嘉丰管业
作为钢材加工代表企业，在工程装饰不锈钢板、汽车钢板、钢绞线、焊接
钢管等细分领域引领发展。

三是建筑材料。江津区已形成上中下游完备的建材全产业链，成为重

庆市最大的建材生产基地。上游以冀东水泥、天助水泥、华新地维水泥等为代表，在发展水泥、骨料的同时，积极开展水泥窑协同处置固废、危废，大力发展循环经济。中游以驰旭混凝土、江晖实业、科华墙材等为代表，正加快发展轻质高强混凝土、绿色建筑砂浆、加气砌块等产品。下游以美好智能、可耐福新材、天旗实业等为代表，重点发展装配式建筑、纸面石膏板、建筑用防水浆料等细分领域。

四是涂料。作为重庆市最大的涂料生产基地，江津区在稳住传统油性涂料基本盘的同时，大力培育水性涂料、防水涂料等新增长点。三峡油漆、老顽固实业、南方漆业、瑞恩涂料、东方雨虹等重点涂料企业加快发展，产品附加值不断提高。

（五）战略性新兴制造业加速崛起

近年来，江津区积极培育高端装备制造、新能源、节能环保、数字制造业等战略性新兴制造业。例如，通过大力发展专用电线电缆、笔电配套、智能制造装备、智能家居、新型显示及智能终端等数字制造业，江津区已培育耐世特转向、金睿诚科技、万里新能源、群光电子、群光电能等规上数字制造企业 32 家。

第2节　江津工业园区建设发展主要成效、典型案例

一　江津双福工业园：科技创新引领制造业产研融合

江津双福工业园位于江津区最北端、重庆市近郊西部，面积 70 平方公里（规划区面积 48 平方公里），成立于 2002 年，经历了主力发展制造业、多业态互动发展、以数智化引领传统产业转型升级三个阶段，由农业小乡镇蜕变为工业发达、人居环境良好、产城高度融合的美丽新城。

江津双福工业园交通条件良好，距重庆江北国际机场 50 公里，距重庆第二国际机场选址 10 公里，距中欧（重庆）班列起点站 15 分钟车程，有重庆绕城、九永、成渝、渝泸 4 条高速穿城而过，渝昆高铁、重庆轻轨 5

号线、重庆规划建设的轨道交通 17 号线、26 号线纵横交错，构建水、陆、
空、轨立体交通网络。

（一）先进制造业内生动力持续加强

成渝地区双城经济圈建设启动以来，江津双福工业园成为西部（重
庆）科学城江津片区的主要承载地，以"先进制造业 + 科技创新"的产业
创新和产城融合路径，打造西部（重庆）科学城南部科技创新中心和智能
制造基地、重庆主城都市区生活服务中心、高品质宜居地、渝西产城融合
发展示范区、江津高质量发展的重要增长极和动力源。

其一，构建科技创新内生动力和比较优势。西部（重庆）科学城江津
片区正加快打造"一核一圈多点"科技创新平台，形成以团结湖数字经济
产业园为核心、环重庆交通大学创新生态圈为环带，高新技术龙头企业和
高端创新平台为支撑的科技创新格局，为区内制造业提供源源不断的创新
动能和支撑。

其二，打造智能制造基地。江津双福工业园深入实施"五大倍增"行
动等制造业转型升级政策，2022 年，园区专班对接服务骨干企业 15 家、
优质企业 10 家、低效企业 13 家，培育新增产值 10 亿元以上企业 1 家（重
庆东康汽车制造有限公司），38 家倍增企业产值总体增速达到 17%；重庆
创精温锻成型有限公司等 4 家企业成功认定为国家级"小巨人"企业，润
通智能装备等 35 家企业成功认定为市级"专精特新"企业，"专精特新"
企业总数突破 50 家，建成智能工厂和数字化车间 1 个。图 3 - 10 为重庆润
通智能装备有限公司现代化生产车间。

（二）先进制造产业集群加速构建

目前，江津双福工业园已集聚智能网联汽车、电子信息、数字经济等
先进制造产业集群，建成双福西部国际农贸城、英利国际五金机电城、和
润国际汽摩城、攀宝钢材市场、西部消防水暖城等五大专业市场，正全力
打造 500 亿级智能网联汽车及零部件产业园、1000 亿级主城都市区生活服
务基地。到 2022 年底，江津双福工业园共有工业企业 600 余家，其中，

图 3 – 10　重庆润通智能装备有限公司现代化生产车间

注：位于江津双福工业园的重庆润通智能装备有限公司是重庆通机行业领军（链主）企业、重庆市"专精特新"企业，自主研发生产的静音变频发电机系列产品在全球市场占有率超30%，被列入工业和信息化部、中国工业经济联合会第7批制造业单项冠军企业（产品）名录（重庆4家企业入选）。

（供图：江津区经济和信息化委员会）

151 家规上工业企业当年实现产值461.6亿元。

其一，智能网联新能源汽车集群。江津双福工业园集聚东康汽车、重汽（轻型）汽车、润通动力等多家先进制造业龙头企业。2022 年，智能网联新能源汽车产业规模以上工业企业达60家，规上工业产值达210.4亿元。

其二，数字经济集群。江津双福工业园重点围绕芯屏器核网、无人机和反制无人机、智慧农机、智慧交通、智慧校园、智慧医疗、智慧物流等领域，引育数字经济产业集群。2022 年，数字经济产值达103亿元。

其三，电子信息集群。江津双福工业园重点发展集成电路、信息技术、新型平板显示、网络通信及网络安全产品等电子信息产业，集聚群光、群电等龙头企业。2022 年，电子信息核心产业实现产值114.8亿元，带动相关智能产业规模达150亿元以上。

案例 3 – 3　江津专业市场：打造成渝地区双城经济圈
商贸流通"火车头"

江津区专业市场高度发达，是重庆市唯一入选国家首批商品市场

优化升级专项行动试点城市，建成双福西部国际农贸城、英利国际五
金机电城（见图3-11）、和润国际汽摩城、攀宝钢材市场、西部消防
水暖城、德感五洲国际商贸城、先锋花椒产业城、李市西部石材产业
园等千亿级专业市场集群，有力推动江津商贸流通业扩面提质，年实
现流通交易额超过700亿元，商户总数超过8000家，辐射成渝地区双
城经济圈及周边省份，并带动西南地区商贸物流业发展。

图3-11　江津英利国际五金机电城
［供图：西部（重庆）科学城江津片区管委会］

　　例如，双福西部国际农贸城承担着重庆"菜篮子"任务，是重
庆市最大的综合性一级农产品批发市场，圆满完成白市驿、菜园坝
等中心城区农产品批发市场水果客商入驻承接工作，现有经营户
5000余户，从业人员3万余人，日均进场车辆超过1.5万辆，日均
交易量达1.4万吨，日均交易额近1.2亿元，有力保障重庆市农产
品供应，以需求侧扩容增效带动成渝地区双城经济圈及周边地区的
现代农业发展。

二 江津德感工业园：高质量建设重庆市重要的先进制造业基地

江津德感工业园区设立于 2002 年，是重庆市首批 16 个特色工业园区之一，同时也是江津区工业经济发展的"主战场"之一。园区地处江津主城德感片区，东接几江主城，南临万里长江，西靠缙云山脉，北邻江津滨江新城，总体规划面积 27.57 平方公里，目前建成区面积约 14 平方公里。2022 年，江津德感工业园实现规上工业总产值 649.26 亿元。图 3-12 为江津德感工业园大场景图。

图 3-12　江津德感工业园大场景图
（供图：江津区德感工业园发展中心）

当前，江津德感工业园正全力实施"规划布局优化、招商引资增量、转型升级存量、营商环境优化、筹资融资保障、运营管理提升"六大行动，加快实施"土地开发利用、招商项目促建、基础设施配套、城市品质提升、智慧园区建设、绿色低碳园区"六大工程，高质量建设重庆市重要的先进制造业基地、西部（重庆）科学城创新成果转化基地、消费品产业城。2023 年 1~2 月，江津德感工业园实现规上工业产值近 100 亿元，居全区各产业平台第一位，一批制造企业实现高增长。例如，重庆时辣九稳食品科技有限公司产值同比增长 1690.4%、重庆玖航机械制造有限公司产值同比增长 850%、重庆东方雨虹建筑材料有限公司产值同比增长 740.78%。

（一）制造业基础扎实

江津德感工业园是重庆市高新区的重要组团，重点发展装备制造、粮
油食品、汽摩配套三大产业，现有规模以上工业企业 147 家，累计引进奥
赛能涡轮增压、重庆潍柴、重齿公司、江增重工、赛迪装备、重庆耐世
特、益海嘉里等世界 500 强企业 13 家，正源国杰、太极集团重庆中药二厂
等中国 500 强企业 16 家，三峡油漆等中国制造业 500 强企业 14 家，重庆
东方雨虹等中国民营企业 500 强企业 3 家，上市企业 17 家；[①] 认定重庆市
智能工厂 5 家（其中重庆市智能制造标杆企业 2 家）、重庆市数字化车间
21 个、国家级绿色工厂 5 家、市级绿色工厂 12 家。图 3 – 13 为太极集团
重庆中药二厂有限公司"板蓝根冲剂"生产线。

图 3 – 13　太极集团重庆中药二厂有限公司"板蓝根冲剂"生产线
（贺奎 摄）

（二）制造业科技创新能力较为突出

作为西部（重庆）科学城创新成果转化基地，到 2022 年末，江津德

---

① 《重庆德感工业园区简介》，http://www.cq.gov.cn/zjcq/yshj/zsyz/zqcyyq/jjq/202303/t2023
0331_11837188.html，2023 年 3 月 31 日。

感工业园累计认定高新技术企业 81 家、科技型企业 297 家；建成重齿国家级博士后科研工作站、江增国家工程实验室等国家级创新平台 4 个，重庆潍柴重庆市企业技术中心、重庆耐世特重庆市中小企业技术研发中心、智展齿轮重庆市高速重载齿轮传动企业工程技术研究中心、赛迪装备重庆市重点实验室、凯扬农业市级博士后科研工作站等市级创新平台 62 个，国家级科技企业孵化器 1 个，国家小型微型企业创业创新示范基地 2 个，国家级中小企业公共服务示范平台 1 个；区内企业共有授权发明专利 398 件、实用新型专利 3585 件、外观设计专利 215 件，一大批科研成果加快转化，填补多项行业空白。图 3 - 14 为重庆耐世特转向系统有限公司数字化车间。

图 3 - 14　重庆耐世特转向系统有限公司数字化车间
（蒋雨航 摄）

三　江津珞璜工业园：做强珞璜临港产业城先进制造基地

江津珞璜工业园于 2005 年设立，2006 年被重庆市政府正式命名为江津工业园区（珞璜组团），是省级特色工业园，地处江津珞璜临港产业城，位于重庆南部，毗邻巴南区，与大渡口区、九龙坡区仅一江之隔，处于重庆绕城高速以内，已形成消费品、材料、装备、汽摩等四大主导产业，并重点发展智能家居、纸制品及包装等细分领域。图 3 – 15 为重庆伟星新型建材有限公司生产车间。江津珞璜临港产业城、珞璜工业园制造业及开放型经济发展情况详见本研究报告主报告第 2 章第 2 节。

图 3 – 15　重庆伟星新型建材有限公司生产车间

注：2011 年，中国民营企业 500 强伟星新材签约入驻珞璜工业园，成立全资子公司——重庆伟星新型建材有限公司，于 2014 年正式投产，2022 年产值约 7.56 亿元。2023 年 4 月，伟星咖乐防水（重庆基地）项目开工仪式在珞璜工业园举行，伟星新材的再次投资是珞璜临港产业城贴心服务企业卓有成效的一个缩影。

（供图：江津区经济和信息化委员会）

四　江津白沙工业园：发挥区位优势促进先进制造业提速扩容

江津白沙工业园是市级特色工业园，2011 年 11 月经重庆市江津区人民政府批准设立，总体规划面积约 25 平方公里，是国家农产品加工基地、全国农村创业创新园区、重庆市机械加工基地，重点发展消费品（酒水饮料、食品）、机械制造、新型材料等制造业。

江津白沙工业园区位优势良好，拥有"一江一桥三铁六高速两空港"①的立体交通网络，高速、铁路、码头、空港实现无缝连接，形成"水公铁空"多式联运的通道物流网络，可快速辐射成渝地区双城经济圈及贵州、云南等西南地区。江津白沙工业园政务服务便捷，白沙镇是重庆唯一的全国经济发达镇行政管理体制试点镇，承接重庆市下放和赋权的近 300 项行政审批权，为企业、群众提供快捷、优质、高效的公共服务。

2022 年，江津白沙工业园完成总产值 125 亿元，其中规上工业产值达 111 亿元。2023 年 1～2 月，江津白沙工业园完成产值 23.2 亿元，同比增长 13%，增幅居江津区各产业平台第一位。截至 2023 年 3 月，江津白沙工业园累计有 214 家企业建成投产，拥有产业工人 3 万余人。图3－16 为江津白沙工业园鸟瞰图，图 3－17 为和友重庆光能有限公司现代化厂房。

图 3－16　江津白沙工业园鸟瞰图

（供图：江津区白沙工业园发展中心）

---

① "一江一桥两铁六高速两空港"：江津白沙工业园紧邻长江，拥有 28 公里长江黄金水道，1 个深水良港，年吞吐能力 400 万吨；白沙长江大桥跨江而建，高效整合水公铁空交通资源；成渝铁路、渝昆高铁、渝泸高速、重庆绕城高速、重庆三环高速、江习高速、合璧津高速、江泸高速穿境而过；距重庆江北国际机场 70 分钟车程、重庆正兴国际机场（规划建设）20 分钟车程。

图3－17　和友重庆光能有限公司现代化厂房

（李航 摄）

第3节　江津区先进制造业融入成渝地区双城经济圈协同建设现代产业体系的主要成效、典型案例

　　川渝合作，产业担纲，协作先行，两省市企业之间自发的密切合作，源自两地政府部门协同布局。2020年4月，四川省经信厅、重庆市经信委在成都召开成渝地区双城经济圈产业协同发展专项工作组（制造业）第一次会议暨战略合作框架协议签约仪式，成立制造业协同发展专项工作组，设立工业互联网、汽车摩托车、电子信息、智能制造、产业合作园区、消费品首批6个工作专班。由此，奏响了川渝两省市产业发展"协奏曲"，双方联合出台系列政策，陆续签署一揽子战略合作协议，特别是围绕汽车、电子信息、装备制造等两省市共同的优势产业进行"强强联合"，共建具有国际竞争力的产业集群。

　　成渝地区双城经济圈建设启动以来，江津区高标准促进与周边地区的现代产业协作联动：纳入首批成渝地区双城经济圈产业合作示范园的"合江·江津（珞璜）"新材料产业园稳步推进；江津区内重点制造企业与四川省的配套合作企业超过 190 家，通过参股、设立子公司等方式合作企业 10 余家；江津区联合泸州市、永川区实施 60 万亩花椒产业带、50 万亩晚熟荔枝龙眼产业带建设项目……

2023 年 3 月，重庆市人民政府印发《重庆市推动成渝地区双城经济圈建设行动方案（2023～2027 年）》，提出，强化主城新区产业配套功能，立足特色资源和产业基础，主动承接中心城区产业转移和功能疏解，推动制造业差异化、规模化、集群化发展，建设成渝地区先进制造业协同发展示范区。该行动方案发布前，重庆市将成渝地区双城经济圈建设明确为市委"一号工程"，而后重庆市招商投资局召开成渝地区双城经济圈先进制造业协同发展示范区工作会议，江津区与长寿、合川、永川、大足、璧山、铜梁、潼南、荣昌其他 8 区的招商投资促进部门参与，就示范区招商工作目标、重点及路径建立协调机制。由此进一步明确，先进制造业成为江津区融入成渝地区双城经济圈协同建设现代产业体系的主阵地，江津区也成为成渝地区先进制造业协同发展示范区的重要承载地。

案例 3–4　江津与德阳互加"好友"：打造成渝地区双城经济圈建设地方合作典范

江津区和四川省德阳市的工业经济基础良好，产业共兴、资源共享、市场共建的合作潜力巨大。2020 年 12 月，江津区与德阳市两地经信部门签署产业协同发展合作协议，江津白沙工业园与德阳绵竹高新区签署共建示范园战略合作协议，为两地推动产业合作奠定基础。

2021 年 9 月，江津区与德阳市签订缔结协同发展友好城市合作协议，双方在制造业、文化旅游、农业、招商引资、社会事业、干部人才交流六方面携手合作，共同打造成渝地区双城经济圈建设地方合作典范。

一是产业合作。双方推动江津白沙工业园、德阳绵竹高新区共建以消费品（酒类制造）为主导的产业合作示范功能区，协同引导企业异地投资建设重大产业项目。搭建装备制造、消费品等重点产业对接平台，共同发布地方产品目录，扩大两地产品推介力度，促进数字经济、智能制造、高端装备制造等领域深度融合。依托四川国际航空航天博览会德阳站、四川装备制造国际博览会等会展，促进两地企业交流合作。

二是文化旅游合作。充分发掘巴蜀文化、三国文化、红色文化等文化旅游资源，共同打造巴渝文化品牌。推动两地旅游企业建立旅游市场联动机制，联合开展旅游项目招商和营销推广，互荐旅游产品，共同打造精品旅游线路。推动公共文化场馆交流互动，丰富文化惠民内容。

三是农业合作。推动德阳蔬菜、水果、食用菌等优质产品进入江津双福西部国际农贸城，推动在江津区开展德阳"蜀道"品牌农产品专场推介展示展销活动，在江津区建设德阳特色农产品展示区。

四是招商引资合作。在招商引资政策和信息互享、产业承接、协同开展产业招商、共享重大招商活动平台等方面进行合作，共建共享招商资源库。

五是社会事业合作。推进两地优质中小学校结对发展，促进基础教育优质资源共享。推动两地职业院校合作，共同深化校企合作、产教融合。推动两地医疗机构共建医疗联合体，实现医保缴费年限互认。加强政务合作，推动数据共享，落实"川渝通办"行政审批项目，实现"一件事"在一地一次办。

六是干部人才交流合作。两地每年选拔一批高层次专家、后备干部等各类人才，到双方相应行业（部门）进行实践锻炼、跟班学习。

一　引领泸永江融合发展示范区先进制造业协同发展成效初显

"联动打造全国重要的先进制造业集聚区"是《泸永江融合发展示范区总体方案》《泸永江融合发展示范区发展规划》提出的重点任务。江津区与泸州市、永川区三地制造业基础扎实，交流合作密切，围绕基础设施、产业协同、平台建设、生态环境、公共服务等领域已开展一系列务实合作，协同共建分工协作的先进制造业集聚区水到渠成。

近年来，江津区持续推进"合江·江津（珞璜）"新材料产业园建设，参与组建泸永江装备产业联盟，参与主办首届泸永江工业设计创新大赛、泸永江融合发展示范区重大项目集中签约活动①，汽车、材料、智能制造等领域的区域产业链、供应链配套愈加紧密，江津工业园区与泸州、永川的产业配套合作企业达40余家。

案例3-5 "合江·江津（珞璜）"新材料产业园：以经济区和行政区适度分离改革②打造成渝地区双城经济圈产业合作示范园区

川渝毗邻地区多为小城镇、乡村，离所在行政区中心城区的空间距离较远，从行政区视角来看，多为后开发地区，甚至是经济欠发达地区。随着成渝地区双城经济圈建设上升为国家战略，川渝毗邻地区在要素资源、产业载体、区位空间方面的比较优势逐渐凸显，成为川渝产业合作的热土，也是重庆主城区、成都中心城区疏解和转移产业的优选地域。

江津区与泸州市合江县毗邻，在经济、社会、文化等方面相融相通，在产业合作方面有着深厚的合作基础和良好的区位优势。江津工业园区（珞璜组团）与合江临港工业园区③相距55公里，有宜泸渝

---

① 2021年3月10日，江津区与泸州市、永川区共同举办泸永江融合发展示范区首次重大项目集中签约活动，在汽摩及零部件、能源、材料、特色消费品、医疗器械等领域签约9个项目，总投资额175亿元。

② 推行经济区和行政区适度分离改革，是在不打破行政区治理机制的前提下，经济区所属政府让渡一部分经济社会管理权限，共同构建统一开放的市场，促进要素的高效配置和产业、项目的合理布局，更好形成有效市场和有为政府。"经济区和行政区适度分离改革"被纳入《成渝地区双城经济圈建设规划纲要》，上升为川渝联手建设内陆改革开放高地的重点任务，也被纳入重庆、成都及有关市区县"十四五"规划等区域发展战略。

③ 合江临港工业园区：创建于2007年，经过10余年的发展，从建设初期的"中小企业创业园"成长为省级经济开发区、国家发展改革委确定的全国首批循环经济试点园区，目前入驻企业200余家，基本形成能源化工、绿色建材、包装材料、食品酿造等四大产业集群。

（G93）高速和长江黄金水道相连。此外，合江县已承接重庆市 30 余家
企业产业转移，合江临港工业园区的天华股份有限公司、中蓝国塑新材
料有限公司等企业与重庆友强高分子材料股份有限公司、重庆和兴塑胶
原料有限公司等江津企业开展深度合作，年贸易额达 10 亿元以上。

2020 年 4 月，江津区和泸州市签订《推进成渝地区双城经济圈建
设一体化发展 2020 年行动计划》，双方在产业协同等七大领域开展 32
个方面的合作。2020 年 7 月，四川省委深改委审议通过《成渝地区双
城经济圈建设县域集成改革试点方案》，合江县成为首批试点的 9 个
市区县之一。江津区与合江县在此背景下顺势而为，共同推进行政区
与经济区适度分离改革。

2020 年 11 月，江津工业园区（珞璜组团）与合江临港工业园区
签订《共创川渝"合江·江津（珞璜）"新材料产业合作示范园区战
略合作协议》，通过合江临港工业园区为江津工业园（珞璜组团）产
业配套的合作模式，以飞地经济的形式，重点发展绿色化工、家具、
包装、建筑等领域的新材料产业。

2021 年 5 月，重庆市经信委、四川省经信厅联合发布首批 20 个成
渝地区双城经济圈产业合作示范园区，按照"两两结对"方式在功能共
建、产业共建、产业配套、资源开发、飞地经济等方面开展园区共建。江
津工业园区（珞璜组团）、合江临港工业园区名列其中，二者合作共建的
"合江·江津（珞璜）"新材料产业合作示范园区进入发展"快车道"。

两年多来，江津工业园区（珞璜组团）、合江临港工业园区联合
成立共建工作领导小组、招商引资工作合作平台及招商引资专班，建
立联席会议、联合招商、收益分享等机制，推动两地新材料产业在产
业链延伸配套发展上深度合作，锻长板、补短板、深融合、强示范。
按照双方有关合作计划，预计到 2024 年，"合江·江津（珞璜）"新
材料产业合作示范园区力争引育 50 家以上产业配套加工企业，落户
15 个以上的"飞地招商"项目，打造 50 亿级特色新材料产业集群。

案例 3－6　首届泸永江工业设计①创新大赛：赋能成渝地区双城经济圈先进制造业

攻关工业设计，川渝携手发力。2022 年 5 月，江津区与泸州市、永川区三地经济和信息化部门联合主办的首届泸永江工业设计创新大赛在江津启动，面向上述 3 个区市的企业征集优秀设计作品，同时鼓励成渝地区双城经济圈及其他地区的设计机构、高校科研院所、企业联合参赛，旨在为三地工业设计师提供展示自我、释放才华、交流合作的舞台，共同打造一批自主创新工业产品和品牌。

本次大赛以"创新·汇智·融合·发展"为主题，是三地首次在工业设计领域携手合作，征集作品分为产品和概念两个类别，涉及高端装备、交通工具、智能机器人、机械、家居、食品、包装、文创休闲、数字创意产品等多个领域。

产品类参赛作品为 2020 年 1 月 1 日后量产上市产品的创意设计，评审侧重于产品质量、工艺、材料运用以及包装形象、产品识别、品牌塑造等方面。概念类参赛作品是未上市产品的概念设计，主要从作品市场需求、概念方向、功能应用、外观形态等创新元素以及低碳环保、安全和可实现性等方面进行评审。

到 2022 年 12 月，本次大赛共收集参赛作品 306 件。经过初评、终评，最终评出产品类作品一等奖 5 名、二等奖 8 名、三等奖 10 名；概念类作品一等奖 5 名、二等奖 5 名、三等奖 9 名；通过网上投票，还产生了最佳人气奖（产品类 10 名、概念类 10 名）。

来自江津区有关企业的 31 件作品获奖，重庆江记酒庄有限公司的西岭梅见、重汽（重庆）轻型汽车有限公司的全场景乘用生活皮

---

① 按世界设计组织的定义，工业设计是一种将策略性解决问题的过程应用于产品、系统、服务及体验的设计活动，旨在引导创新、促进商业成功和提供更好质量的生活。全球大多数发达国家和地区均将工业设计从产业发展的"配套服务"提升为"主要角色"，成为一项单列的、战略级别的新业态。近年来，重庆把工业设计作为制造业转型升级的重要突破口，2021 年入选首批服务型制造示范城市（工业设计特色类），成为中西部地区唯一入选城市。

卡 VX7 获得产品类作品一等奖，重庆新西亚铝业（集团）股份有限
公司的新月朗智能办公桌、重庆江渝开物工业设计有限公司的博恩
医疗——无创脑水肿检测仪获得概念类作品一等奖。

进一步看，江津区工业设计基础扎实，工业设计赋能制造业已见成
效。到 2022 年 12 月，江津区建有 6 个市级工业设计中心，8 类"江津
造"产品纳入首批"重庆好设计"产品库，10 家企业纳入重庆市设计
驱动型企业库；重庆市工业设计促进中心与江津区经济和信息化委员会
签订市区共建工业设计服务体系协议，成立重庆市工业设计促进中心江
津中心；重庆江记酒庄有限公司、重庆润通科技有限公司、重庆国之四
维卫浴有限公司、重庆江渝开物工业设计有限公司 4 家企业的 9 个产
品，在 2021 "智博杯"中国（重庆）工业设计大赛获奖名单上榜上有
名；2020 年，江津区人民政府开展"江津杯"消费品工业设计创新产
品大赛，得到区内各消费品工业企业的积极响应，共征集 243 件有效
作品。

二　积极参与共建成渝地区双城经济圈装备制造业协作网络

成渝地区双城经济圈装备制造业基础良好，关联程度较高、互补性较
强，具备高质量一体化协同发展的基础条件。装备制造业是江津区的主导
产业之一，江津工业园区早在 2010 年即获批"国家新型工业化产业示范
基地·装备制造"，具备参与成渝地区双城经济圈打造世界级万亿装备制
造业集群的坚实基础。

2021 年 12 月，江津区与泸州市、永川区的经济和信息化部门共同成
立泸永江装备制造产业联盟，旨在推动三区市装备制造产业资源共享、协
同共进，努力打造成渝地区双城经济圈装备制造产业合作示范区。

目前，江津区不少装备制造企业以产品配套、技术合作、承接产业转
移、市场布局等多种方式，参与成渝地区双城经济圈装备制造业集群建

设。例如，位于江津德感工业园的中冶赛迪装备有限公司是中冶赛迪集团的研发中试基地、核心产品生产基地、装备制造集成基地，参与中冶赛迪集团在成渝地区双城经济圈的产业协作和市场布局；位于江津德感工业园区的重庆齿轮箱有限公司所用的工业毛坯件，由四川德阳有关企业生产制造；重庆江电德圣集团在德感工业园和双福工业园建有生产基地，是铁塔加工行业领军企业，市场布局覆盖成渝地区双城经济圈；位于江津珞璜工业园的威马农机股份有限公司主要从事山地丘陵农业机械及其他动力机械产品的研发制造，微耕机、田园管理机等产品销量全国领先，在成渝地区双城经济圈开展技术合作和产品配套。图 3－18 为中冶赛迪装备有限公司生产车间。

图 3－18　中冶赛迪装备有限公司生产车间
（供图：江津区德感工业园发展中心）

案例 3－7　成渝八方协作网络：促进江津区深度参与协同建设
世界级先进装备制造业集群

2021 年 6 月，江津区与成都市、德阳市、眉山市、资阳市、渝北区、江北区、永川区 8 个市区经信部门共同承办的成渝地区八方协同建设世界级先进装备制造产业集群暨地方产品（德阳）推介会及系列活动在德阳召开。

江津区与其他 7 个市区经信部门共同发布《成渝地区八方地方产品目录》，涵盖电子信息、装备制造、食品饮料、先进材料、能源化工等重点产业，囊括川渝两省市 437 家企业的 1400 余项产品。8 个市区相关部门可依据该目录，引导本地企业就近采购，降低企业物流成本，提升产业链供应链上下游协同能力。

江津区与其他 7 个市区经信部门共同发布合作宣言，在共聚产业集群、共创区域品牌、共建研发平台、共搭对接平台、共用政策支撑、共享招商资源、共宣合作成果七方面加强合作，建立项目协同谋划、客户协同拓展、联合招商、招商引资利益共享和补偿协调等协作机制。

江津工业园区与中德（蒲江）中小企业合作区、德阳经济技术开发区、四川青神经济开发区、资阳高新技术产业园区、重庆空港工业园区、重庆港城工业园区、永川高新技术产业开发区等 8 个市区的产业功能区共同签署《构建成渝装备制造产业生态圈合作协议》，在做大产业集群、强化项目对接、校地校企合作、共同开拓市场、加强资源共享等方面加强合作。

参加活动的装备制造企业还联合发布《共同推动世界级先进装备制造产业集群建设倡议书》，倡议在发挥行业引领带动作用、共同打造细分产业链、共享技术进步成果、创新产业发展模式等方面积极探索，促进成渝地区双城经济圈装备制造企业优势互补、资源共享、机制共建、错位竞争。

三　全面融入成渝地区双城经济圈万亿消费市场供给网络

成渝地区双城经济圈是我国西部人口最密集的地区，常住人口近 1 亿人，人员往来密切，交通基础设施良好，是我国消费规模和增长潜力最大的区域之一，形成以重庆市和成都市为国际消费中心，多个区域性消费中心加快发展，高品质消费、社区消费、乡村消费并进的发展态势。作为消费品工业高质量集聚发展示范区，江津区既是成渝地区双城经济圈稳促扩升消费的重要供给者，也是消费品工业跨区域合作的重要引领者和参与者。

例如，中国（成渝）美食工业博览会、中国西部国际投资贸易洽谈会、"重庆好礼"旅游商品（文创产品）大赛暨外事礼品征集活动等成渝地区双城经济圈会展活动，以及川渝各电商平台、直播带货、跨境电商等线上销售网络，来自江津区的江小白、金江津、桥头火锅、金龙鱼、福临门、韩式瓦缸、迈进酱油醋、芝麻官、米花糖等名优消费品深受川渝同行、专业观众、消费者的高度关注和热捧热销，为"江津制造"打开广阔的成渝地区双城经济圈消费市场。

2022 年 5 月发出的首列成渝地区双城经济圈货运班列（重庆江津—成都青白江），以江津区的本土货源为主，货源品类主要为玖龙纸业的卷纸、益海嘉里的粮油等消费品，以及珞璜临港产业城多家企业生产的汽摩配件等。该货运班列成为江津产品货通成渝的重要物流通道。

重庆市江津酒厂（集团）有限公司 2023 年推出的数款新品深受川渝消费者热捧，窖藏江津白酒在四川十分畅销，窖藏江津老白干深受重庆消费者喜爱，第一季度日出货量达 10 吨，较 2022 年同期增长超 13%。

位于江津德感工业园的重庆三峡油漆股份有限公司在成都市、眉山市、巴南区等成渝地区双城经济圈市区县设有生产基地、销售中心和参股公司，是涂料行业生产规模较大、品种较为齐全的龙头企业。

四　稳步推进成渝地区双城经济圈汽摩产业配套协同发展

2020 年以来，川渝两省市政府部门签订《成渝地区双城经济圈汽车产业协同发展战略合作协议》，组建工作专班，在产业配套聚集、技术创新协作、应用示范融合、检测资源共享等方面协同发力，积极推动重点整车企业扩大开放跨行政区域采购市场，支持整车厂商、零配件企业、经销商、服务商、出行企业等在川渝地区拓展市场，共建高水平汽车研发生产制造基地。

江津区有东风小康、重汽轻型汽车、铁马专用车等3家整车生产企业，以及7家纳入工信部《道路机动车辆生产企业及产品公告》的摩托车整车生产企业，产业链供应链广泛覆盖成渝地区双城经济圈。2022年，江津区的128家汽摩配套规模以上工业企业实现总产值251.3亿元，同比增长1.5%，成为成渝地区双城经济圈有关整车企业的重要配套供应基地。

例如，位于江津双福工业园的重庆捷灿机械有限公司是一家专业从事摩托车发动机、汽车发动机缸体、通用发动机缸盖生产的民营企业，拥有多项专利，为重庆隆鑫、东风小康等成渝地区双城经济圈汽摩整车厂商提供产品配套，是重庆市规模较大的摩托车配件生产厂家，并在东风小康汽车（重庆）有限公司的同类配套产品中占有40%以上的份额。

位于江津德感工业园的重庆建设全达实业有限公司主要生产制动踏板、离合踏板、侧踏板、行李架及汽车电气配件，是中国首家汽车前装市场供应商——香港全达集团在西南地区的生产基地，为吉利汽车、长安汽车、长城汽车等知名车企的西南地区生产基地提供产品配套。2020年6月，重庆建设全达实业有限公司获得长安汽车MPA2平台项目（制动踏板）独家配套权，覆盖长安汽车在产的大部分主流车型。

位于江津珞璜工业园的重庆保力捷机电科技有限公司主要为江铃福特、长安、东风小康、中国汽车工程院凯瑞传动、隆鑫无人机等成渝地区双城经济圈新能源汽车、轨道交通、电动车、工程机械、无人机等企业提供齿轮配套产品，2022年产值同比增长超过50%。

位于江津珞璜工业园的重庆嘉利建桥灯具有限公司是一家集研发、生产、销售为一体的专业制造摩托车和汽车灯具总成的厂家，其客户主要为成渝地区双城经济圈及全国各大中型摩托车、汽车制造企业，是重庆市认证出口欧洲的摩托车灯具的主要供应商。

第4节　江津区融入成渝地区双城经济圈协同建设现代产业体系，建设先进制造业基地面临的挑战和对策建议

一　江津区建设先进制造业基地面临的主要挑战

（一）与东部地区制造强市和工业经济高质量发展相比，江津区工业仍存在一定差距

先进制造业的供应链、产业链普遍较长，受国内外宏观经济波动影响较大，近年来全球经济不确定性增强，考验了江津区制造业的韧性。与粤港澳大湾区、长三角地区的制造强市相比，江津区先进制造业在产值规模、企业总体效益、创新能力、产业协同和配套等关键指标上仍有一定差距。依靠现有存量工业企业转型升级尚不能完全实现先进制造业发展目标，因而亟须深度融入成渝地区双城经济圈先进制造业的资源整合与产品配套、产业协作，加大力度引育规模以上工业企业，提升主导产业整体竞争力。战略性新兴产业亟须加快引进"链主"企业和建圈、强链。区内部分龙头企业带动不足，规上工业企业多为配套加工企业，缺乏具有较大影响力的知名品牌和企业总部。亩产效益有待提升，工业产出强度、税收强度等核心指标与东部沿海先进地区相比还有较大提升空间。

（二）主导产业面临高质量发展的结构性挑战

消费品工业与消费市场景气紧密相关。受经济结构性下行和新冠疫情等因素挑战，江津区不少消费品工业企业销售下滑，发展速度趋缓，部分重点项目暂停或者推进偏慢。部分消费品工业企业的科技创新能力不足，市级创新平台、国家级"小巨人"企业、市级"专精特新"企业占全区比重与消费品工业的产值尚未完全匹配。

受经济下行、疫情反复、高温限电、成本上涨等因素影响，江津区部

分装备制造企业生产经营受到较大冲击。由于江津区装备产业的产品门类
较多，涵盖范围较广，部分龙头企业本地配套率可达 60%，但优质轴承类
零部件、高精密锻造铸造件等高端配件仍靠外地采购，给江津区装备制造
企业整合成渝地区双城经济圈供应链资源提出更高要求。装备制造业专业
人才队伍面临供需错配矛盾，导致部分装备制造企业面临基础性技术岗位
无人愿意做，高层次人才不愿来，业务骨干、技术人才外流等问题。

我国汽车产业经过 20 多年的持续增长后进入深度调整期，国内传统能
源汽车产能过剩，部分核心技术和高端零部件、品牌被发达国家车企掌
控，加之中美贸易摩擦、新冠疫情反复、地缘冲突等综合因素的叠加影
响，近年来我国汽车业遭遇严峻挑战。同时，汽车业链条长、涉及行业
广、集成大量先进技术，江津区汽摩企业普遍面临成本上涨、销量下滑等
经营压力。另外，新能源和智能网联汽车在国内外尚无成熟经验可借鉴，
行业不确定性风险较大，江津区在新能源汽车"大小三电"① 领域的配套
企业较少，量产的新能源整车以中低端车型为主，售价和附加值偏低，新
能源汽车产业链供应链亟待扩容升级。

二　江津区加快建设成渝地区双城经济圈重要先进制造业基地的建议

（一）促进制造业要素配置优化和产业链供应链转型升级

结合江津区的要素资源禀赋、市场功能定位、产业发展基础、总体比较优
势，瞄准成渝地区双城经济圈先进制造业产业链供应链，通过提质、引强、补
链、建链、强链、延链、建圈等协同发展，培育打造具有区域影响力和示范性
的"4+1"产业集群"升级版"。融入重庆都市圈，连接成都都市圈，努力形
成研发在科创中心、制造在江津、配套在江津及周边的先进制造业分工布
局。大力推进江津区制造业数字化服务化两化融合，促进江津区制造业价值

---

① 新能源汽车"大小三电"：大三电包括动力电池、电机和电机控制器，小三电包括电动助
　　力转向、电动空调和电动助力。

链由以产品为中心向以"产品＋服务"为中心转变，推进新型工业化进程。

江津区消费品工业要大力实施"三品"（增品种、提品质、创品牌）专项行动计划，不断壮大粮油精深加工、肉制品加工、纸制品加工链群，做精酒类、特色调味品、玻陶、纸制品企业，推动传统优势产业规模化、高质化、集群化发展。适应和引领新消费需求，围绕"特色、智能、健康、时尚、精致"等方向，强化创意设计、技术研发、新营销赋能，引育新兴消费业态，围绕稳促扩升消费全环节，推进快消类产业链创新链价值链协同发展。图3－19为江津区消费品工业重点发展方向示意。

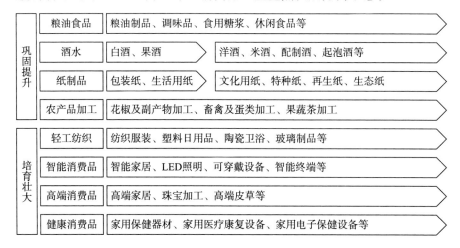

图3－19　江津区消费品工业重点发展方向示意

江津区装备制造业要发挥好企业技术中心等牵引带动作用，强化产学研用结合，坚持提质升级传统装备制造和培育壮大高端装备制造"双轮驱动"。传统装备制造业着力发展专用设备制造、通用设备制造、电力机械和器材制造三大产业方向，做优做强柴油发动机、齿轮传动设备、通机及农机、电力装备、装备基础件等优势细分领域，构建重点引领、优势突出、整机带动、配套协调的装备制造产业集群。高端装备制造以"引入龙头＋扩人成渝市场＋培育配套企业"为重点，促进智能制造装备、智能机器人、工业无人机、轨道交通装备、航空零部件、节能环保装备等领域大中小企业融通发展。图3－20为江津区装备产业重点发展方向示意。

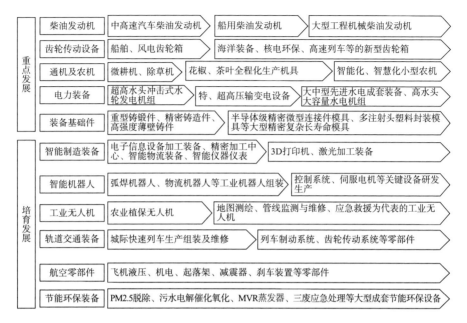

图 3 – 20　江津区装备产业重点发展方向示意

顺应高端化、轻量化、电动化、智能化发展趋势，加大整合力度，大力调整产品结构，鼓励江津区现有汽摩企业与成渝地区双城经济圈有关企业开展科技创新和成果转化、品牌车企配套、数智改造提升等领域交流合作，实现产品研发、品牌价值、产品品种、技术规格等全方面提档升级。积极推动新能源、大数据、人工智能、物联网、元宇宙等技术在汽车领域植入渗透，加快打造新能源和智能网联汽车产业集群。图 3 – 21 为江津区汽摩产业重点发展方向示意。

优先发展有产业基础、优势显著的材料行业，面向成渝地区双城经济圈积极引进上游配套企业，着力打造有色金属加工产业集群、墙材建材产业集群、涂料产业集群和绿色装配式建筑产业基地。聚焦产业发展、城市建设和重大工程实施对材料产品的迫切需求，着力培育高性能纤维及复合材料、光伏材料、先进基础材料、前沿新材料、关键战略材料等新材料产业。图 3 – 22 为江津区材料产业重点发展方向示意。

着眼新一轮科技革命和产业变革方向，在新一代信息技术、新能源及

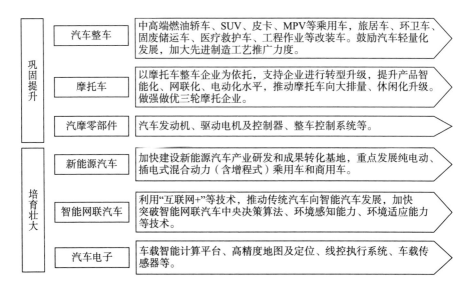

图 3 – 21　江津区汽摩产业重点发展方向示意

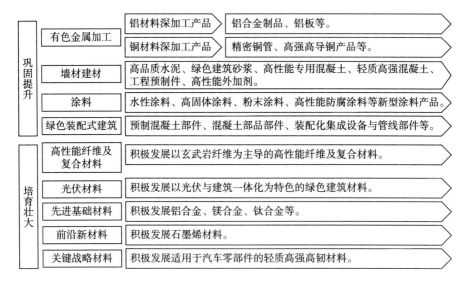

图 3 – 22　江津区材料产业重点发展方向示意

智能网联汽车、高端装备、新材料、生物技术、绿色环保等重点领域，把握成渝地区双城经济圈战略性新兴产业建圈强链新机遇，围绕重点企业、重点项目打造具有区域竞争力的战略性新兴产业集群。

（二）建好建强先进制造业合作产业载体

发挥江津珞璜临港产业城、西部（重庆）科学城江津片区及区内省级
开发区的示范引领作用，加快推进区内各产业平台的政策叠加、服务体系
共建、资源共享和产业协同，提升产业承载和协同发展能力。发挥龙头企
业的产业集聚和辐射功能，打造先进制造业龙头企业产业生态圈。

深化经济区和行政区适度分离改革，构建规划编制、产业政策、招商
引资、政务服务、财税政策、市场监管"六统一"的区域合作机制，做实
做强"合江·江津（珞璜）"新材料产业合作示范园区，因地制宜推广
"江津功能总部＋合江配套生产基地""江津技术研发转移＋合江成果转
化""江津头部企业入驻＋合江产业配套"等联动发展模式。

结合资源禀赋、产业基础、交通区位等条件，围绕江津区的优势产
业、相关企业跨区域配套和市场布局的需要，按照功能共建型、产业共建
型、产品配套型、资源开发型、飞地经济型等多种方式，率先在泸永江融
合发展示范区、川南渝西地区、成渝地区双城经济圈民营经济协同发展
"泸州－江津"示范区，灵活打造先进制造业合作示范园区，在产品配套、
技术转移、产能合作、产品供销等方面实现园区承载和跨区域合作。

（三）优化承接成渝地区双城经济圈内外先进制造产业转移

发挥江津区在要素成本、产业基础、区域市场、通道、物流、开放等
方面的综合比较优势，增强与成渝地区双城经济圈其他市区县在先进制造
业的政策规划、产业链供应链合作的协同性，联动完善信息对接、权益分
享、税收分成等跨区域产业转移政策体系和协调机制，共建产业转移集中
承载园区，"补链条""集群化"承接我国东部地区、发达国家的产业转
移，以及成渝地区双城经济圈有关市区县优质制造业的区域布局，尤其要
聚焦关键节点的引领突破突围，从而整体提升江津区先进制造业竞争力。
推动江津区与产业转移地的有关政府部门和机构联合发起设立区域产业基
金等产融平台，以市场化方式促进重大产业项目落地，建立园区开发、要
素配置、产业转移、产融合作等一体化、一站式高效协作机制。

第4章
重庆市江津区融入成渝现代高效特色农业带，建设乡村振兴示范地的主要成效、挑战与建议

民族要复兴，乡村必振兴。党的十八大以来，以习近平同志为核心的党中央坚持把解决好"三农"问题作为全党工作的重中之重，全面打赢脱贫攻坚战，启动实施乡村振兴战略，推动农业农村取得历史性成就、发生历史性变革。党的二十大报告提出："全面推进乡村振兴。""坚持农业农村优先发展，坚持城乡融合发展，畅通城乡要素流动。加快建设农业强国，扎实推动乡村产业、人才、文化、生态、组织振兴。"从党的十九大创造性地提出到现在全面推进，乡村振兴在侧重点上体现出"三个转变"：乡村振兴战略由规划期向施工期转变，工作重心由巩固脱贫攻坚向全面推进乡村振兴转变，战略目标由全面小康向全面现代化和共同富裕转变。

"以城带乡、有效促进乡村振兴"是《成渝地区双城经济圈建设规划纲要》的基本原则之一。面对"城乡发展差距仍然较大"的共同挑战，《成渝地区双城经济圈建设规划纲要》提出"建设现代高效特色农业带"的重点任务，要求推动农业高质量发展，强化农业科技支撑，大力拓展农产品市场。2021年12月，川渝两省市政府办公厅联合印发《成渝现代高效特色农业带建设规划》，围绕率先在西部地区基本实现农业农村现代化的奋斗目标，提出成渝现代高效特色农业带建设的总体要求、主要任务和推进措施。

建设乡村振兴示范地是江津区"五地一城"建设的目标任务之一。作为传统的农业大区，江津区是中国长寿之乡、中国花椒之乡、中国富硒美食之乡、中国生态硒城，也是国家现代农业示范区、全国农村一二三产业融合发展先导区、中国特色农产品优势区、全国"互联网＋"农产品出村进城工程试点县、全国农村创业创新典型县、全国乡村治理体系建设创建区县，乡村振兴有着广阔的天地和无限的未来。近年来，江津区深入推进国家城乡融合发展试验区重庆西部片区（江津区）建设，以实施乡村振兴战略为"三农"工作总抓手，优先发展农业农村，开展乡村产业提质、乡村建设提升、乡村治理创新、农村改革深化、数字乡村建设"五项行动"，分层分类推动产业振兴、人才振兴、文化振兴、生态振兴、组织振兴"五大振兴"，坚决守住确保粮食等重要农产品稳产保供、耕地保护、不发生规模性返贫三条底线，持续开展"四提三改"行动①，推动巩固拓展脱贫攻坚成果同乡村振兴有效衔接，促进农业高质高效、乡村宜居宜业、农民富裕富足，乡村振兴工作总体走在成渝地区双城经济圈同类城区前列。

第1节　江津区乡村振兴发展的主要成效、典型案例

一　乡村振兴制度建设和工作机制持续完善

近年来，江津区全面落实"五级书记抓乡村振兴"要求，高站位全面推进乡村振兴：建立区委农村工作暨实施乡村振兴战略领导小组，完善领导小组工作规则和领导小组办公室工作细则，组建实施乡村振兴战略"五大振兴"工作专班，统筹推进有关工作；建立区领导联系乡村振兴工作机制，定向联系对口帮扶；成立乡村振兴智库，为乡村振兴提供理论支撑和

---

① "四提三改"行动：提高脱贫人口收入水平、提高农村饮水安全保障水平、提高农村住房安全保障水平、提高群众满意度，改善住房室内外环境卫生、改善群众不良生活习惯、改善农村户厕。

智力支持；多次召开区委常委会会议、区政府常务会议、领导小组会议，研究部署乡村振兴工作；区人大常委会、区政协组织听取工作推进情况汇报，提出相关意见建议；区委、区政府主要负责同志坚持带头履职尽责，深入镇（街道）、村（社区）开展调研，推动相关工作。

同时，江津区制定乡村振兴实施意见，出台年度实施方案，对标制定财政投入、产业扶持、用地保障、人才培育等政策，为乡村振兴提供完备的政策支持。加强资金保障，一般公共财政预算优先保障农业农村，统筹国家开发银行资金、相关债券资金等用于乡村产业发展、农村户厕改造、人居环境成片整治等。

二 现代高效特色农业发展提速增效

成渝地区双城经济圈建设启动以来，江津区以"一江津彩"农产品区域公用品牌为统揽，按照科技化赋能、设施化提升、融合化发展、绿色化转型的发展路径，推动农业延伸产业链、拓宽增收链、提升价值链，形成以粮油、花椒、蔬菜、水果、茶叶、畜禽、水产、中药材等为特色的现代高效特色农业，全区主要农作物耕种收综合机械化率达61%，高于重庆市平均水平5.5个百分点，农业总产值多年保持重庆市区县第一位。图4-1为江津区江记农庄高粱基地。

（一）稳粮保供进一步夯实

粮食安全是"国之大者"，要将粮食安全的主动权牢牢抓在手上。江津是重庆市产粮大区，粮食播种面积居重庆市区县第四位，产量居重庆市区县第二位。近年来，江津区坚持把粮食生产作为"三农"工作的头等大事来抓，深入实施农业生产"三化"（农机宜地化、土地宜机化、服务社会化）行动，制定系列补助政策，将25亩及以上的规模种粮主体补贴提高至230元/亩，200亩及以上的规模种粮主体的社会化服务补贴每亩提高50元，农机购置补贴标准提高到40%，建立现代农业产业技术体系首席专家制度，推进丘陵山区智慧农机项目、高标准农田改造提升示范项目等建

图4-1 江津区江记农庄高粱基地

（供图：江津区发展改革委）

设，加快培育农业生产社会化服务组织，粮食基本盘进一步牢固。2022年，江津区粮食播种面积达145.93万亩、产量达62.76万吨，建成高标准农田77.4万亩，蔬菜、水产品产量创历史新高，生猪出栏量时隔3年再次恢复到80万头以上水平。

（二）富硒农业快速发展

四面山水，如诗画卷；富硒江津，因硒而兴。富硒资源是大自然对江津区的馈赠，汇聚着山水、文化、农产、美食之精彩，成就一座现代高效特色农业"硒"望之城。2012年，江津区被中国老年学学会授予"中国长寿之乡"称号。当时，全区百岁以上老人占重庆市的1/10，是全国辖区面积最大、老年人口最多、百岁老人分布最均匀的"中国长寿之乡"。

据中科院地球化学研究所2013年12月发布的《江津区硒地球化学空间分布图》，江津区土壤总体处于中硒偏高硒水平，中硒水平以上土壤占90.21%，抽检的农产品大部分富硒。同时，这些农产品硒含量适中，长期食用既可以补充人体健康所需的硒，又不会导致硒中毒。

近年来，江津区委、区政府大力实施"硒资源变硒产业"发展战略，坚定不移走"富硒为民，富硒富民"的现代高效特色农业发展之路，成功举办三届中国·重庆（江津）富硒产业发展大会、"一江津彩·硒引全城"富硒农产品推介会等活动，成立富硒产业质量服务工作站，引入国家功能农业科技创新联盟重庆办公室，构建农业、加工业、康养业一体化富硒产业体系。到 2022 年末，江津区富硒种植 45 万亩、水产 3.8 万亩，富硒畜禽年出栏超过 500 万头（只），建成培育带动能力强、基础设施良好、品牌文化浓厚的富硒产业标准化示范基地、高硒原料基地 52 个，累计认定富硒产品 270 个；牵头制定重庆市地方标准《富硒农产品》、绿色富硒产品生产操作规程等 50 项；成功研发富硒柑橘纤维精萃片、富硒米花糖、富硒梅见酒、富硒红糖、富硒茶等加工产品 20 余款；围绕五条精品旅游线路，打造集康养休闲、富硒特色美食、采摘体验、硒文化教育的富硒康养主题农庄 15 家；创新研制"富硒花椒秸秆—富硒食用菌—富硒有机肥—富硒作物"硒资源循环利用技术，联合设立全国首家富硒产品认证第三方机构，建成地市级农产品质量安全检验检测中心，全力保障富硒产品质量。先后荣获"全国硒资源变硒产业十佳地区""中国生态硒城""中国富硒美食之乡"等荣誉称号，富硒产业年产值超 130 亿元，全国领先。图 4 - 2 为江津区富硒柑橘基地。

图 4 - 2　江津区富硒柑橘基地

（供图：江津区农业农村委员会）

案例4-1　江津花椒：打造高辨识度的现代高效特色农业

花椒是川菜的必备调味品，市场需求巨大。江津区地理气候条件
优越，种植花椒历史悠久，所产花椒麻香味浓，富含多种微量元素，
出油率高，2004年被评为"中国花椒之乡"，花椒成为江津区现代高
效特色农业的一张闪亮名片。

到2022年末，江津区花椒种植面积达53万亩，保鲜花椒产量占
全国市场总份额的90%，基地面积、单位产量、育苗量全国最大，带
动62万椒农人均增收5000余元/年；引育骨干花椒加工企业32家，
其中规上企业3家、国家级龙头企业1家，初加工转化率达99%，累
计开发江津花椒食品、保健、医药、化工4个系列7个大类46个品
种；"江津花椒"品牌价值达63.66亿元（中国品牌建设促进会评
估），先后获批"地理标志保护产品""农产品地理标志登记""地理
标志证明商标"等资质，并作为地理标志产品实物进入中央党史展览
馆长期展示；江津区有关花椒龙头企业还获批农业国际贸易高质量发
展基地1个、市级农产品出口示范基地2个、创建全国绿色食品原料
（花椒）标准化生产基地1个；江津花椒国家种质资源圃拥有来自世
界各地的310份花椒种质资源（含野生花椒资源），开展芽变育种和
太空育种研究，选育的"九叶青"花椒通过国家林业林木品种审定委
员会审定，覆盖全国青花椒产区面积的70%以上。建立500亩规范化
花椒良种繁育基地和花椒智慧农业示范基地，年育苗1亿株以上，带
动重庆、全国花椒种植面积分别达136万亩、1100万亩。坚持绿色生
产，先后制定《花椒》国家推荐标准、《保鲜花椒》食品安全地方标
准等，获得绿色、有机、地理标志农产品认证10个，认证比例达
93.4%。图4-3为江津区级农业产业化龙头企业——重庆宇隆椒丰农
业开发有限公司的花椒种植基地。

科技赋能江津花椒全产业链

近年来，江津区与中国农业大学、西南大学、重庆市营养学会等

图 4 - 3　江津区级农业产业化龙头企业——重庆宇隆椒丰
农业开发有限公司的花椒种植基地

（供图：江津区现代农业园区发展中心）

合作，建立花椒产业首席专家制度①，引入土壤、气候和病虫害智能监测、智能滴灌等现代设备，建立中国（重庆）花椒研发中心、花椒大数据中心等科技平台，升级改造花椒初深加工数字化车间和智能工厂，面向椒农广泛推广花椒轻简化高效栽培技术标准和作业规范，开发精品干花椒、青鲜花椒油、保鲜花椒、花椒精油、花椒香水、花椒洗面奶、花椒酸奶等系列产品，开展基地电商和直播带货，有效解决散户种植品质差、企业种植成本高、农药残留、精深加工不足等瓶颈问题，促进江津花椒产业从单一种植向品种专用化、种植绿色化、产品多元化、市场专业化、管理数字化升级，建成"生产＋加工＋科技＋金融＋品牌"的现代花椒产业集群。

---

① 2022 年，江津区施行现代农业产业技术体系首席专家制度，成立以区政府分管领导为组长，相关部门负责人为成员的首席专家工作领导小组，设立 200 万元专项经费，并为首席专家发放人才激励金。通过建立专家与镇街的需求对接、区农业农村委与专家的服务对接、专家团队先进实用技术与适用对象的落地对接 3 种合作方式，让产业技术研发和推广应用工作落实到镇街，让技术咨询和指导服务落实到企业与农户，并通过首席专家的传、帮、带，培养农业技术骨干，构建农业技术人才梯队，推动农业先进实用技术和主推技术落地实施，打造以首席专家为引领、首席专家团队为载体、项目实施为支撑的新型农业科研组织模式，探索借力人才推动现代农业高质量发展的新路子。

　　通过推广花椒轻简化栽培管理技术与社会化服务，白沙镇、慈云镇、先锋镇合计5.2万亩花椒的平均产量从2021年的395千克/亩提高到2022年的480千克/亩，增幅达21.5%，种植成本从2021年的3000元/亩降低到2022年的2750元/亩，降幅为8.3%。

　　2020年，依托江津现代农业气象试验站建设的花椒大数据平台上线，实现花椒种植环境监测、太阳能无线灌溉、土壤墒情监测、病虫害防疫影像记录对比、数字化基地管理等信息化功能，实现花椒种植、采摘、加工、销售全流程的数据化管理，为江津花椒产业数智化转型升级提供底座支撑。

"花椒银行"破解江津椒农融资难等问题

　　由于全国花椒种植面积大幅增长，市场供大于求，以散户为主的江津椒农面临仓储能力弱、融资难、抵御市场风险能力差的难题。江津花椒国家现代农业产业园在全国首创"花椒银行"（"花椒货物银行"和"花椒货币银行"），构建农业企业、银行、保险公司等利益联结机制，保障椒农利益，促进江津花椒产业可持续发展。

　　江津"花椒银行"作为全国花椒产业首创的联农带农金融服务机制，采取"政府建设、企业运营"模式，在先锋镇建设花椒银行"总行"，在有较大仓储冷库的龙头企业设立"分行"，在各镇（街道）花椒加工中心设立"支行"，在各农民合作社、家庭农场设立"储蓄点"，形成四级"银行网络体系"。

　　目前，江津区建有14万立方米的公益性花椒冷链仓储库房，方便"花椒货物银行"的"储户"（椒农、农业企业）就近就地存储。建设银行等金融机构在江津区设立"花椒货币银行"，开展"花椒贷"业务，江津花椒国家现代农业产业园、有关担保公司和"花椒货物银行"为椒农、农业企业贷款提供担保和风险补偿。

江津花椒"海外飘香"

　　随着"正宗中餐"在海外流行，花椒等中国原产调味料的需求量迅速扩大。2022年，江津花椒出口单列税号获国务院批准。2023年1月，花椒正式增列入中国进出口税则本国子目。同时，江津区建成10个镇、区级欧盟标准花椒出口基地，当地政府鼓励花椒生产经营企业拓展国际市场，江津花椒从而打开海外市场。2022年，江津花椒出口创汇100万美元，同比增长56%，2023年第一季度实现出口70多万美元，同比增长近三成。例如，江津丰源花椒有限公司的花椒油、藤椒油、保鲜花椒、芳香精油等深精加工产品远销美国、加拿大、日本、韩国等国家；重庆凯扬农业开发有限公司入驻阿里巴巴超级工厂，并很快对接上韩国等海外经销商。

（三）农产品加工业稳健发展

农产品加工业一头连着农业、农村和农民，一头连着工业、城市和市民，是体量最大、产业关联度最高、农民受益面最广的乡村产业。

近年来，江津区依托深厚的农业产业基础，大力实施农产品加工业提升行动，着力构建"初级加工在乡村、精深加工在园区"的农产品加工布局，打造花椒、粮油、酒水等百亿级优势特色产业链，成功创建国家现代农业产业园（花椒），作为核心区纳入中国（重庆）国际农产品加工产业园总体规划范围，获得江津花椒国家地理标志产品保护示范区、全国农村一二三产业融合发展先导区、中国特色农产品优势区、国家农业现代化示范区等荣誉称号。江津区有关农产品加工企业在中国（重庆）农产品创新设计大赛中荣获金奖、铜奖、优秀奖，高品质青花椒全产业服务平台荣获重庆市第五届"渝创渝新"创业创新大赛一等奖。

另外，按照"粮头食尾""农头工尾"要求，江津区坚持用工业化理念思路推进现代高效特色农业发展，打造德感工业园、白沙工业园、珞璜工业园三大百亿级农产品加工产业集群，重点发展粮油、白酒、调味品等农产品加工业。2022年，江津区农产品加工产值达328.9亿元，居重庆市区县第二位，培育农产品加工企业400余家，其中，农业产业化龙头企业

190 家，规上企业 66 家，市级农产品加工示范企业 23 家，拥有 30 余个国
家级和市级"一村一品"示范村，农产品加工集聚度不断提升。

（四）江津现代农业园区引领示范效应进一步提升

江津现代农业园区于 2009 年 8 月启动建设，规划面积 120 平方公里，
核心区面积 60 平方公里，涉及 7 个镇（街）、19 个村（社区）。2020 年以
来，围绕打造"农业科技创新高地、特色产业生产基地、乡村旅游康养胜
地、乡村振兴与城乡融合示范区"目标，江津现代农业园区加快推进鹤山
坪农业公园、鲁能美丽乡村、金色黄庄三大片区建设，先后荣获全国农业
产业化示范基地、全国农产品加工创业基地、国家农业科技园区、全国农
村创业创新园区、国家农村产业融合发展示范园、国家现代农业产业园区
等称号。图 4-4 为江津现代农业园区四通八达的产业道路。

图 4-4 江津现代农业园区四通八达的产业道路
（供图：江津区现代农业园区发展中心）

到 2023 年 3 月，江津现代农业园区先后引进鲁能集团、温氏集团、益
海晨科、江小白农庄、重庆市中药研究院、重庆市农业科学院等 113 家企
业和科研单位入驻，培育各类新型经营主体 232 家，建成优质粮油、柑橘、
花椒、蔬菜、畜禽和水产养殖等富硒特色产业基地 7 万亩，培育天知椒、
浩丰鸡蛋、颂柑等富硒品牌 35 个，建成国家级农业气象试验站等科技研发

服务平台 22 个，培育高新技术企业 5 家、市级科技型企业 9 家。江小白农庄、鲁能美丽乡村、创丰雨仙农谷、蓝色精灵、津地禾等农业企业依托特色产业，通过举办"油菜花节""紫藤萝节""蓝莓采摘节""稻田音乐节""生态年猪节""乡村 520 相亲节"等节事活动，大力发展休闲农业与乡村旅游，推动农村一二三产业融合发展。2022 年，江津现代农业园区农业总产值达 25 亿元，农民人均可支配收入达 3.1 万元，同比分别增长 7.8% 和 9.8%。

（五）村级集体经济不断壮大

江津区推进村民委员会与村集体经济组织分账管理，全面建立农村集体资产年度清查制度，认定农村集体经济组织成员 214 万人次，量化集体资产股份 206 万股次，登记赋码组建 223 个村级、1806 个组级集体经济组织。出台《江津区发展壮大村级集体经济的指导意见》《江津区发展壮大村级集体经济攻坚行动八条举措》等政策文件，突出"一村一品"，以产业带动型、资源开发型、服务创收型、租赁经营型、项目拉动型五种村级集体经济发展模式为主要模式，积极壮大农村集体经济。目前，江津区年经营性收入 5 万 ~ 10 万元的行政村 196 个，占全区行政村总数的 81%；年经营性收入 10 万元以上的行政村 145 个，占全区行政村总数的 60%。

三　乡村治理成效显著

近年来，江津区聚焦提升党建引领力、自治能动力、法治保障力、德治感染力"四力提升"，扎实开展全国乡村治理体系建设试点示范，建立乡村治理联席会议制度，实施清单制、院落制、"党群驿站"工作法、积分制、"五小工作法"等乡村治理新机制，形成乡村善治新局面。2022 年，石门镇李家村获评市级乡村振兴示范村，石门镇、石蟆镇获批市级农业产业强镇，先锋保坪村、太公山、白沙古镇上榜全国乡村旅游精品线路。图 4 - 5 是整治后的江津区先锋镇鹤山坪胡家岗大院。

深化农业农村改革全面推进。到 2022 年末，江津区农村"三变"改革试点扩面率达 59%，高于全市目标，盘活农村土地 26 万亩，盘活经营

图4-5　整治后的江津区先锋镇鹤山坪胡家岗大院

（供图：江津区农业农村委员会）

性资产2.8亿元，深化农村土地确权颁证工作成为重庆市首批唯一以"优
秀"等次通过验收的区县，全国农民合作社质量提升整区试点通过终期评
估，"三社"① 融合发展纵深推进。近年来，江津区成功打造以美丽家院、
经济庭院、服务大院、文化大院为主，各具特色的"津彩大院"124个，
创建市级美丽宜居乡村81个、市级宜居宜业和美乡村3个，先锋镇保坪村
被评为全国乡村治理示范村，乡村治理成效荣获重庆市政府督查激励。

案例4-2　江津区乡村治理"院落制"：破解"村大面广难治""户散人少难管"等治理困境

　　近年来，江津区通过选"新乡贤能人"、树"院规院训"、设
"讲理堂坝"等措施，推行"院落制"乡村治理新方式，强化基层治
理节点，缩小自治半径，提升乡村治理效能，《院落制疏通乡村治理
堵点难点》被中央农办刊发推广。

　　一是划片分院差别治理。根据人口聚居密度、院落自然分布情

---

① "三社"：供销社、农民专业合作社和信用社（重点指重庆农商行江津支行）。

况、通行方便程度等指标，将行政村划分为多个"大院"，由村"两委"按照"大院"的区域特色，整合资源，针对性开展产业发展、乡风民俗、治安维稳等方面的差别化治理。

二是建立大院院长管理体系。由村党支部书记兼任所在行政村总院长，由各大院的村民选举德高望重、有一定组织能力、团结邻里、精神文明素质高的乡贤能人担任院长，实行"一院一档案"规范管理。

三是建立基于需求的分级管理机制。实行村党支部书记负总责、村干部包"大院"联系、村组干部包户衔接的服务供需对接和精准管理机制。大院院长负责收集、上报院内产业发展、户厕改造、到户道路修建等村民、在村市场主体的公共服务需求，村"两委"、村民小组组长等负责矛盾纠纷调解、公共服务供给、村集体经济组织生产经营等村务统筹实施工作。

江津区"院落制"乡村治理是传统网格化治理的"升级版"，打破传统以物理空间为依据的网格划分，代之以人口聚居、生产生活分布为核心指标，进行微治理空间布局，切实解决山地丘陵地区农村人员居住分散的治理盲区问题。同时，以宗亲聚居的大院为基本单元，乡村治理更容易体现精准性带来的实效。

在深入推广运用"院落制"的基础上，江津区以农村"中心大院"为单元，聚焦产业、服务、文化、环境，构建以"一长五员"①为核心的"津彩大院"，为成渝地区双城经济圈探索出宜居宜业和美乡村的"江津方案"。

其一，聚焦环境提质，建造美丽家院。通过"院民自治＋政策激励"方式，优先整治改善大院农村人居环境质量，变"院景"为"风景"，如先锋镇保坪村充分发动院民自主参与，利用"旧砖老石"打

---

① 一长五员："一长"为院落长，"五员"为监督员、建设员、产业员、宣传员、服务员。

造微田园、微景观，院民环境整治自筹经费建设比例达到40%。

其二，聚焦产业带动，打造经济庭院。以产业发展为中心、利益
联结为纽带，"一院一业"发展庭院经济，激发院民共建共治共享，
如嘉平镇铜鼓村天井大院打通产销链条，创建"嘉里果蔬"社区配送
品牌。

其三，聚焦"一老一小"，塑造服务大院，通过"政府购买服务 +
院落自主服务"，提供政策解答、矛盾调解、教育辅导、照料看护四类
服务，如中山镇白鹤村回龙湾大院组织假期返乡大学生开办免费小学
生辅导班，吴滩镇郎家村冲口大院院长和志愿者定期上门了解散居特
困人员日常情况和开展留守老人谈心聊天活动。

其四，聚焦移风易俗，建设"文化立院"，如珞璜镇和解村整村
推进文化大院建设，建成书画、家风、善廉等主题文化大院13个，年
接待村民和游客5万余人次。

第2节　江津区融入成渝现代高效特色农业带建设的主要成效、典型案例

总的来看，川渝两省市气候相近、地理相连，农业领域不可避免地存
在市场竞争，但更多的应是合作共赢。作为西部唯一的粮食主产省，四川
对于保障重庆重要农产品有效供给的重要性不言而喻。川渝在青花椒等特
色农产品上的产量居全国前两位，"单打独斗、你拼我抢"只能造成恶性
竞争，协作推进精深加工则能实现共赢。

成渝地区双城经济圈建设启动以来，川渝两省市农业农村部门签署
《建设成渝现代高效特色农业带战略合作框架协议》《共同推进成渝地区
双城经济圈农业会展高质量发展战略合作框架协议》《共建动植物疫情
及农作物重大病虫害联防联控战略合作框架协议》等系列合作协议，共

建国家优质高产高效粮食基地、优质商品猪保障基地、国家都市现代高效特色产业示范区、全国绿色优质蔬菜产业带等，川渝农业合作进入稳步推进阶段。

尤其是川渝两省市政府办公厅于2021年12月联合印发《成渝现代高效特色农业带建设规划》，提出推动农业高质量发展、强化农业科技支撑、大力拓展农产品市场、推动城乡产业协同发展、推进长江上游农村生态文明建设、提升资源要素保障水平等方面的重点任务。在推进机制上，农业农村部、四川省人民政府、重庆市人民政府建立部省市共建成渝现代高效特色农业带联席会议机制，组建工作专班，建立两地农业综合行政执法一体化合作机制、跨区域执法协作机制、跨部门执法配合机制。由此，川渝两省市将分散的农业业态连点成带，以共建现代高效特色农业带为抓手，共同推进乡村振兴。

值得关注的是，依据《成渝现代高效特色农业带建设规划》，江津区依据区位条件、产业基础等要素条件，纳入三个产业带，进而明确了江津区融入成渝现代高效特色农业带建设的重点协作合作区域和重点发展业态。

一是与雅安、眉山、乐山、宜宾、泸州、长寿、涪陵、丰都、忠县、黔江10个市区县共建沿长江现代高效特色农业绿色发展示范带，统筹布局粮油、泡（榨）菜、晚熟柑橘、渔业、名优茶等优势特色产业，建设国家现代粮油产业园区、晚熟柑橘产业集群、名优茶产业带等。

二是与大渡口、江北、沙坪坝、九龙坡、南岸、北碚、渝北、巴南、涪陵、长寿、合川、永川、南川、綦江、大足、璧山、铜梁、潼南、荣昌19个市区县共建重庆主城都市区都市现代高效特色农业示范区，统筹布局果蔬、调味品、茶叶、中药材、畜禽等优势特色产业，建设长江上游地区农业金融服务中心、农产品物流中心、农业科技创新中心等。

三是与自贡、泸州、内江、宜宾、永川、荣昌等6个市区共建川南渝西现代农业融合发展示范区，统筹布局优质水稻、酿酒专用粮、早春蔬菜、特色水果、早茶、花椒等优势特色产业，建设优质渔业产业集群、早

春蔬菜产业带、血橙出口示范基地、西南丘陵山地现代农业智能装备技术
创新中心等。

一　参与泸永江现代农业协同融合发展已有具备辨识度的示范成果

江津区、永川区和泸州市是成渝地区双城经济圈重要的农林产品加工
基地，粮油、水果、畜牧、林竹等产业优势明显。泸永江融合发展示范区
建设启动后，江津区建立规划融通、种苗融育、技术融享、品牌融创、渠
道融建、效益融赢的"六融"机制，与泸州市、永川区共建50万亩长江
中上游晚熟龙眼荔枝产业带、100万亩优质粮油及稻田综合种养产业带、
100万亩优质茶叶产业带，联合实施"江津花椒、永川秀芽、合江荔枝"
国家地理标志保护工程，提升"一江津彩"区域公用品牌知名度，协同共
建中国富硒产业发展高地、全国花椒和调味品产业聚集地、中国白酒"金
三角"、巴蜀鱼米之乡、荔枝龙眼特色水果出口示范基地、泸永江现代农
业合作示范园。

（一）共建长江中上游晚熟龙眼荔枝产业带

江津区、永川区和泸州市合江县、泸县同为全国晚熟龙眼荔枝适宜种
植区域的最北端，其中，江津区龙眼荔枝面积达1.39万亩。成渝地区双城
经济圈建设启动后，江津区出台荔枝产业高质量发展规划，与泸州市合江
县签署合作协议，协同推动两地荔枝种植、加工、冷链物流等全产业链升
级，引进合江的荔枝品种、经营主体和产业带头人、农技专家，组织本区
市场主体参加合江荔枝生态文化旅游节，连通两地荔枝经销、物流网络。

2022年7月，江津区与永川区、泸州市合江县、泸州市泸县签订《川
南渝西现代高效特色农业产业带合作框架协议》，推动四地特色农业在规
划布局、科技协同、产销对接、品牌打造等领域多方位合作，携手共建世
界级特晚熟荔枝出口基地、加工中心和晚熟龙眼优势区域中心，共同推进
区域花椒产业转型升级和高质量发展，携手共建60万亩花椒产业带，联合

打造"都市慢生活"乡村休闲旅游度假区。

（二）共建优质粮油及稻田综合种养产业带

由于地形地貌限制和部分地区农业基础设施较为薄弱，江津区一些农地没有完全达到"宜机宜耕、能排能灌、高产稳产、旱涝保收"的要求。为此，江津区在新建高标准农田的同时，实施丘陵山区高标准农田改造提升示范工程，并对改造提升后的高标准农田推广粮油轮作、"稻＋"综合种养、粮经套作等利用模式，吸引成渝地区双城经济圈社会资本前来流转承包，引导新型农业经营主体规模化、标准化、集约化开发经营，让土地"地尽其力、物尽其用"。2022 年以来，江津区建设高标准农田超过 12.1 万亩，其中，新建高标准农田面积 8 万亩，以及特色粮油三产融合高标准示范农田 0.98 万亩、"千年良田"建设试点项目农田 0.45 万亩、提升改造示范农田 2.6 万亩，总投资约 1.14 亿元，全区耕地质量明显提升。图 4 - 6 为江津区宜机化土地整治后的"希望粮田"。

图 4 - 6　江津区宜机化土地整治后的"希望粮田"

注：近年来，江津区大力推广中稻－再生稻、稻－油、稻－虾（鳅、鱼）、稻－菜（菌）等复合生态种养模式，促进现代农业降本增效、绿色发展，并与永川区、泸州市合江县等毗邻地区共同打造川渝稻虾优势产业带，共建"巴蜀鱼米之乡"。

（供图：江津区现代农业园区发展中心）

江津区高粱种植历史延续上千年。随着市场对酿酒品质的追求，普通高粱不再是酿酒原料的最佳选择，重庆江记酒庄有限公司和四川省农科院水稻高粱研究所、重庆农科院、西南大学等成渝地区双城经济圈农业科研院所合作，改良本地高粱品种。该公司在江津区永兴镇黄庄村的江小白高粱产业园种植面积逾1万亩，品种改良后的亩产达830斤，创造重庆高粱亩产新纪录，高粱种植农户综合收益超过3.5万元/年。

二　与成渝地区双城经济圈其他市区县现代农业交流合作成效初显

2020年以来，江津区农业农村部门、农业市场主体、农技人才与成渝地区双城经济圈有关市区县加快推进互访交流、产业联盟建设、重大项目开发、园区平台建设、农产品加工、农业科技创新、市场品牌打造、人才挂职等领域交流合作。

例如，2020年4月，江津区和雅安市共同签署缔结友好城市战略合作协议，重点在商贸物流、文化旅游、重点产业和重点园区、人才交流四大领域，推动两地多层次、宽领域、全方位合作。其中，在商贸物流合作方面，依托江津区中国西部（重庆）东盟农副产品冷链分拨中心、先锋特色食品产业园和雅安市丰富的农副产品资源，联合打造川西商品走向全球市场和国外商品进入川西市场的重要枢纽。

2021年12月，江津区、雅安市两地农业农村部门签署合作协议，共建成渝地区双城经济圈优质高效农产品产业链。花椒产业是两地农业合作的先行示范产业。江津花椒已具备规模和品牌的全国影响力，雅安市汉源县的红花椒是中国－欧盟首批列入地理标志保护产品，均属川渝美食优选调味品和巴蜀名优特产。江津先锋食品特色产业园与汉源县现代农业花椒产业园区建立合作，联手打造江津区"国际花椒产业城"与汉源县调味品（花椒）加工产业集群。

江津区与重庆市开州区结为"一区两群"协同发展对口区县，借助商品展示交易会、重庆江津－广西防城港跨区域合作"海鲜美食节"、双福西部国际农贸城等平台，开设开州农产品经销专区，采用直接采购、产销对接等方式，促进开州区农特产品出村进城。

2021 年 5 月，江津区与宜宾市屏山县农业农村部门签署合作协议，共同搭建富硒产业协同发展平台，加强富硒产品贸易推介及市场信息共享合作，引领川渝富硒产业协调发展。

第3节　江津区发展现代高效特色农业，建设乡村振兴示范地面临的挑战和对策建议

一　江津区发展现代高效特色农业面临的主要挑战

（一）全域农业亟待向"优、绿、特、强、新、实"全面提升

从外部环境看，我国粮食安全和农业农村发展面临国际环境不确定性明显增加的新挑战。江津区与成渝地区双城经济圈其他市区县同样面临城乡发展不平衡不充分的突出矛盾，农业机械化水平、乡村数字化水平、农业科技进步贡献率亟待加快提升。2022 年，江津区农产品加工业产值与农业总产值之比为 1.73：1，尚有较大的上行空间。

由于成渝地区双城经济圈有关市区县普遍面临山地丘陵占比高、土地细碎分散、农村老龄化加速等现实困难，转型现代高效特色农业成为共同的战略任务。但是部分地区农业生产率偏低，农业现代化装备和农产品市场竞争力不足，财政支农和金融支农增幅有限，资金、土地、人才等要素难以在城乡间双向流动。同时，川渝部分农业领域对接协同长效机制不健全，部分合作项目效益不明显，甚至出现地方保护主义和恶意竞争，"成渝地区农业竞争大于合作"成为一些市场主体、农户的固化狭隘认识。对于江津区而言，更需要做好顶层设计和系统谋划，精准把握与有关市区县的现代高效特色农业合作需求，以及农产品市场需求，以需求侧牵引供给侧，创新优势产业带共建、引入优势资源补短板等合作共赢机制。

（二）乡村振兴短板制约农业现代化发展

江津区部分边远农村的经济内生发展动力亟待加强，城乡融合发展的

体制机制和政策体系还不完善，农业农村深化改革进入深水区，巩固拓展脱贫攻坚成果任务重。同时，受国内外农产品价格波动影响，部分农业领域生产配置与价格波动失衡，导致部分农业主体遭遇损失。部分村集体经济组织的经营带动能力不足，农民持续增收急需新的支撑和动力，促进农民共同富裕的体制机制仍需进一步创新突破。

二　江津区融入成渝现代高效特色农业带，促进乡村振兴示范地建设对策建议

总的来看，江津区建设乡村振兴示范地，重点在于：一是坚持不懈抓紧抓好粮食和农业生产，持续推进农机宜地化、土地宜机化、服务社会化，确保粮食和重要农产品稳产保供，促进农民增收；二是坚持不懈推动巩固拓展脱贫攻坚成果与乡村振兴有机衔接，加大精准监测、帮扶力度；三是坚持不懈推动农业高质量发展，因地制宜，因势利导，聚焦现代高效特色农业延链、补链、强链；四是坚持不懈抓好乡村振兴示范片区建设，加大资金支持力度，加快配套设施建设，确保示范片区早出成效、早见效果；五是加快破题城乡融合发展，立足江津本底本色规划，树立乡村旅游品牌，推动城市的资源、资金等要素上山下乡；六是强化党对"三农"工作的领导，深化基层党组织建设，优化提升基层带头人队伍。

其中，融入成渝现代高效特色农业带，深化农业供给侧结构性改革是江津区乡村振兴示范地建设跑出"加速度"、实现高质量的关键一招。

（一）高质量参与共建成渝现代高效特色农业带

江津区要依托双福西部国际农贸城和江津综合保税区等平台，基于重点行业、园区、项目协同发展、联动发展的原则，积极融入成渝地区双城经济圈建设和渝黔深度合作，扩大农业对外开放，积极参与部省市共建成渝现代高效特色农业带，建立与周边市区县就近合作、经济圈内其他市区县联动合作的长效机制，进而围绕江津区优势农业构筑跨区域融合的要素网络和产业体系、生产体系、经营体系，促进现代高效特色农业串点成

线、连线成片、扩片成带，推动江津区从农业大区向农业强区跨越，力争到 2027 年，江津区富硒产业产值达 240 亿元，农业总产值达 245 亿元，继续保持全市第一位，建成全国丘陵山地农业现代化示范区。

一是引领建设成渝农业农村协同发展先行区。积极参与沿长江现代高效特色优势农业产业带、重庆主城都市区都市现代高效特色农业示范区和川南渝西丘陵山地现代农业协同发展范区建设。深度融入成渝麻辣经济走廊，建设以花椒为重点的调味品产业集群，打造以江津花椒、食用油为重点的国际农副产品加工基地。推进优势中药材产业带、富硒产业经济带及世界级白酒产业集群建设。强化农业科技支撑，深化农业农村改革，推动沿线、沿江、沿界农业协同发展，促进城乡要素资源合理流动和高效配置，聚力打造现代高效特色农业区域协作的高水平样板。

二是引领泸永江融合发展示范区现代高效特色农业融合发展。深化与泸州市、永川区在标准化基地建设、品牌推广、检验检测等方面的交流合作，共同推进优质粮油及稻田综合种养产业带、长江中上游晚熟龙眼荔枝产业带、优质茶叶产业带、酿酒用糯红高粱产业带、花椒产业带等的建设。深化三地农业企业交流合作，建立农产品展示展销及项目投资促进机制，促进三地农业新经营主体开展合资合作。构建相互支撑配套、协作共兴、绿色环保的产业体系，共同打造泸永江现代农业示范园。培育具有竞争力的区域农产品品牌，做强地理标志产品，继续实施"江津花椒、永川秀芽、合江荔枝"国家地理标志保护工程，提升"一江津彩"区域公用品牌知名度和美誉度。共同推介一批休闲农业和乡村旅游精品路线，一体打造跨区域美丽乡村观光休闲带，推动重庆（江津）富硒产业发展大会、江津美丽乡村休闲消费节、合江荔枝文化旅游节等三地节会扩大泸永江农业合作题材内容，推动农旅融合发展。

三是巩固建设渝川黔现代山地高效特色农业示范区。加强与川黔毗邻地区在资源、技术、人才、营销、项目上通力合作，加强政策配套保障，共建一批现代高效特色农业示范园区、绿色生态食品加工园区。充分依托江习高速新通道、江津综合保税区、双福西部国际农贸城、白沙工业园等载体，加强区域合作，发挥江津清香型、泸州浓香型、遵义酱香型白酒优势，打造中国名牌白酒"金三角"，联合打造世界级白酒产业集群。鼓励三地农业龙头企业联动发展，设立异地生产加工基地、销售平台、业务网络等。创新跨省市跨区域农民利益联结模式，以花椒、优质粮油（高粱、有机红粱）、茶叶、黔北麻羊等产业为主，共建渝川黔现代山地高效特色农业示范区。

（二）大力推进区域现代高效特色农业联动融合发展

依托江津综合保税区、小南垭铁路物流中心、西部陆海新通道江津班列、长江黄金水道等平台载体，在花椒大数据平台的基础上建立农产品质量安全追溯网络，完善农产品冷链物流体系，强化农产品分拣、加工、包装、预冷等一体化集配设施建设，建设农产品进出口分拨中心，构建优势农产品国际营销网络，促进江津区农产品货通成渝、成渝农产品通过江津的通道物流货通全球。

推动渝川黔农产品市场联动，联办、承办、参与中国国际酒业博览会、中国农产品交易博览会、富硒美食节等地区农产品品牌展销活动，合作共建区域性农产品展销平台，支持三地农产品产业链供应链有关企业互联互通、战略合作，在江津的专业市场、通道物流实现特色农产品集散。发展壮大粮油食品、酒水饮料、休闲食品、调味品、农副产品精深加工，联合打造"健康油""调味品""文化酒""富硒菜"等行业性集合品牌，建设成渝地区双城经济圈特色消费品工业聚集区。

（三）融入成渝地区双城经济圈农业科技协同网络

充分利用泸永江农业产业优势、江津富硒资源，主城都市区、同城化发展先行区、成渝地区双城经济圈建设等政策叠加优势和江津现代高效特色农业资源，加强江津区有关部门、农业园区、农业企业与成渝地区双城经济圈及国内外相关科研院校、科技企业和科技人才的交流合作，引育农业产业化龙头企业，实现创新要素共建共享共用，建设跨区域合作的智慧农业园区、农业科技示范基地、农业联合实验室、专家工作站、农业科技研发中心、农业大数据平台等农业科技协同平台、载体。

第5章
重庆市江津区融入成渝地区双城经济圈共建巴蜀文化旅游走廊，建设休闲旅游胜地的主要成效、挑战与建议

近年来，旅游业作为国民经济战略性支柱产业的地位更加巩固。据文化和旅游部数据，新冠疫情发生前，国内旅游市场、入境旅游市场、出境旅游市场稳步增长，基础牢固。2019年，我国国内旅游人次达60.06亿人次，同比增长8.4%。2023年以来，各地游客的出行需求大幅上升，旅游热情加速释放，中长线休闲度假快速回归，旅游市场强劲复苏。据环球网报道，世界旅游及旅行理事会总裁表示："当前全球旅游市场复苏势头强劲，有些地区甚至已经超过疫情前水平。"

党的二十大报告强调要"推进文化自信自强，铸就社会主义文化新辉煌"，提出"繁荣发展文化事业和文化产业……坚持以文塑旅、以旅彰文，推进文化和旅游深度融合发展"等一系列新思路、新战略、新举措，充分体现了以习近平同志为核心的党中央对文化建设和旅游发展的高度重视。而旅游高质量发展的关键在于：推进旅游为民，发挥旅游带动作用，紧紧抓住旅游业供给侧结构性改革这个"牛鼻子"，同时注重需求侧管理，大力发展休闲旅游，更好满足人民群众旅游需求，推动文化和旅游在更广范围、更深层次、更高水平上融合发展。

"高品质生活宜居地"是成渝地区双城经济圈战略定位之一，"打造世界级休闲旅游胜地"是该战略定位的主要目标之一。"共建巴蜀文化旅游

走廊"则是《成渝地区双城经济圈建设规划纲要》的重点任务之一，明确
要求，以高质量供给引领和创造市场新需求，坚持高端化与大众化并重、
快节奏与慢生活兼具，激发市场消费活力，不断增强巴蜀消费知名度、美
誉度、影响力，打造国际范、中国味、巴蜀韵的世界级休闲旅游胜地。

　　休闲旅游胜地是江津区"五地一城"建设的目标任务之一。作为重庆
市首个历史文化名城，江津区推动文化事业、文化产业和旅游业融合发
展、繁荣发展，在建设休闲旅游胜地的生动实践中留下一串串铿锵足音，
不断满足人民群众对"诗和远方"的向往，绘出一幅幅绚烂美丽的文旅新
图景。

第1节　江津区文化建设和休闲旅游发展的
主要成效、典型案例

　　江津区地处长江要津，依山傍水，历史悠久，风光旖旎，人文荟萃，
镶嵌着600多处自然人文景观，是国家公共文化服务体系示范区、重庆市
首个历史文化名城，获得中国楹联城市、中华诗词城市、中华武术之乡、
2019中国旅游影响力年度区县、中国文旅融合典范、全国文化旅游胜地、
2021文化旅游优选目的地、传统村落集中连片保护利用示范县（市、区）、
市级全域旅游示范创建单位等多项荣誉称号。

　　目前，江津区旅游资源（见表5-1）累计558个，数量众多、类型多
样、各具特色，拥有四面山、骆崃山、云雾坪、滚子坪、临峰山等森林资
源；长江、綦河、塘河、笋溪河等水体资源；石门大佛寺摩崖造像、会龙
庄、奎星阁、双峰寺、石佛寺遗址等文物古迹；江津烧酒酿造技艺、白沙
闹元宵习俗、塘河婚俗、李市旱码头山歌等大批非物质文化遗产；聂荣臻
故居、陈独秀旧居陈列馆、白沙抗战遗址群等革命文物和抗战文物资源；
聂荣臻、江渊、钟云舫、吴芳吉等历史名人；3539厂、2383厂、晋江厂、
青江厂等三线建设遗址。

表 5 – 1　江津区主要休闲旅游资源

序号	类别	机构
1	国家 AAAAA 级景区	四面山景区
2	国家 AAAA 级景区	中山古镇、陈独秀旧居陈列馆、聂荣臻元帅陈列馆、会龙庄、聂荣臻故居、石笋山
3	中国历史文化名镇	白沙镇、中山镇、塘河镇、吴滩镇、石蟆镇
4	市级历史文化名镇	四面山镇
5	中国传统村落	中山镇常乐村、四面山镇双凤村、石蟆镇羊石村、白沙镇宝珠村、中山镇鱼塆村、塘河镇碉寨村、吴滩镇邢家村
6	全国重点文物保护单位	聂荣臻故居、石门大佛寺摩崖造像

目前，江津区构建起"历史文化名城 – 历史文化名镇 – 历史文化街区 – 历史文化名村 – 传统风貌区 – 传统村落 – 历史建筑"的历史遗存空间保护体系，拥有中国历史文化名镇 5 个（居重庆市区县第一位），市级历史文化名镇 1 个、市级历史文化名村 2 个、中国传统村落 7 个、市级传统村落 1 个、市级历史文化街区 1 个、市级传统风貌区 2 个、市级历史建筑 29 处、全国重点文物保护单位 2 个、市级文物保护单位 26 处、市级非遗代表性名录 26 个，以及中山千米长宴、白沙闹元宵、永兴菜花节、七夕东方爱情节等品牌节会。历史遗迹、文化遗存为江津区休闲旅游开发带来取之不尽、用之不竭的要素载体和文化素材。图 5 – 1 为江津区会龙庄景区，图 5 – 2 为江津区中山古镇。

白沙镇建镇已有 1000 多年历史，素有"天府名镇""川东文化重镇"等美誉，巴渝山地民居建筑群、沿江码头、明清庙宇、造像石刻自然布局其间。白沙镇曾是抗战大后方，是名副其实的抗战文化博物馆。白沙酿酒文化源远流长，白沙烧酒酿造技艺为重庆市非物质文化遗产项目。

中山镇有西南地区保存完好的明清商业老街、聚集密度较高的山村古庄园、"吴蜀均沾""禁卖发水米"碑等遗存的商德文化，以及唐代宝刹双峰寺为代表的古寺庙 10 余处，有远近闻名的爱情天梯。

塘河镇风景名胜众多，如滚子坪风景名胜区、石龙门庄园、红岩碉寨群

等，拥有重庆市首批非物质文化遗产"塘河婚俗"。此外，塘河镇还拥有
32111英雄钻井队遗址。

吴滩镇历史悠久，文物古迹类型多样，寺庙、寨门、桥梁、会馆等各具
特色，东街、西街、河坝街3条老街保存较为完好，是聂荣臻故居所在地，
还有聂荣臻元帅幼时就读的冲口私塾和聂氏染坊等。

石蟆镇是长江入渝第一镇、重庆市首批历史文化名镇、重庆市十佳生态
宜居小城镇、重庆市橄榄之乡。石蟆镇有市级文物保护单位清源宫，一年一
度的清源宫庙会从明代传承至今。

图 5-1　江津区会龙庄景区
（陈云元　摄　供图：江津区文化和旅游发展委员会）

一　公共文化服务"量质齐升"

2020年以来，江津区大力实施"文化强区"战略，推进城乡公共文化
服务体系一体化建设，"人文江津"系列文化项目蓝图正擎，"活力江津·
魅力之城"系列文艺赛事如火如荼、"一镇一品"群众文化文艺活动有声
有色，文艺创作硕果累累，一支德艺双馨的文学艺术家队伍得到扩充，一

图 5 - 2 江津区中山古镇

（供图：江津区文化和旅游发展委员会）

批具有江津特色的文艺精品不断推出，江津现代公共文化服务体系建设取得新成效。

（一）区、镇、村、户四级公共文化设施网络体系全面建成

近年来，江津区高规格文化场馆实现从无到有的量变，投资 2.5 亿元建成区文化馆、图书馆、博物馆、档案馆、科技馆、青少年活动中心、妇女儿童活动中心。区文化馆、区图书馆达到国家一级馆标准，聂荣臻元帅陈列馆、江津区博物馆达到国家三级博物馆标准，全区 30 个镇街、294 个村（社区）综合文化服务中心均达国家标准，282 个文化中心户（大院）将公共文化服务延伸至"最后一公里"。开展文化馆、图书馆总分馆建设，建成文化馆分馆 33 个、图书馆分馆 36 个、图书基层服务点 306 个。到 2022 年末，全区公共文化设施面积超 10 万平方米，每万人公共文化设施面积达 897 平方米。图 5 - 3 为江津区五馆两中心实景。

（二）群众文化活动丰富多彩

依托本土特色文化，江津区成功打造"滨江之夏"、江津春晚、群众文化活动周、乡村文艺会演、广场舞展演、"几水欢歌"云上新春音乐会等区级品牌义化活动，持续打造"一镇一品"特色品牌活动，群众文化活动的品牌力、知名度、参与度显著增强。区图书馆年均常态化开展培训、展览、讲座等形式的阅读推广活动 100 余场，有力促进书香江津建设。区

图5-3 江津区五馆两中心实景

注：五馆两中心："五馆"为图书馆、文化馆、博物馆、档案馆、科技馆，"两中心"
为青少年活动中心、妇女儿童活动中心。

（供图：江津区滨江新城建设管理中心）

文化馆广泛开展文艺创作和相关活动，相继荣获75个奖项，被文化和旅游
部确定为公共服务机构功能融合试点单位，在重庆市"三馆一站"绩效评
估中获全市并列第一名。

以2022年为例，尽管受新冠疫情影响，江津区公共文化场馆设施仍开
展免费开放活动1862场次，服务群众200余万人次，开展流动文化服务
689场次，服务群众68.5万人次。尤其是数字公共文化服务体系建设成效
显著，江津区首建重庆一站式服务平台"文化云"，建成9个特色资源数
据库和"文图博"3个网上数字馆，举办线上活动389场次，服务群众
562.4万人次，实现"闭馆不闭服务"；"几水欢歌"第三季云上新春音乐
会成功举办，吸引超838万人次观看；第十八届中山古镇"千米长宴"民
俗文化节邀请数万网友"云"享长宴……

二 文旅产业加快激活复苏

旅游资源多、类型多，与区域内的历史文化、生态文化形成融合互补
是江津旅游的天然优势。2022年，尽管受新冠疫情影响，江津区旅游产业
仍然表现出较强韧性，全区游客接待量达1573.7万人次，旅游综合收入达

84.4 亿元，^① 文旅企业累计 1800 余家，规上文化企业 27 家。

（一）文旅基础设施提档升级

2020 年以来，江津区紧抓历史文化传承，推进国家历史文化名城创建，将文化融入城市建设肌理，让一砖一瓦、一草一木浸润着文化气息，让每一幢楼、每一座桥、每一条街牵动着情感记忆。其一，保护性开发文化遗产，完成对石门大佛寺摩崖造像、石蟆镇石蟆社区清源宫、塘河镇硐寨村廷重祠、鼎山高牙村钟云舫旧居、白沙镇红花店村王政平民居等的修缮保护工作，让文物资源变成新的旅游要素。

其二，完成 3539 文创园、滨江路特色文化长廊、奎星广场文化街区等文旅项目建设。2021 年，提档升级后的陈独秀旧居陈列馆开馆迎客，成为公众了解新文化运动史、五四运动史、中国共产党创建史的重要场所，前来参观的游人络绎不绝，现年均开放 320 天以上，年接待游客近 60 万人次。

依托特色爱情文化，以诗联文化为根基，江津区对 1.7 公里长江滨水带进行微改造，实现江津地域特色爱情元素和城市景观相互融合。如今，昔日的普通滨水带变身为网红热门景点，爱情专列、津彩云梯、寻爱空间、双层餐车等吸引大量游客前往打卡游览。

江津区滚动实施城市品质提升十大重点工程，推进双福山地公园、圣泉农业科学公园、鼎山体育公园、滨江体育公园等建设，因地制宜建设社区公园和口袋公园，让市民"推窗见景、出门进园"。同时，对标重庆中心城区，推动夜经济与江津富硒美食融合发展，对米兰小镇等夜经济特色街区提档升级，鼎山"夜津城"入选重庆第二批夜间文旅消费集聚区，积极推动大剧院、临江楼等重大文化设施建设，建成一批文创特色街区。图 5-4 为江津区圣泉公园。

（二）全域旅游"升级版"稳步推进

近年来，江津区坚持"高标准、高品质、高协同、高融合"原则，谋

---

① 2019 年，江津区游客接待量达 2224.5 万人次，旅游综合收入达 166.6 亿元，旅游业已成为江津区的重要支柱产业，引领带动性较强。

图 5 - 4　江津区圣泉公园

注：圣泉公园位于江津滨江新城，规划占地约 260 亩，各类配套设施一应俱全，包
括景观长廊、花海、观景平台等景点，其中，占地约 2000 平方米的花海是圣泉公园的核
心看点和网红打卡点。圣泉公园南侧边坡获得 2020 年"重庆最美坡坎崖提名奖"。

（供图：江津区滨江新城建设管理中心）

划好、规划好、制定好五条精品旅游线路①发展蓝图，建立沿线镇街协商
机制，确保每条精品线路、每个关键环节、每项具体任务均落实到岗、落
实到人、推进到位。同时，协同渝川黔毗邻地区，精心实施一系列文旅项
目，建设一批景区景点，开发一批文创精品，进而构建起全景、全业、全
时、全民的全域旅游新发展格局。如今，观四面山水，登爱情天梯，探长
寿秘诀；游千年古镇，品悠悠乡愁，享静好时光；寻聂帅足迹，忆抗战烽
烟，仰贤达鸿儒……"四面山水·人文江津"正散发出无限魅力！

　　值得关注的是，江津区跳出传统旅游谋划现代文游，跳出小旅游谋划
大旅游，围绕"吃、住、行、游、购、娱与商、养、学、闲、情、奇"等
要素，促进"旅游 +"全产业链发展。

----

① 五条精品旅游线路：津中线为一江两岸都市旅游区、津南线为大四面山生态旅游区、津西
线为古镇民俗文化旅游区、津北线为原乡人文风情旅游区、津东线为綦河画廊乡村旅游区。

其一，差异化解决"要"的问题。大力开展 A 级旅游景区创建，石笋山、会龙庄、中山古镇、聂荣臻故居、陈独秀旧居陈列馆、聂荣臻元帅陈列馆成功创建国家 AAAA 级旅游景区，全区 A 级旅游景区达到 16 个。推动特色旅游小镇打造，打造杜市镇花卉小镇、四屏镇康养小镇等；推动中山古镇老街景区复建；建成滨江爱情文化长廊（第一期）、鲁能美丽乡村格林 7 号儿童乐园、四面山卧龙沟猴公园等一批文旅项目。目前，江津区旅游体验项目超过 100 个，多元化满足游客"要"的需求。

其二，特色化解决"吃"的问题。推出蔡家"麻麻鱼"特色品牌，完成江津区蔡家镇中咀美食街环境氛围提档升级和中咀麻麻鱼示范店打造，为游客提供更加舒心的特色美食就餐环境。依托地方特色菜品打造特色餐饮，围绕綦河北渡鱼、花椒宴、尖椒鸡、富硒焖鹅等本地名菜，开展"江津区旅游特色餐饮"评选、江津区富硒餐饮大赛等活动，打造"吃在江津"旅游特色品牌。

其三，品质化解决"住"的问题。探索"民宿 + 非遗""民宿 + 艺术""民宿 + 书屋""民宿 + 民俗"等融合发展方式，在四面山景区打造高端民宿，建成鲁能美丽乡村白鹭缘民宿等一批精品民宿，满足游客多样化的住宿需求。

其四，体系化解决"买"的问题。围绕江津富硒品牌和"六张文化名片"①，丰富旅游特色商品体系，打造硒玉、琥珀画、四面山文创系列等 30 类文创产品，推出梅见等 14 个农旅融合商品。在 5 条精品线路上建成旅游驿站 2 个、乡村旅游"后备箱"基地（集市）6 个②、旅游产品体验店 5 个、农产品田园集市 1 个。

其五，全力推动旅游基础设施建设。现已实现五条精品旅游线路高速

---

① 江津区"六张文化名片"：名人文化、爱情文化、长寿文化、古镇文化、楹联文化、抗战文化。

② "后备箱"经济：2016 年 10 月召开的国务院常务会议提出实施乡村旅游"后备箱"行动。至今，以商品琳琅满目的"后备箱"集市为代表的"后备箱"经济在各地兴起，为游客提供新鲜消费体验，也促进乡村灵活就业创业。

公路全覆盖。建设"四好"农村旅游道路，绝大多数旅游景区实现三级以
上公路通达，游客在区内旅游实现快速"内循环"。

三 区域性消费中心城市"蹄疾步稳"

近年来，江津区统筹推进区域内重要的商业中心、消费商圈、商业文创
街区（镇）、特色美食街区、历史文化街区（镇）等建设，全面提升消费繁
荣度、商业活跃度、到达便利度和政策引领度，助推重庆市培育建设国际消
费中心城市，加快建设渝川黔结合部区域性消费中心，不断增强江津区在成
渝地区双城经济圈休闲消费市场的集聚带动能力。全区社会消费品零售总额
由 2020 年的 324.4 亿元增加至 2022 年的 416.06 亿元，增幅达 28.26%。

（一）消费场景、消费品牌、消费业态愈加丰富

近年来，江津区商业地标加快更迭焕新，大型综合商业体项目次第开
花，多级商圈格局逐渐形成，从零星分散的社区商业到"多点开花"的商
业综合体，从"跨城"消费到"一站式"本地购物，江津及周边居民的休
闲消费生活越来越多姿多彩。图 5-5 为江津金科·美邻汇购物公园。

图 5-5 江津金科·美邻汇购物公园

注：金科·美邻汇购物公园是江津首个"一站式"购物中心，总建筑面积约 9 万
平方米，约 130 个商家签约入驻，超 25 个品牌首次入驻，为江津市民带来在重庆主城区
的休闲消费体验。

（供图：江津区滨江新城建设管理中心）

2021 年，江津区首个高品质体验式"情景商业网红小镇"——双福米兰

小镇开街，江津区首座一站式购物中心——金科·美邻汇购物公园开业，它们以全新的商业消费新形态，为江津区现代商业提档升级提供新场景、新范本。

2022年，爱琴海购物公园、江津万达广场、吾悦广场相继亮相，吸引众多国内外一线品牌及运营商入驻，不断满足居民愈加多样的休闲消费及娱乐需求，成为带动区域商业格局升级、提升居民生活品质的有力推手。

随着消费新场景不断涌现，江津区各大商圈先后引进海底捞、星巴克、必胜客等100余个知名品牌，广受消费者追捧。截至2022年末，江津区累计培育"中华老字号"企业3家、"重庆老字号"企业16家、"五叶级"绿色饭店①3家、"四叶级"绿色饭店2家、星级农家乐39家，四面山镇林海村入选2022年重庆市首批农家乐特色村落。

（二）线上线下消费促进活动创新开展

近年来，江津区每年举办富硒美食文化节、江津商品展示交易会、东盟特色商品展销会等促消费活动，发放消费券，线下集中展销，不断扩展社会消费潜能。同时，着力构建"1+3+N"直播电商发展体系②，重庆市首家阿里巴巴1688重庆直播基地落户江津，促进直播带货、千亿级消费品工业打造、消费升级深度融合发展，强化"网红"产品供应链打造，汇聚一批"质优价廉品类全"的源头好货，推动江津产品"出山过海"。2012~2022年，江津区消费品工业原产地电商平台累计实现销售额超2亿元，建成农村电商站点326个，年培训电商人才1000人次以上。

案例5-1　成渝地区双城经济圈第十届美丽乡村休闲消费节：打响
**　　　　江津富硒美食名片，推动成渝"美食+"文化交流**

　　2022年6月，以"津彩六月·惠享生活"为主题的成渝地区双城

---

① 绿色饭店是指运用环保健康安全理念，坚持绿色管理、倡导绿色消费、保护生态和合理使用资源的饭店。绿色饭店的评级分为不同的"叶级"，其中"五叶级"是国家最高标准。

② 江津区"1+3+N"直播电商发展体系：以阿里巴巴1688重庆直播基地为核心，建设美食直播基地、花椒直播基地、快销食品直播基地，联动各行业直播资源，全方位促进直播电商快速发展。

经济圈第十届美丽乡村休闲消费节暨第八届江津富硒美食文化节召开。活动围绕"送实惠、优惠购、富硒宴、重线上"四条主线，集线上线下融合、川渝联动促销、商品与服务消费互动于一体，开展富硒美食艺术展、老字号展、富硒产品展、网红主播美食探店、星级农家乐优惠券大放送、"津彩生活"趣味打卡游戏赢奖品等系列消费促进活动，打响江津富硒美食名片。同时，融入成渝乡村生态名宴展、成渝乡村菜品烹饪技能交流赛、全平台推荐重庆乡村休闲产品等活动，推动川渝美食文化交流。

川渝美食精彩亮相

江津区是"中国富硒美食之乡"，富硒美食成为江津区重点打造的一张城市名片。在本次休闲消费节上，江津区政府负责人发布"硒乡津味"餐饮公用品牌、江津区"重庆地标菜"。同时，主办方邀请10名网红达人线下探店，拍摄短视频，在抖音、小红书、微博等多个平台发布，增加活动影响力，掀起线下消费热潮。

本次休闲消费节举办了成渝乡村生态名宴选拔赛，通过线上展评、市民投票、专家评审，共有11席宴席获评"2022年成渝乡村生态名宴"，分别是江津地方特色的津城硒乡宴、富硒生态宴、富硒全鱼宴，以及来自重庆其他区县、成都的特色美食，将农家生态理念和成渝地方主题文化有机结合起来。

本次休闲消费节还举办了第三届成渝乡村菜品烹饪技能交流赛，邀请20名成渝名厨同台竞技，制作指定菜品（江津尖椒鸡、酸菜鱼）和自选菜品，为市民呈现精湛技艺。同时，网络主播对厨艺比赛同步直播，拉近网友与"舌尖上的巴蜀"的距离。

消费促进活动普惠成渝市民

在本次休闲消费节上，江津区政府部门投放200万电子消费券，建设银行、中国银联、美团以及江津区各大商业综合体、零售餐饮门店、休闲农家乐等机构陆续投放数字人民币、消费优惠券，成渝地区双城经济圈居民可参与 3 万余个合作商家的优惠活动。活动现场还搭建江津区、开州区等成渝地区双城经济圈有关市区县的消费品牌专场直播间，联合各大平台网络主播直播带货。

同时，主办方还设置消费品工业、进出口商品、老字号产品、富硒产品、特色消费帮扶产品、家电家居、成渝特色产品、汽车等展区，105 家参展企业来自江津区、永川区、开州区、泸州市等成渝地区双城经济圈市区县。

本次休闲消费节还举办了第四届全国农家乐创新发展论坛，推出川渝两省市互为乡村休闲旅游目的地精品线路各 10 条，开展成渝乡村休闲产品低价抢购、超值消费礼包等推介促销活动。

第2节　江津区融入成渝地区双城经济圈共建巴蜀文化旅游走廊的主要成效、典型案例

川渝两地历史文化悠久，文物古迹众多；非物质文化遗产资源丰富，人文气息浓厚；生态类型多样，自然景观独特；旅游资源禀赋好、数量多、品质高。随着成渝地区双城经济圈建设不断深入，多层次、多样化、网络化的区域综合交通体系基本建成，两地人员往来更加密切，文化旅游跨区域合作机制逐步建立，互为文化发扬地、旅游集散地和重要客源地的川渝文化旅游合作成效愈加显著。

一　江津区在建设巴蜀文化旅游走廊国家战略中迎来休闲旅游跨越式高质量发展机遇期

《中华人民共和国国民经济和社会发展第十四个五年规划和二〇三五年远景目标纲要》将"打造巴蜀文化旅游走廊"列入重大工程项目之一。《成渝地区双城经济圈建设规划纲要》明确要求"编制印发实施巴蜀文化旅游走

廊规划"。2022 年 5 月，文旅部、国家发展改革委和川渝两省市政府联合印发《巴蜀文化旅游走廊建设规划》，提出建设全国文化旅游发展创新改革高地、全国文化和旅游协同发展样板、世界级休闲旅游胜地的战略定位。至此，巴蜀文化旅游走廊从谋篇布局进入协同共建新阶段。

从空间范围看，巴蜀文化旅游走廊是以重庆主城和成都为核心，以连接两地的高速铁路、高速公路和长江水系沿线市区（县）为重要组成部分的区域，核心区域与成渝地区双城经济圈大体一致。由于川渝山水相依、历史同源、文化同脉，以经济区空间来划定文化旅游产业布局与协同发展并不能完全体现资源特色，因此，巴中、奉节、武隆、石柱、秀山、酉阳、彭水等川渝未纳入成渝地区双城经济圈的市县，根据其资源禀赋进行同步部署。因此，《巴蜀文化旅游走廊建设规划》明确的空间范围为重庆市和四川省全域，这为江津区深度融入川渝两省市文化旅游协同发展带来巨大增量空间。

依据《巴蜀文化旅游走廊建设规划》的空间布局，其一，江津区作为"重庆都市圈"之"主城新区旅游休闲和乡村旅游发展区"的同城化发展先行区，要丰富优质文化和旅游产品供给，强化都市旅游集散功能和辐射带动作用，参与建设国际消费中心城市、世界知名都市旅游目的地。

其二，江津区作为"长江上游生态文化旅游带"的重要旅游地区，要主动连接长江沿线及腹地文化和旅游资源，大力优化水陆联营联运等特色旅游交通组织方式，重点发展内河游轮、山地度假、都市休闲、生态康养、乡村旅游等，助力长江国际黄金旅游带建设。

其三，江津区作为"民俗文化与江河风光旅游协同发展区"的重要节点城区，要深度参与建设川南渝西文旅融合发展区，重点发展自然观光、人文旅游、民俗旅游、红色旅游等。

二　江津区作为国家公共文化服务体系示范区的引领作用进一步发挥

（一）引领"书香成渝"全民阅读体系建设成效良好

2021 年 3 月，江津区图书馆、宜宾市图书馆、自贡市图书馆、泸州市图书馆、内江市图书馆、荣昌区图书馆、永川区图书馆共同成立川南渝西7市区公共图书馆联盟，并在联盟成立仪式上配套开展"展现担当作为，助力双城经济圈建设"专题研讨交流活动。按照"统一谋划、一体部署，相互协作、共同实施，优势互补、共建共享"的原则，建立联席会议制度，在资源建设、文献资源互借、巡回展览讲座、馆员培养、全民阅读推广、品牌阅读活动组织等方面开展合作，实现7市区公共图书馆业务协同、集群服务，共同推动成渝地区公共图书馆服务体系一体化发展。

2022年1月，江津区图书馆正式接入社保卡"川渝阅读一卡通"①平台，成为重庆市首批接入该平台的区级公共图书馆，市民凭借社保卡（电子社保卡）、身份证、读者证就可在平台内的图书馆享受通借通还服务。

2022年4月，由重庆图书馆、重庆市少年儿童图书馆指导，江津区文化旅游委主办，江津区图书馆承办的"喜迎二十大　奋进新征程"第二届"寻找最美读书声"市民诵读大赛召开。泸州市图书馆、内江市图书馆、自贡市图书馆、宜宾市图书馆、渝中区图书馆选送的精彩节目在比赛现场展演，成为成渝地区双城经济圈公共文化服务交流合作的"最美声音"。

（二）群众文化活动联合打造，精彩纷呈

近年来，江津区与成渝地区双城经济圈有关市区县携手挖掘和开发地方特色的艺术资源，整合创作力量，搭建文化艺术精品的展演展示平台，互推文艺精品、舞台剧目，组织开展互访、互学、演艺、展示等活动。

"成渝地·巴蜀情"是川渝两地合作开展群众文化活动的统一品牌。2020年7~10月，江津区、泸州市、永川区、合川区、荣昌区5市区文化馆共同举办的"成渝地·巴蜀情"——群星璀璨2020美术书法摄影作品展在5市区巡展，观众累计数万人。2021年4月，江津区、泸州市、宜宾市、雅安

---

① "川渝阅读一卡通"是成渝地区双城经济圈便捷生活行动的重要任务和巴蜀文化旅游走廊建设的重要内容，旨在将两省市图书馆资源进行全面整合，推动两地公共文化服务向资源共享、服务共融、发展互促方向深入。

市、合川区 5 市区文化部门主办，5 市区文化馆承办的"成渝地·巴蜀情"
庆祝中国共产党成立 100 周年宜宾、泸州、雅安、合川、江津文化交流专场
音乐会在江津区文化馆举行，来自五地的演奏者同台演出，讴歌中国共产
党带领各族人民同心同德、砥砺前行所取得的辉煌成就。

江津区是 2020 年重庆文化遗产宣传月的主会场。2020 年 5 月，江津
区博物馆举办"巴山蜀水"文创展，这是成渝地区双城经济圈首次举办的
"川渝文创联展"，以"双城互动"的形式，联合重庆中国三峡博物馆、重
庆自然博物馆、四川博物院、成都博物馆等 20 余家博物馆，共展出 400 余
件（套）文创展品。

2022 年 1 月，江津区、宜宾市、泸州市 3 市区文化部门联合主办的
"川渝放歌·三城同唱"江津区 2022 年新春云享音乐会召开。本次音乐会通
过网易新闻重庆站、成都站、泸州站、宜宾站、长沙站、武汉站、昆明站，
以及最江津 App、江津融媒微信公众号、直播泸州 App、宜人宜宾 App 等平
台，面向成渝地区双城经济圈及国内外播出，近千万人在线观看。

2022 年 1～3 月，由江津区博物馆、重庆中国三峡博物馆、重庆市文
物考古研究院、沙坪坝区博物馆、宜宾市博物院、泸州市泸县宋代石刻博
物馆联合主办的"虎啸风生步步高——壬寅虎春节特展"在江津区博物馆
展出，丰富大众的休闲文化生活，凝聚千年巴蜀同根同源的文化共识。

三 与成渝地区双城经济圈有关市区县文化旅游协同合作走深走实

（一）融入川南渝西文化旅游合作已见成效

渝西的江津、永川、荣昌三区和川南的宜宾、泸州、自贡、内江四市地处
成渝双城经济圈腹心地带，自古山水相连、人文相亲、文化相融、经济相通，
川南渝西 7 市有长江文化、彩灯文化、名酒文化、大千文化、古镇文化、红
色文化、竹文化等多元文化，荟萃四面山、蜀南竹海、自贡恐龙博物馆、泸
州老窖旅游区、大千园、万灵古镇、野生动物世界等独具特色的旅游资源。

2020 年 9 月，巴蜀区域合作文旅推广活动在四川乐山峨眉山市举行。

现场，川南渝西 7 市区签订文化旅游战略合作协议，在信息共享、产业投资、文化艺术交流、文化遗产保护传承、文旅市场执法、人才教育培训等方面开展合作，搭建文旅规划衔接、产品业态培育、交通设施互通的合作机制。

2021 年 5 月，川南渝西 7 市区签署文化和旅游市场执法协作备忘录，重点围绕执法队伍建设、案件协查协办、投诉举报协作处理、执法信息互通共享等方面开展合作，其中不乏到对方市区开展市场暗访、"黑名单"及重大线索互通等亮点。

案例 5-2　川南渝西文旅融合发展联盟：抱团推进巴蜀文化旅游走廊建设

2021 年 2 月，川南渝西 7 市区文化旅游营销工作会召开，江津区、泸州市、宜宾市、内江市、自贡市、荣昌区、永川区 7 市区文旅部门发起共建川南渝西文化旅游营销联盟，旨在"资源共享、线路共联、合作共赢"，抱团推进巴蜀文化旅游走廊建设。

川南渝西文化旅游营销联盟实行轮值主席制度，每年轮值一次，轮值主席市区承担该年度联盟各类活动的牵头协调工作和承办各类主场活动，每年定期组织召开联盟交流合作会议，并由各成员单位根据实际情况邀请分管文旅的副区（市）长出席，研究重大合作事项，协商解决相关问题。

2021 年 4 月，川南渝西文化旅游联盟共同举办的首次文化旅游推介会在重庆市渝中区举行，共同推出串联起 7 市区代表性景点的川南渝西文化旅游环线。

江津区是川南渝西文化旅游营销联盟 2022 年轮值主席城区。2022 年 6 月，川南渝西文化旅游营销联盟工作会议在江津区白沙镇召开。2022 年 7 月，7 市区以川南渝西文化旅游营销联盟的形式参加 2022 年重庆都市文化旅游节暨城际旅游交易会，联合推出涵盖本地知名景点的跨区域旅游环线。

2023 年 3 月，新增铜梁区、大足区、綦江区、万盛经开区为联盟成员，11 市区文旅部门共同讨论川南渝西文化旅游营销联盟更名事宜，确定联盟更名为川南渝西文旅融合发展联盟，搭建更广泛的文旅合作网络。

案例 5 - 3　江津四面山景区：多措并举推动成渝两地文化旅游资源共享

四面山景区位于江津区南部，北距重庆主城 100 余公里、江津主城 60 余公里，西邻四川宜宾、泸州，东靠贵州遵义，集山、水、林、瀑、石于一身，融幽、险、雄、奇、秀为一体，荣获国家级风景名胜区、国家 AAAAA 级旅游景区、国家生态旅游示范区、2018 中国品牌旅游景区 TOP 20 等荣誉称号，是江津区文旅高质量发展和融入巴蜀文化旅游走廊的"排头兵"。图 5 - 6 为江津四面山景区洪海湖。

图 5 - 6　江津四面山景区洪海湖
（刁忠荣　摄　供图：江津区文化和旅游发展委员会）

2020 年以来，按照建设"宜居康养、休闲旅游"的大四面山工作思路，通过景区联动、旅行社渠道推广、节会现场推介、网络整合营销传播等方式，四面山景区持续深化与渝川黔地区的旅游市场合作，不断增强景区提质新体验、智慧管理新效能、文旅宣传新玩法，2022

年累计接待游客超过 100 万人次，旅游综合收入超过 5 亿元。

2020 年 12 月，四面山景区召开"渝走渝美"2021 年旅游产品发布会，与全国 23 个省市的 70 余家旅行社签署合作协议，发布 7 条覆盖渝川黔及江津毗邻地区的 7 条精品旅游线路①，促进景区之间营销互推、票价优惠、资源共享。

2023 年 4 月，四面山景区组织"一起趣江津·万人畅游四面山"启动仪式暨"巴蜀文旅 1 + 2 + 3 战略合作"② 发布会，加强"四面山水·人文江津"品牌宣传，推出多条跨区域精品旅游线路。其中，人文之旅为四面山景区—江津聂荣臻元帅陈列馆—渝中区鹅岭二厂，研学之旅为泸州—四面山生态研学基地—江小白金色黄庄—沙坪坝区渣滓洞、白公馆，康养之旅为重庆—中山古镇—爱情天梯—会龙庄—四面山景区—成都宽窄巷子，工业之旅为泸州老窖景区—江津 3539 文创园—江记酒庄—江津芝麻官基地—渝中区鹅岭二厂。

2023 年 1 月，四面山景区举行"融合渝川黔·逐梦四面山"2023 年渠道旅游产品发布会，推出 2023 年拾非遗·赶大集、国潮创演秀综艺选拔大赛、520 渝川黔国潮相亲大会、旅游相亲总动员等系列活动。值得关注的是，四面山景区推出"探玉之旅"特色精品旅游线路，联合各大旅行社共同宣传推广江津玉，拓宽江津玉营销渠道，助推江津

---

① 四面山景区"渝走渝美"2021 年旅游产品发布会发布的精品旅游线路：以四渡赤水纪念馆、遵义会址、聂荣臻故居、四面山等景区为主的"红歌唱响渝川黔 6 日游"；以九寨沟等景区、四川熊猫基地、四面山、贵州赤水佛光岩等景区为主的"渝川黔休闲 8 日游"；以四面山景区、聂荣臻元帅陈列馆、四渡赤水纪念馆、石碑抗战纪念馆等景区为主的"革命红耀鄂渝黔 7 日游"；以长江三峡、武陵山大裂谷、洪崖洞等景区为主的"四面山水渝鄂情 6 日游"；以龟仙洞、四面山、贵州赤水佛光岩等景区为主的"四面山水渝友黔 6 日游"；以洞庭湖、长江三峡、神农架、四面山"浪漫四面山湘鄂渝 7 日游"；以四面山景区、武隆景区、洪崖洞等为主的"魅力重庆 5 日游"。
② 巴蜀文旅 1 + 2 + 3 战略合作："1"是一家头部新媒体平台，四面山景区与成都传媒旗下的红星新闻合作，利用其在川渝地区的用户资源和媒体传播资源，做大四面山品牌；"2"是双向奔赴，推动重庆人气景区与四面山交流合作；"3"意蕴三生万物，整合票务、物业、社区、文创等各类资源，促进四面山景区融入巴蜀文化旅游走廊建设。

玉产业发展。

（二）与成渝地区双城经济圈相关市区县文旅合作稳步推进

2020 年 5 月，5·19 "中国旅游日" 暨泸州、宜宾、江津 "三城惠游" 启动仪式在江津区举办，发布一系列 "三城惠游" 政策，以推动三城文旅融入成渝地区双城经济圈建设。其中，江津四面山景区针对四川籍游客赠送免费门票 1 万张，同时推出江津云雾坪、2383 热火公园等景区门票和部分星级饭店住宿的优惠措施。

2021 年 4 月，江津区委、区政府主办的 "四面山水·人文江津" ——江津文旅四川推介会在成都市举行。推介会以 "要不够的江津" 为主题，推出覆盖全区、带动全域的 "东西南北中" 五条旅游精品线路，启动 "看非遗、走亲戚、游江津" 主题活动，向四川游客推介江津区独特的文旅资源、旅游产品。江津区启用 800 万元文旅高质量发展资金，针对旅行团、过夜游、自驾游等团队游设立专项补助，并面向四川游客推出包含景区门票、特色美食、游玩住宿等超值优惠大礼包的文旅盲盒 1 万份。

2022 年 6 月，江津区文旅委与四川省非遗保护中心、重庆市非遗保护中心、泸州市文化广电旅游局、永川区文旅委、合江县委县政府主办的 2022 年巴蜀文化旅游走廊非遗之旅线上集中展示开启。江津米花糖制作技艺（重庆市级非遗项目）等川渝非遗项目进行了线上展示展演和直播带货。

案例 5 - 4　重庆影视城（江津白沙）与成都影视城携手打造 "成渝影视双引擎"：引领成渝地区双城经济圈 影视文化全产业链高质量发展

2019 年 11 月，首届中国（白沙）影视工业电影周[①]在江津区白

---

① 中国（白沙）影视工业电影周是首个专注于推动影视工业化进程的电影周，首个聚焦影视工作全流程幕后英雄的影视工业盛典，国内唯一一致敬和推优影视工业幕后英雄、基层从业人员的电影盛事，至今已举办两届，成为在全国具有一定影响力的电影品牌活动。

沙镇召开，定位为"影视＋全产业链基地"的重庆影视城（江津白沙）正式挂牌成立，被授予重庆影视拍摄一站式服务平台、重庆白沙影视文化中小学实践教育基地、重庆电影集团白沙影视基地。目前，重庆影视城（江津白沙）已建成占地80余亩的影视城总部园区，以及重庆市唯一影视规划体验馆、全国唯一公安题材实景拍摄基地，吸引10余个影视项目、40余家影视企业落户，100余部影视作品取景拍摄。

2020年9月，川渝两省市电影局共同签署战略合作协议，携手共建"巴蜀电影联盟"，进一步整合两地优秀文化资源，发挥各自在资源、资金、人才、技术、市场等方面的优势，促进两地电影产业发展。在川渝携手打造"巴蜀电影联盟"总体框架下，重庆影视城（江津白沙）与成都影视城①签署合作协议，充分发挥重庆影视城（江津白沙）外景拍摄等优势，以及成都影视城超高清视频内容制作、设施设备、专业人才、后期制作等优势，共同打造"成渝影视双引擎"，拓展影视产业链布局，建设"成渝沿江影视文旅产业带"。

根据协议，重庆影视城（江津白沙）和成都影视城在加强影视产业规划协同、探索影视新兴产业互补发展机制、打通西南地区影视文化一站式服务渠道、延伸双方现有影视项目阵地、凝聚影视人才资源、建立共商共建共享机制等方面展开合作。双方共同成立"打造西南地区影视文化产业，助力成渝地区双城经济圈建设"领导小组，建立联席会议机制，专人专班推进日常工作。

2023年5月，由中国电影家协会、中国电影基金会、中国电影评论学会指导，中共重庆市委宣传部（重庆市电影局）、重庆市文化和旅游发展委员会、重庆市文学艺术界联合会、重庆市江津区人民政府

---

① 成都影视城位于成都市郫都区团结街道，规划总面积为28.83平方公里，核心区域1.7平方公里，以建设国家影视科技典范、现代时尚艺术之窗为目标，着力构建集影视科技研发、文化创意、田园旅游为一体的产业生态圈，是全国首个国家级超高清创新应用产业基地、国家广播电视和网络视听产业基地、成都世界文创名城重要承载地。

联合主办的第二届中国（白沙）影视工业电影周举办，并配套举办了
成渝地区影视产业发展论坛，为重庆影视城（江津白沙）22家新入驻
企业揭牌，举行了9个项目的签约仪式，为重庆影视城（江津白沙）
加快建设全流程、全产业链和集智慧、科技、创新为一体的新型影视
基地提供重要支撑，也为成渝地区双城经济圈影视产业高质量发展注
入新动能。

第3节　江津区融入成渝地区双城经济圈共建巴蜀文化旅游走廊，建设休闲旅游胜地面临的主要挑战与对策建议

一　江津区休闲旅游高质量发展面临的主要挑战

（一）外部环境不确定性增强，对休闲旅游发展带来冲击

当今世界正经历百年未有之大变局，新冠疫情影响广泛深远，经济全
球化遭遇逆流，国际环境日趋复杂，不稳定性不确定性明显增加，给文化
旅游和文旅消费市场发展带来新挑战，给旅游市场拓展带来压力和困难。
同时，全国各地高度重视文化和旅游产业发展，文化旅游市场面临从"供
给侧"和"需求侧"同步变革的发展趋势，休闲旅游市场面临激烈竞争。

另外，新冠疫情对旅游业冲击严峻。疫情期间，人们的旅游消费需求
受到抑制，出行计划减少，旅游市场规模大幅萎缩，造成旅游企业效益下
降、经营下滑、降薪裁员、人才流失，服务能力和服务质量下行。

（二）江津区休闲旅游发展面临结构性挑战

基于成渝地区双城经济圈打造世界级休闲旅游胜地的目标定位，江津
区文化和旅游公共服务仍需扩容提质，城乡文化资源配置需要进一步填平
补齐，数字文化新业态亟待加快培育，文化旅游产业的领军企业和高端人
才与市场需求尚存差距；休闲旅游资源需要多业态融合深度开发，精品旅

游景区、度假区数量及产品、服务、业态尚不能完全满足疫情后复苏重振的休闲旅游消费市场，文旅融合发展还需向业态融合、品牌融合、市场融合、服务融合、交流推广融合等广度和深度推进；与成渝地区双城经济圈有关市区县、景区、企业的休闲旅游交流合作需要提质增效，尤其是要加快落实已有合作项目，积极拓展旅游营销、景区互推、客源互引等更多务实合作。

二　江津区高质量建设全国知名、重庆一流的休闲旅游胜地建议

（一）携手开展巴蜀文化保护传承开发

江津区宣传、文化、社科机构要系统梳理、研究、解读江津区文化文脉的形成、演进和发展全历程，提炼江津人民在长期不懈奋斗中形成的崇文守礼、进取守正、耿直守信、爱国守志的文化价值和精神特质，弘扬"六张文化名片"，展示"四面山水·人文江津"的城市文化形象，提升江津区在巴蜀文化中的辨识度、吸引力与凝聚力。江津区文物部门要联合毗邻地区开展巴蜀文化遗产保护传承利用，提高预防性保护和系统性开发能力。落实"先考古保护、后出让开发"制度机制，加强历史文化名城名镇名村、传统村落、历史街区、乡土建筑等保护利用，促进非物质文化遗产项目有机融入旅游景区、商业街区。

推动川渝文化艺术机构与江津区有关机构共创共排共享巴蜀特色剧目、曲目、演出资源库，推动文化艺术与旅游深度融合，因地制宜发展实景演出、驻场演出、流动演出等旅游演艺项目。深度融入川渝公共文化服务体系一体化建设，推动区内图书馆、文化馆、博物馆、体育馆、科技馆等场馆融入成渝地区双城经济圈总分馆体系、合作联盟，联合开展经典诵读、阅读分享、大师课、公益音乐会、艺术沙龙、手工艺作坊等体验式、互动式的公共阅读和艺术普及活动。借助"成渝地·巴蜀情"等巴蜀公共文化品牌，推动川渝文化机构在江津区开展创意市集、街区展览、音乐角、嘉年华等文化活动，培育数字创意、网络视听、创意设计、直播带货等新业态，

开发推出一批具有江津文化特色的城市礼物、乡村好礼，稳促扩升休闲旅游
消费。

（二）打造国际范、中国味、巴蜀韵的世界级休闲旅游胜地核心区

加快创建全域旅游示范区和国家级旅游度假区、国家历史文化名城，
引领共建政策协调、品牌共享、景区合作、营销互推、开发协同等巴蜀文
化旅游走廊一体化建设机制，与成渝地区双城经济圈有关市区县共同培育
文化旅游公共品牌，做靓"江津山水、江津时尚、江津美食、江津夜景、
江津康养"新名片，因地制宜发展文旅商康养新业态，促进"旅游+"一
二三产业融合，以产城景智融合推进城旅一体化建设和全域旅游发展。

以四面山 AAAAA 级景区为引领，大力发展避暑度假游、森林康养游，
高质量推进四面山旅游度假区建设。以重庆影视城（江津白沙）为龙头，
带动黑石山、东华街、中师陈列馆等景点做精做靓，积极整合江津"西
翼"文化旅游资源，推动石门大佛寺、聂荣臻故居、石笋山等景区做大做
强，打造人文休闲旅游最佳目的地；以骆崃山、龙登山、太公山为支点，
有机整合"綦河画廊"自然风光、人文景观、休闲农业、健身运动、富硒
美食等资源，建设"东翼"滨水乡村休闲旅游新地标。展"两翼"协同
"一山"，以"两翼"联动"五线"，促进"津南、津中、津西、津北、津
东"五条精品旅游线路更大范围、更深层次的联动发展。激活中山古镇、
塘河古镇、爱情天梯等景区景点的休闲旅游资源，丰富内涵，强化支撑，
加快构建"一山引领、两翼协同、五线联动、多点支撑"的休闲旅游发展
格局。

充分发挥四面山、骆崃山、石笋山、大圆洞、滚子坪、清溪沟等景区
景点的森林资源优势，大力发展康养及休闲度假旅游，打造重庆主城一小
时交通圈内最佳度假区。发挥富硒产业优势，坚持"一镇一品一特色"，
大力发展观光农业、休闲农业、创意农业，以农文旅融合助力乡村振兴。
盘活、用好工业遗址，利用老旧厂房发展文化创意产业，彰显江津人民在
"三线建设"时期的爱国情怀、昂扬斗志和奉献精神。做靓江津非遗酿造

金字招牌，大力推动江津烧酒、酱油、麸醋、粮油等行业的重点企业打造"游购娱"一体化发展的工业旅游综合体。提升城郊田园民宿旅游品质，促进旅游民宿多样化、个性化、专业化发展。完善"江津玉"文创产品体系，与精品旅游线路有机整合，形成"江津玉"原产地、加工地、交易地观光体验旅游。

（三）联合打造富有巴蜀特色的文化和旅游消费目的地

共建高品质消费空间。推动与成渝地区双城经济圈有关市区县在旅游、会展、商贸、教育、健康等消费领域合作，推动江津区有关商业综合体、商业街区打造云集国内外头部品牌、引领全龄消费潮流、吸引周边消费客群、示范巴蜀特色的国际文旅消费目的地核心承载区，建设成渝中心城区市民休闲"后花园"。在传统文化资源丰富的镇街，围绕特色美食、传统工艺产品、民俗节庆、自然遗迹等，建设特色消费聚集区，打造巴蜀特色"三小时商旅品质消费圈"。

丰富休闲旅游业态。推动爱琴海购物公园、江津万达广场、吾悦广场、双福米兰小镇、江津金科·美邻汇购物公园等特色商圈业态创新、设施改造、品牌集聚、功能升级，引进品牌首店、高端定制店、跨界融合店、跨境电商体验店，鼓励消费精品在江津首发、首秀、首展，发展都市娱乐、品牌餐厅、主题乐园等潮流业态，举办有影响力的电影节、音乐节、时装周等展演活动，打造城市网红打卡地群，以及具有成渝影响力和美誉度的商旅目的地。保护传承江津美食文化，发展体现巴蜀风情、承载城市记忆、展现工匠精神的特色小店，打造"吃喝玩乐购看"网红小店。

培育会展旅游。提升江津富硒产业发展大会、江津富硒美食文化节、江津端午龙舟文化旅游节、成渝地区双城经济圈高质量发展论坛、泸永江工业设计大赛、成渝地区双城经济圈"专精特新"创新赋能大赛等江津区重点展会的区域影响力、受关注度和参与度。

加强休闲旅游跨区域交流合作。做实川南渝西文旅融合发展联盟，加强与联盟城市在品牌打造、旅游营销、景区互推、游客导流、线路定制、项目联营、产业开发等方面的深度合作，联手推动川南渝西休闲旅游协同高质量发展。推动在西部陆海新通道江津班列、中欧班列（渝新欧）江津班列、成渝地区双城经济圈长江水上穿梭巴士、川渝跨境运营公交、重庆市郊轨道交通（江跳线）等公共交通和物流班列上打造"江津旅游沉浸式主题班列（车厢）"，提升江津旅游国际知名度。

联合构建安全友好、协同共享的一体化文旅消费环境。联动优化营商环境和消费环境，促进江津区与周边市区县消费回补和消费促进政策互认。引导金融机构面向川渝用户开发基于江津休闲旅游场景的消费信贷、消费信托、消费众筹、消费责任保险等消费金融服务，并与花椒贷等小微金融服务形成联动。普及全龄全行业移动支付和数字人民币应用，促进休闲旅游消费端支付结算降本增效。鼓励研究机构、新闻媒体、旅游企业等发布江津区休闲消费发展报告，满足消费引领、产品溯源、消费评价、消费投诉、权益维护、市场监管、统计监测等需求。

第6章
重庆市江津区融入成渝地区双城经济圈公共服务共建共享，推进宜居城市建设的主要成效、挑战与对策建议

　　宜居城市是社会文明度、经济富裕度、环境优美度、资源承载度、生活便宜度、公共安全度较高的城市，也是一座城市具有可持续发展竞争力的核心指标。习近平总书记在党的二十大报告中指出："坚持人民城市人民建、人民城市为人民，提高城市规划、建设、治理水平，加快转变超大特大城市发展方式，实施城市更新行动，加强城市基础设施建设，打造宜居、韧性、智慧城市。"习近平总书记在浦东开发开放30周年庆祝大会上强调："城市建设必须把让人民宜居安居放在首位，把最好的资源留给人民。"2023年《政府工作报告》提出"实施城市更新行动"，将其作为着力扩大国内需求的工作重点之一，要提高城市规划、建设、治理水平，努力创造宜业、宜居、宜乐、宜游的良好环境，提升人民群众获得感、幸福感、安全感。

　　"高品质生活宜居地"是成渝地区双城经济圈的战略定位之一。《成渝地区双城经济圈建设规划纲要》提出，大力推进生态文明建设，筑牢长江上游生态屏障，在西部地区生态保护中发挥示范作用，促进社会事业共建共享，大幅改善城乡人居环境，打造世界级休闲旅游胜地和城乡融合发展样板区，建设包容和谐、美丽宜居、充满魅力的高品质城市群。

　　宜居，简简单单两个字，最能打动心灵、留住脚步。重庆江津，万里长江一要津。低矮的丘陵将城市环抱，长江在城区蜿蜒流淌，让整座城市推窗

见山见水，出门见景见绿。建设宜居城市是江津区"五地一城"战略的目标任务之一。近年来，江津区以宜居性作为城市核心竞争力，每年滚动实施城市品质提升十大重点项目，加速推动城市建设扩容提质，改善城市生态环境质量，加强城市文脉传承建设，推动城乡公共服务提标扩面，完善社会保障和社会治理体系，大力实施乡村建设行动，打造宜居宜业的现代城市和大美乡村，努力实现城乡建设品质与中心城区的同水平发展。一幅城乡共美的品质画卷，正在江津这座重庆主城都市区"后花园"里徐徐展开。

第1节 近年来江津区宜居城市建设的主要成效、典型案例

江津区瞄准高质量建设同城化发展先行区目标，全力建设"有品质、有颜值、有情怀、有温度"的宜居城市，到 2022 年末，江津区城镇化率达到 62%，城市建成区面积达 90.7 平方公里。江津人先后圆了"高铁梦"和"轨道梦"，贯通连接的港口、高速公路、高铁、轨道交通，打开了江津区与外界互联互通的大门。图 6 - 1 为几江长江大桥。

图 6 - 1 几江长江大桥

注：几江长江大桥全长 1738 米，于 2016 年通车运营，使几江半岛与江津滨江新城的路程由 18 公里缩短至 2 公里，同时也缩短了几江半岛与江津双福工业园的距离。

（供图：江津区滨江新城建设管理中心）

一 老旧小区改造成效显著

江津区始终坚持从市民感受和游客视角出发，通过"五大策略"①"八大行动"②，聚焦补齐基础设施短板、修复城市生态、提升城市风貌、改善人居环境等，分期分层次实施城市更新重点项目。

紧盯民生，老旧小区改造是江津区城市建设的一人亮点。江津区以创建全国文明城区为契机，在补齐基础设施短板、完善老旧小区居住功能、提高安全防范能力、优化人居环境、提升公共服务水平、改善老旧小区生活品质等方面不断发力，让老旧小区焕发新的生机，给居民"创"出幸福新生活。截至 2022 年末，江津区实施城市更新改造老旧小区楼栋超过 2000 栋、住户超过 3 万户，改造面积 300 万平方米以上，居民日常生产生活品质更高、出行更加便捷，折射出城市的惠民理念和民生温度。

另外，为真正变"政府要改"为"群众想改"，江津区有关部门协同街道、社区多次开展摸底调查，根据居民意愿征集情况，优先改造居民需求性更高的项目，后续根据辖区实际情况和居民实际需求，更新改造"菜单"。同时，为改造后的小区量身制定物业管理方式，建立长效社区治理机制，实现改造前问需于民、改造中问计于民、改造后问效于民。

与此同时，江津区城市治理也在潜移默化间迎来从粗犷到细腻、从"硬度"到"温度"的嬗变。以智慧化、智能化、精细化治理为引领，城市智慧平台让百姓切身感受到"贴心"，一项项具体到"鸡毛蒜皮"的管理制度出台，百姓的"天大小事"随时有人管，江津区正从城市建设的焕然一新，过渡到城市治理的精细扎实。

---

① 江津区宜居城市建设"五大策略"：优化宜居城市空间布局、开展宜居城市专项行动、策划宜居城市引擎项目、细化宜居城市分区指引、固化宜居城市管控标准。
② 江津区宜居城市建设"八大行动"：优化城镇空间布局、塑造地域特色风貌、夯实绿色生态"本底"、畅通道路交通网络、配优城市公共服务、推进"公园城市"建设、营造舒适宜居环境、提升城市人文气质。

案例6-1　"改"出幸福新生活：江津区老旧小区
改造典型案例

几江街道西关社区花朝门小区共有10栋楼，均为20世纪90年代建筑，共有19个单元、269户。过去由于没有物业管理，存在外墙面陈旧、车辆乱停乱放、环境卫生脏乱差、架空线路混乱、排污不畅等老旧小区"通病"。西关社区组织熟悉花朝门小区情况、责任感强、居民信任的社区党员，成立小区自治小组，通过召开党员代表会议、党员大会、院坝会，入户走访等方式，引导居民自己协商解决问题。如今，花朝门小区旧貌换新颜，路面干净整洁、车辆有序停放、线网规范安全、污水管网整改完毕……文明新风扑面而来。

德感街道不少小区始建于20世纪80年代末，老旧小区改造任务艰巨。东方红社区积极探索"党建＋基层治理"模式，积极发挥网格化治理作用，建立"党员楼栋长"制度，组织引导楼栋内老党员主动参与小区日常服务，架起党群连心桥，把服务基层"最后一公里"变为"零距离"，做到改造提升无盲区，文明氛围全覆盖。如今，居民自发爱护小区环境、维护公共设施、有事协商解决，将小区当自己家一样爱护。

双福街道津福社区津福花园B1还房小区是典型的老旧还房小区，存在环境卫生差、机动车占用人行道或消防通道、停车位不足等问题。津福社区利用小区闲置绿化地带、闲置地块等进行停车位改造，切实解决停车位不足的问题。津福社区还规范了小区楼栋空中管线，维修单元楼梯护栏和刷漆，改造小区人行道和景观大道，补绿小区草坪，让"脏乱差"小区变身"洁净美"家园。此外，社区新时代文明实践站还组织开展"世界读书日""全民健身月"等活动，提升居民精神文明素养。

二　城市更新重点项目加快推进

近年来，江津区坚持以打造"一主两副六节点多特色"的现代化城镇体系为统领，推动"产、城、人、景"融合发展，一系列看得见、摸得着的城市更新重大项目正加速城市品质蝶变：几江老城焕新重生，楼栋微整治、空间微改造、景观微提升和功能补遗拾缺有序推进；滨江新城强势崛起，高标准、高品质搭建"城市会客厅"；双福新区聚焦交通基础、园区功能、城市配套等重点领域狠抓品质提升，产城融合全面提速；德感工业园加速优化生活空间、补齐城市功能短板，建设消费品产业城；珞璜临港产业城持续放大枢纽优势，建设国际陆港；白沙镇建设工业新区、文化重镇……图 6 - 2 为江津滨江新城浒溪公园。

图 6 - 2　江津滨江新城浒溪公园

注：浒溪公园位于江津滨江新城，经过建设，再现江津古景"后八景"之"浒溪烟雨"，吸引众多市民和摄影爱好者前来"打卡"。

（供图：江津区滨江新城建设管理中心）

案例 6 - 2　江津滨江新城：高质量打造 "宜居城市会客厅"

2009 年初，江津区设立滨江新城管委会，正式启动滨江新城建设。江津滨江新城规划区范围 42.8 平方公里，核心区域规划面积19.7 平方公里，北接双福新区，南临长江，与江津几江老城隔江相望，周边环绕着江津德感工业园、双福工业园和九龙坡西彭工业园等，区位优势良好，承担着疏解老城功能、有机衔接其他组团、推进江津区同城一体化发展的重任，目前是江津区的行政中心、文化中心、金融中心、综合商务区。图6-3为江津滨江新城全景。

图6-3　江津滨江新城全景

（供图：江津区滨江新城建设管理中心）

由于滨江新城肩负着江津区融入重庆主城发展的重要使命，从一开始就按照主城标准进行高起点规划、高标准建设、高品质配套，这为打造高品质生活宜居新城奠定坚实基础。

在生态环境上，滨江新城背依缙云山20万亩绿色森林资源，坐拥长江10公里黄金岸线，具有山水资源优势。滨江新城践行"让居民望得见山、看得见水、记得住乡愁"的"公园城市"设计理念，规划建设公园绿地、广场、防护绿地等，"点"上开展"绣花式"微更新、微修复、微改造，"线"上进行边坡整治、景观优化，"面"上推进全域增绿，建成浒溪公园（重庆市最美坡坎崖）、圣泉公园、云想公园（见图6-4）、特勤消防公园（重庆最美口袋公园，见图6-5）、廉文化公园等多个景观项目，打造滨江亲水绿色生态、自然人文相得益彰的"品质"之城。

图 6 - 4　江津滨江新城云想公园

注：云想公园以"云的礼物"为灵感，以"云想公园——云上四季悦动智慧客厅"为设计主题，围绕健身、休闲、娱乐及生态涵养需求，结合现代科学技术，打造一个立体生态公园体系。

（供图：江津区滨江新城建设管理中心）

图 6 - 5　江津滨江新城特勤消防公园

（供图：江津区滨江新城建设管理中心）

　　在区位交通上，江津滨江新城距离重庆江北国际机场约 1 小时车程，重庆绕城高速、西江大道（见图 6－6）、南北大道等内联外通，轨道交通 5 号线延长线跳蹬至江津段通车，并完成圣泉寺站、江津高铁站周边的停车场、公交站点、交通换乘中心等配套建设，3 座长江大桥、7 条城市主骨架道路贯穿，形成"内畅外联"的立体综合城市交通网络，打造全面融入重庆主城和成渝地区双城经济圈的"便捷"新城。

图 6－6　江津滨江新城西江大道

　　注：西江大道全线长 3.5 公里，是横贯江津滨江新城东西方向的主干道路，串联着已建成的市民广场、滨江新城金融商务中心、南北大道以及万达广场。

　　（供图：江津区滨江新城建设管理中心）

　　在城市功能完善上，江津滨江新城规划教育科研用地 73.5 公顷，布局 1 所高校、4 所完全中学、8 所小学、16 所幼儿园及 1 所特殊教育学校。目前，重庆工程职业技术学院、江津区京师实验学校（江津区唯一一所幼儿园至高中 15 年一贯制学校）、江津中学滨江校区（滨江新城区域内首所公办中学）等多所学校建成投用。2022 年 9 月，重庆第 12 座万达广场——江津万达广场开业，与已建成开业的金科·美邻汇购物公园、红星美凯龙、居然之家、维也纳酒店等共同形成滨江新城沉浸式购物、消费商圈。另外，江津区政务服务中心、爱尔眼科医院、圣泉街道社区卫生服务中心、重庆市农村商业银行江津支行等政务、教育、医疗、商贸、金融等公共设施建成运营，为江津滨江新城宜居城市建设写下生动注脚。

2022 年，江津滨江新城 33 个区级重点建设项目先后完成投资51.39 亿元，占全年投资计划的 122.17%，辖区 54 个固定资产投资项目完成投资 68.65 亿元，世界 500 强中国建筑集团旗下中建集团桥梁有限公司、周百福珠宝等多家企业总部搬迁至此。资本资源的汇集，见证了江津滨江新城这座"城市会客厅"日新月异的宜居竞争力。

成渝地区双城经济圈建设为江津滨江新城带来更大的历史发展机遇。江津滨江新城全部纳入西部（重庆）科学城，其中部分区域纳入重庆高新区拓展园范围，而宜居城市则是江津滨江新城产城融合最大的竞争力。江津滨江新城随即实施规划、景观、配套、招商、税源、治理、人文等七大"品质提升"工程，坚持生态新城、智慧新城、品质新城、时尚新城"四城同创"，用优美的城市环境、便利的生活条件和良好的发展氛围吸引产业和人口加速集聚，加快建设以"总部经济、商业核心、高端人居"为城市内核，兼具政务服务中心、现代商贸集聚区、金融商务区、文化服务区等功能的高品质生活宜居地。

三 乡村建设留住"乡愁"

江津乡村，移步换景。近年来，江津区统筹推进乡村建设，坚持点上示范、区域带动、全域推动，探索"村（社区）＋美丽院落＋院落制"模式，深入开展农村危旧房改造、巴蜀美丽庭院示范片打造、农房和村庄现代化建设、传统村落保护、美丽宜居示范乡镇建设等，重点开展"二清一改"① 和

---

① 三清一改：清理农村生活垃圾、清理村内塘沟、清理畜禽养殖粪污等农业生产废弃物、改变影响农村人居环境的不良习惯。

"五清理一活动"①，推进美丽乡村微组团、片区化发展，促进乡村环境整洁、各美其美、生态宜居。江津区乡村建设和乡村振兴的有关内容，详见本报告第 5 章。

第2节　江津区融入成渝地区双城经济圈公共服务共建共享的主要成效、典型案例

2021 年以来，川渝两省市政府出台《成渝地区双城经济圈便捷生活行动方案》，并围绕交通通信、身份认证、就业社保、教育文化、医疗健康、住房保障、"一卡通"、应急救援等领域，发布《成渝地区双城经济圈便捷生活行动事项（年度）》，满足两地群众最急迫和共性的公共服务需求。江津区将融入成渝地区双城经济圈公共服务共建共享作为宜居城市软环境建设的重要抓手，促进优质公共服务资源总量不断增加、效能不断提升，便民事项不断拓展，供需对接更加精准，人民群众获得的公共服务更加高效便捷。

一　深度融入共筑长江上游生态屏障

长江是中华民族的母亲河，孕育滋养了生生不息的中华文明。改革开放以来，长江流域经济社会迅速发展，成为中国经济的重要支撑。党的十八大以来，以习近平同志为核心的党中央科学谋划，部署实施长江经济带发展战略，长江经济带绿色发展全面推进。2014 年，《关于依托黄金水道推动长江经济带发展的指导意见》正式发布；2016 年，中共中央、国务院印发《长江经济带发展规划纲要》，把保护和修复长江生态环境摆在首要位置；2016 年，习近平总书记在于重庆市主持召开的推动长江经济带发展座谈会上强调，"共抓大保护，不搞大开发"；2021 年 3 月 1 日，《中华人

---

① "五清理一活动"：清理"蓝棚顶"、清理无人居住废旧房、清理房前屋后杂物堆、清理田间地头废弃物、清理管线"蜘蛛网"，开展农村爱国卫生运动。

民共和国长江保护法》正式实施。

"夜发清溪向三峡，思君不见下渝州。"成渝地区双城经济圈同处长江上游，山同脉、水同源，大气、水、土壤环境相互影响，尤其是两地水系发达，河流湖泊相连相通，流域面积为 50 平方公里以上的跨界河流多达 81 条、长度累计超过 1 万公里，是休戚与共的生态共同体，在长江流域的生态安全中占有重要战略地位。同时，长江在该地区流经山地生态脆弱区、城镇人口稠密区和工业集聚区，各类生态环境风险叠加交织，生态治理点散、面广、量大，生态环境需要强化联防联控联治。

（一）江津区生态环境治理成效显著

江津区是长江进入重庆市的第一区，辖区有重庆市境内最长的 127 公里长江岸线。近年来，江津区坚持生态优先、绿色发展，加强与成渝地区双城经济圈有关市区县生态环境保护协同合作，全面筑牢"绿色屏障"，培育壮大"绿色产业"，加快打造"绿色家园"，扎实推进生态美、产业兴、百姓富有机统一，努力把长江江津段建成最美岸线。

近年来，江津区出台《江津区长江经济带发展暨城乡融合总体规划》《江津区长江生态环境保护规划》《关于坚持"生态优先、绿色发展"全面加强长江生态环境保护工作的意见》等政策文件，深入开展长江岸线治理，实施"河长制"，推进长江入河排污口综合整治，实现沿江 169 个排口"一口一策"精细化管理。据人民网报道，截至 2022 年 10 月，江津区 8 个市控及以上断面中，Ⅰ～Ⅲ类水质断面占 100%，无劣 Ⅴ 类水质，长江江津段水质稳定达到 Ⅱ 类标准。江津区还完成城镇污水管网建设 234.5 公里，建成城镇（园区）污水处理厂 49 座、农村污水处理站 114 座。同时，在长江干流两岸实施退耕还林、码头绿地恢复、场矿及堆积地绿地恢复、林地"天窗"修复等工程，提升青山"颜值"，扎实推进"两岸青山、千里林带"建设。

江津区加快"无废城市"建设，全力构建"全链无废"发展体系，大力推进工业固废源头减量，2022 年工业固废综合利用量达 197.17 万吨。

推进农业固废综合利用,完善再生资源回收体系,实现废弃农膜等面源污染物回收全覆盖,广泛开展秸秆肥料化、饲料化、原料化、基料化和燃料化"五料化"利用。推进生产生活垃圾循环利用,对餐厨垃圾进行分类收集和资源化利用。

（二）与成渝地区双城经济圈有关市区县生态环境治理协作稳步推进

近年来,江津区出台《江津区贯彻落实〈成渝地区双城经济圈碳达峰碳中和联合行动方案〉的行动方案》《江津区川渝跨界河流联防联控协作年度工作方案》等政策文件;持续加强与川渝毗邻地区的环保信息互通,建立跨区域生态环境信息共享机制;强化源头管控和项目对接,统筹做好跨区域、邻接壤、同类型的生态环境重点项目联合谋划和布局;深化污染联防联治,健全双边、多层级协作机制,共同开展大气、水、土壤环境以及重点污染源常态化互查,开展跨流域、区域污染联合预警和联动执法;加强区域环境安全合作,协同做好跨流域突发环境事件应急处置,提升区域应急管理协同能力,共同维护流域生态安全。

2020年6月24日,江津区、泸州市、永川区、荣昌区4市区生态环境部门联合召开推动成渝地区双城经济圈建设生态环境保护合作联席会议第一次会议暨生态环境保护合作框架协议集中签约仪式。4市区生态环境部门明确,把修复长江生态环境摆在压倒性位置,组建推动生态环境保护合作领导小组,建立联席会商、资源共享、项目对接、联合巡查、交流合作等机制,聚焦打赢污染防治攻坚战,共同筑牢长江上游生态屏障,形成优势互补、资源共享、污染共治、生态共建、机制共商的生态环境协同治理新格局。

目前,有关合作已形成长效机制。例如,江津区、泸州市、永川区生态环境部门每月轮流开展三地大气环境检查;江津区、泸州市、永川区、荣昌区4市区生态环境部门不定期开展联合执法和大练兵,成立联合检查组,对长江干支流沿岸重点企业、污水处理厂等开展环境风险隐患联合检查,搭建环境执法部门信息互动共享平台,推动环境执法水平共同提升。

2019年12月,江津区、泸州市两地生态环境部门签署塘河流域环境保护联动合作协议。而后，江津区、泸州市合江县两地检察机关以"河长＋检察长"为抓手，在两地跨界的塘河流域交界处划定"川渝检察公益诉讼生态修复示范区"，联合两地行政机关在塘河流域集中实施增殖放流、补植林木等生态司法修复活动，形成"专业化监督＋恢复性司法实践＋社会化综合治理"的生态环境保护检察工作协作模式。到 2023 年 3 月，已集中执行川渝两地生态修复补偿案 8 件，实现补种林木 70 株、增殖放流鱼苗 16 万余尾。

2020 年 11 月，江津区、自贡市签署生态共保污染共治协同合作协议，建立领导小组、联席会议等机制，在人才交流、联合执法监督、突发环境事件协处、信息资源共享等方面开展合作。

案例 6－3　江津区法院：联动周边地区司法部门，共保长江生态环境

2020 年 6 月，江津区、渝北区和泸州市泸县、龙马潭区 4 区县法院共同签署《濑溪河流域环境资源审判协作框架协议》，在审执协同、要案会商、信息共享、联合宣传等方面加强合作，在加强濑溪河流域环境资源审判专门化建设、探索环境资源案件管辖、环境资源案件立审执之间协作、环境资源审判团队建设、环境资源审判专家库建设、环境资源案件专项统计分析、生态环境司法预防机制建设等方面建立司法协作机制。为深化落实协议内容，4 区县法院联合制定责任分工表，出台《服务成渝地区双城经济圈建设，环境资源司法协作实施办法》，设立环境资源司法协作办公室，固定联络部门与联络人员。

2020 年 11 月，江津区、泸州市合江县两区县法院在合江县临港街道长江码头共同开展"打击非法捕捞、共护长江生态"巡回审判暨增殖放流活动，这是成渝地区双城经济圈首次开展跨区域环境资源案件巡回审判，将诉讼服务、法治宣传送到群众家门口。

长江上游珍稀特有鱼类国家级自然保护区江段总长 1162.61 公里，总面积为 33174.213 公顷，涉及贵州、云南、四川、重庆三省一市。

其中长江合江江段，自焦滩乡入境到望龙镇出境，长江干流长 55 公里，与长江上游珍稀特有鱼类国家级自然保护区江津段（江津珞璜地维长江大桥以上 115.22 公里江段）相接。2021 年 4 月，江津区人民法院、泸州市中级人民法院、重庆市第五中级人民法院、泸州市合江县人民法院、江津区石蟆镇人民政府签署框架合作协议，加强生态环境司法协作，并正式挂牌成立川渝环境资源司法协作（江津）巡回法庭①，在江津中坝岛②建立集生态理念传播、生态成果展示、生态法治教育、生态文化推广、生态环境修复"五大功能"为一体的"长江上游珍稀动植物川渝司法协作生态保护基地"。

二　积极参与川南渝西教育共同体建设

江津区是人口大区、教育大区。近年来，随着成渝地区双城经济圈建设的纵深推进，江津区教育也一路飞跃，对标重庆市和全国教育强区，成功入选首批基础教育国家级优秀教学成果推广应用示范区，教育管办评分离改革成果荣获"全国第五届教育改革创新典型案例优秀奖"，教育扶贫工作作为行业扶贫唯一典型案例入选中国基础教育年度报告，荣获国家级教学成果奖 7 项。重庆市政府对落实有关重大政策措施真抓实干成效明显地区予以督查激励，江津区继入选 2020 年学前教育普及普惠率高区县后，再次入选 2021 年职业教育改革发展成效明显区县。

随着川南渝西融合发展区上升为国家战略，江津区与川南渝西城市教育合作面临提质增效的重大机遇。2021 年 7 月，江津区、泸州市、永川区、荣昌区四地教育行政部门签署《渝西川南（泸永江荣）教育共同体框

---

① 川渝环境资源司法协作（江津）巡回法庭的主要功能是为两地四院巡回审判提供基地和驻点，开展跨区域环境资源案件巡回审判。同时，展示成渝地区双城经济圈环境资源审判成果，以及环境资源司法协作的典型案例。
② 江津中坝岛是长江入渝第一站，地处长江上游珍稀特有鱼类国家级自然保护区核心区，周边水域栖息着长江鲟、胭脂鱼等 14 种国家级重点保护鱼类。

架协议》，明确探索跨区域教育协同发展机制、共建共享优质教育资源、推动基础教育优质发展、推动职业教育协同发展、推动教师教育创新发展等合作机制，共同打造成渝地区双城经济圈教育协同发展示范区。同时，江津区与泸州市协同承担川渝两省市教育行政部门联合下达的"渝西川南教育融合发展试点"重大改革项目。

两年来，江津区、泸州市、永川区、荣昌区四地教育行政部门共同制定《川南渝西教育共同体章程》，建立联席会议、工作推进、任务分解等多项合作机制，围绕队伍共建、教学共研、资源共享三个重点领域开展合作。到2022年末，在深化教师教育合作方面，共同建立川南渝西教育共同体人才库，共有128名人才入库；共同建立川南渝西教师教育基地库，共有53个基地入库；在基础教育合作方面，结对学校加强交流，共享优质教育资源，共建川南渝西（泸永江荣）课程资源库，四地入库优质课件262个，并联办乡村教育振兴论坛、课博会、"五育融合"试点领航培训等系列活动；在职业教育合作方面，共建泸永江荣中职实习实训共享资源库，共同筛选优质企业33家、职业院校15所，为四地2万余名学生提供不同专业的实习实训机会。

2023年2月，在川南渝西教育共同体第七次联席会上，自贡市、宜宾市、内江市、綦江区、大足区、铜梁区、万盛经开区等7市区教育行政部门正式加入，川南渝西教育共同体的辐射面积和服务范围进一步扩展。

2021年11月，川渝两省市教育行政部门联合发布《成渝地区双城经济圈教育协同发展行动计划[①]》，共同打造具有全国重要影响力的教育一体化发展试验区、改革创新试验区、协同发展示范区、产教融合先行区。从川南渝西教育共同体建设看，打造成渝地区双城经济圈教育协同发展示范区，加快教育综合配套改革，为江津区建设教育强区提供了源泉动力，为江津区加快建设"五地一城"提供了坚实的人才支撑，也为川渝毗邻地区

---

① 成渝地区双城经济圈教育协同发展行动计划：突出教育双核引领发展、促进毗邻地区教育协同发展、推进优质教育资源共建共享、推进教师能力素质提升、推动职业院校提质培优、推动职业教育协同发展、构建高等学校协同创新体系、提升高等教育资源共享水平、支持和规范民办教育发展、全面构建终身教育体系。

教育协同发展提供了经验参考。

三　推动"川渝通办""跨省通办"走深走实

2020年以来，川渝两省市政府签署《关于协同推进成渝地区双城经济圈"放管服"改革合作协议》，以机制一体化、事项精准化、平台畅通化、窗口标准化、服务贴心化、区域协同化推动"川渝通办"合作事项为目标，建立联席会议、业务部门对口协作、日常监管、重点领域监管、信用监管、政务数据互联共享等合作机制，推进事项办理标准统一、受理流程统一、办事指南统一。

江津区全面落实政务服务"川渝通办"，较好解决企业、群众川渝两地办事"多地跑""往返跑"等问题。按照全程网办、异地代收代办、多地联办等三种"川渝通办"业务模式，江津区在区政务服务中心和基层服务点设立"川渝通办"专窗，依托全国一体化政务服务平台、川渝两地各网上办事平台，建立政务信息资源共享机制，形成全流程办理的网上支撑和线上线下融合互补办理渠道。到2022年7月，川渝通办210项事项中，涉及江津区14个单位和部门的共171项，全部实现"川渝通办"，其中全程网办130项、异地代收代办35项、多地联办6项。

另外，江津区、沙坪坝区、大足区、成都市武侯区、河北省雄安新区、西安市雁塔区六地行政审批部门共同签署"跨省通办"政务服务战略合作协议，以"开办企业"为突破口推动合作落地。江津区在区政务服务中心设置"跨省通办"窗口，工作人员现场指导办事人填报材料，进行"跨省通办"初审，大大提高办事效率。2020年11月，江津区首张"跨省通办"营业执照在区行政服务大厅发出，四川效率路桥工程有限公司办事人在江津区拿到成都市武侯区行政审批局颁发的营业执照。

四　卫生健康一体化发展提速增效

（一）医疗保障协同发展稳步推进

2020年5月，江津区医疗保障局与泸州市医疗保障局签订《推进成渝地区双城医疗保障协同发展框架协议》，建立医疗保障服务对接共享、数据互联互通、异地就医结算、联合监管、执法检查结果互认等合作机制，共同增强医疗保障的可及性、公平性和协调性，共同推进医疗保障和医药服务高质量协同发展。

而后，江津区与泸州市医疗保障协作持续深化。例如，2023年4月，江津区、泸州市合江县签署医疗保障区域合作协议，共建医保基金监管、医保便民服务、医保政策宣传等协作机制，双方设立川渝医保服务窗口，推动信息资源共享互通，实时核查各自辖区内跨省参保情况，杜绝重复参保。

另外，江津区与雅安市、德阳市等成渝地区双城经济圈有关市区县签署医疗保障合作协议，不断推进川渝医疗保障一体化发展，进一步提升医保服务品质，推进多层次医疗保障体系建设。

（二）医疗卫生机构跨区域合作持续加强

2021年4月，江津区妇幼保健院与四川大学生命科学学院遗传医学研究所、成都中医药大学银海眼科医院分别签署《共建"江津区医学遗传及再生医学中心"合作协议书》《医疗联合体合作协议》。此次签约同时落地了江津区医学遗传及再生医学中心、江津区医学遗传及再生医学川渝共建协同创新中心、江津区儿童青少年眼健康管理与近视防控中心、四川省视力保护科普基地江津分中心、成都中医药大学银海眼科专科联盟医院等五个项目，为川渝卫生健康合作增添浓墨重彩的一笔。

2022年6月，泸永江基层医疗服务中心建设暨专科联盟授牌签约活动举行，江津区石蟆镇中心卫生院与泸州市泸县立石镇中心卫生院签署合作协议，共同组建泸永江融合发展示范区中医骨伤科专科联盟。

重庆大学附属江津医院（重庆市江津区中心医院）始建于1939年，是一所集医疗、科研、教学、预防、保健、康复和医学救援为一体的国家三级甲等综合医院，承担江津区及渝川黔周边地区的卫生健康与疾病诊治任务，医疗技术达到重庆市先进水平。近年来，重庆大学附属江津医院与泸州市、遂宁市、荣昌区、合川区、綦江区等成渝地区双城经济圈有关市区县医疗机构在技术指导、人才培养、专家派遣、远程医疗、双向转诊、科研教学等领域加强合作，协同推动成渝地区卫生健康事业高质量发展。例如，2023 年 3 月，重庆大学附属江津医院与西南医科大学附属医院签署卫生健康一体化发展战略合作协议，在医教研管等方面深度合作，为两地群众提供更加优质、高效、便捷的卫生健康服务。

第3节　重庆市江津区融入成渝地区双城经济圈公共服务共建共享，推进宜居城市建设面临的挑战和对策建议

一　江津区宜居城市公共服务"软环境"建设面临的主要挑战

江津区宜居城市建设及新型城镇化、乡村振兴的深入推进，进一步催生了多层次、多样化、品质化的公共服务需求。作为重庆唯一的"长寿之乡"，江津区人口老龄化程度居成渝地区双城经济圈有关市区县前列。第七次人口普查数据显示，江津区 60 岁以上老人占比达 25.01%，进入中度老龄化社会，加之家庭小型化及全面二孩等生育政策的实施，使养老、托育等"一老一小"公共服务供需矛盾更加突出。同时，突发公共卫生事件、洪涝灾害、森林火灾、地质灾害、危化品事故、环境污染事故等应急管理也需要加强跨区域协同联动。

受限于经济社会发展条件以及大农村的区域发展特点，江津区城镇化率仍低于重庆市平均水平，公共服务在一定程度上存在城乡、区域间发展不平衡不充分、服务水平与人民群众需求存在差距等问题，基础教育、公共卫生、医疗健康、养老服务、住房保障等领域的基本公共服务短板仍然存在，婴幼儿照护、家政服务、文化旅游体育公共服务、应急服务等非基本公共服务也有一定的弱项。可以说，在城市基础设施等"硬件"加快更新的同时，公共服务"软环境"补短板强弱项尤其迫切。

值得关注的是，传统公共服务资源主要是基于行政区划配置，以满足城乡居民的民生需求为导向，因此在居住区、生活区的覆盖率高，而在投资者、创业者、就业者、年轻人较为集中的产业平台、商务楼宇、商业街区覆盖率则相对较低。同时，商务人士工作和生活异地化，人员跨区域流动频繁，在社区的社会圈子小，存在公共教育、住房等竞争性公共服务获取成本高，医疗、社会保障等普惠性公共服务获取困难的窘境，进而影响其对城市的认可度，增加了城市人才流失风险。因此，江津区要在产业平台产城融合建设的过程中，尽快补齐提质公共服务，尤其要保障和改善重点人才、青年人才的民生服务。

二 加快建设有品质、有颜值、有情怀、有温度的宜居江津建议

（一）稳步推进宜居城市"硬环境"建设

推进美丽宜居滨江公园城市建设，努力实现"以优质的生态环境、城市生活和公共服务吸引人才、人才吸引企业、企业创造繁荣"的"人—城—产"高质量发展路径。提升宜居城市规划建设水平，合理布局生产、生活、生态空间，构建全域"一轴两翼、拥江发展"空间布局和"一主两副六节点多特色"现代化城镇体系。加强与周边城市规划设计风格协调，突出人文特色和"本底"差异化，提高城市规划设计水平和建筑品质，构建"沿线整体美，点上有精品"的"一江两岸"景观风貌展示。持续推进生态保护修复，着力打造城市"清水绿岸"，加快生态环境综合治理和跨区域联防联控联治。畅通道路交通网络，加快推进融城道路建设，优化主次干道布局，提高支路网密度，加快发展绿色交通。按照"减量、增绿、留白、整容"要求，稳妥开展旧城改造和城市更新，做好文物、工业遗产、历史遗存的保护开发，传承历史文脉。推进海绵城市、韧性城市建设。

（二）提升各类市场主体民生保障改善的获得感、幸福感和满意度

民生保障改善是守住江津区新时代高质量发展的"初心"，踏踏实实、久久为功地建设民生强市，让各类市场主体真切感受到工作生活在江津

"毫无后顾之忧"，用城市的温暖激发创新创业的激情。

其一，坚持"底线思维"。破除依据户籍配置民生资源的传统路径，将中小微企业的创业者、就业者纳入民生保障体系，用市场红利增量弥补民生成本支出。尤其是应针对灵活就业创业人员和年轻人精准施策，以民生保障促其成长成功。比如，将稳企稳岗从降低户籍劳动者失业率的救助措施转向提升劳动者素质和新经济新业态竞争力的政策工具，实现以人才驱动经济的"腾笼换鸟"。

其二，遵循"木桶原理"。市场主体最关心、影响最直接、最现实的问题即是民生保障和改善的短板，如果能把民生问题解决好，则会大大提高市场主体的幸福指数。建议在"津鹰计划"人才政策中，增加人才及其家庭的民生保障权重。通过适度发展教育、医疗、养老等民生产业，以市场价格为杠杆，为各类人群提供多元化的公共服务。通过医联体、医共体等机制创新和分级诊疗、数字医疗等技术手段，满足医疗健康细分领域差异化服务需求。

（三）促进重点领域公共服务共建共享和扩容提质

推动教育合作发展。推进学前教育普及普惠安全优质发展，重点发展公益性、普惠性学前教育，引导成渝优质幼教机构建设运营江津区农村地区、城郊接合部、产业平台居住区、新增人口集中地区幼儿园。建好用好川南渝西教育共同体合作机制，促进江津区教育部门、中小学校与成渝地区双城经济圈有关机构在课程教学、教师队伍建设、数字教育平台开发应用、教育科研等领域结对合作，促进义务教育优质均衡发展，缩小城乡、区域、校际的办学条件差距。落实进城务工人员随迁子女就学和在江津区升学考试的政策措施，巩固落实义务教育学校免试就近入学。发挥江津区职业教育优势，引育优质职业院校，推动江津区内职业院校与成渝地区双城经济圈有关院校在人才联合培养、精品课程共建、学科专业联办、优秀教师共享、产教融合等领域加强合作，促进职业教育强基提质。支持川渝重点高校在江津区布局教学基地和创新载体，促进全域产学研用一体化。

共建强大的公共卫生体系。联合渝川黔毗邻市区县共建体系完整、分工明确、城乡联动、反应灵敏、运转高效、全域同质的"防、控、治、学、研、产"五位一体的公共卫生体系，加强慢性病、重点传染病及地方病的联合防治，构建突发公共卫生事件跨区域监测预警、检测救治、医学救援、物资保障等联防联控与群防群控长效机制。联动开展健康教育、精神卫生、职业病防治、卫生健康监督等专业公共卫生服务。

共建整合型医疗卫生服务体系。鼓励川渝优质医疗机构、院校与江津区建立合作办医、学科共建、技术培训、人才培养、多点执业、远程会诊等多种形式的交流合作机制，协同打造医教研产创新平台。普及建设智慧医院，推动江津区基层医疗卫生服务机构加入川渝知名医疗机构发起的医联体、城市医疗集团、专科联盟，构建"基层首诊、双向转诊、急慢分治、上下联动、横向协作"的特色分级诊疗体系。深化中医药传承创新协作，推动枳壳等江津道地中药材融入成渝地区双城经济圈中医药市场，与周边市区县共建融预防保健、疾病治疗和康复于一体的中医药服务体系。

推进养老服务共建共享。大力发展普惠型养老，探索区内公益性养老服务向常住人口普遍开放，建设老年友好型社会。鼓励川渝养老服务机构落户江津，开展家庭养老床位、老年餐桌、互助幸福院、嵌入式养老服务机构、巡访关爱、适老化改造等比较成熟的居家社区养老服务，探索养老顾问、时间银行、智慧养老等新型养老服务。推动医疗卫生、中医药与养老、文旅等的深度融合，与成渝地区双城经济圈有关市区县共建互助型、飞地型全国康养产业高地，满足川渝老年人的健康养老需求。

健全公共安全应急管理联动机制。江津区执法部门要与毗邻市区县协同加强城乡社会治安防控体系建设，共建织密国家安全、社会治安、矛盾纠纷、技防人防四张防控网，联合依法严厉打击和惩治电信网络诈骗、黄赌毒黑拐骗、暴力恐怖、家庭暴力、网络犯罪、非法用工、破坏野生动物资源等违法犯罪活动。依据流域、气象、区域等因素，江津区要与成渝地区双城经济圈有关市区县共建统一指挥、专常兼备、上下联动、平急结合、区域协同的应急管理体系，强化安全生产、自然灾害等的联防联控联调，推动食品、药品、交通、消防、环境等安全管理标准统一、措施协同与执法联动。

第7章
围绕"五地一城"目标，加快建设
现代化新江津的展望与建议

自2020年成渝地区双城经济圈建设启动以来，在3年多的时间里较快完成了一系列顶层设计和协同机制建设，取得了重大阶段性成果，进入稳中加固、稳中提质、稳中向好的高质量发展攻坚期。重庆市统计局和四川省统计局联合发布的《2022年成渝地区双城经济圈经济发展监测报告》显示，2022年，成渝地区双城经济圈GDP达77587.99亿元，同比增长5.0%，占全国的比重为6.4%，占西部地区的比重为30.2%，呈现经济恢复稳中向好、引领作用持续增强、产业发展支撑有力、需求引领带动强劲、协同创新成效显著和多领域合作纵深推进六大发展特点。

同时，当今世界面临百年未有之大变局，全球产业链供应链紊乱、大宗商品价格持续上涨、能源供应紧张、复合型通胀等风险相互交织，南北差距、复苏分化、发展断层、技术鸿沟、债务增加等问题更加突出，加剧了世界经济复苏进程的不确定性。成渝地区双城经济圈高质量发展是在外部环境更加复杂的背景下砥砺前行、赶超跨越，更强调要走出一条中国式现代化的成渝特色路径。从微观层面看，与成渝地区双城经济圈不少市区县面临的挑战相似，江津区面临的发展不平衡不充分问题较为突出，综合实力和竞争力与东部发达城市存在差距，特别是区域性中心城市构建亟待提档升级，基础设施、交通网络等要素支撑仍需持续完善，新型城镇化与乡村振兴需要同步推进，开放型经济培育和工业经济转型升级需要"弯道超车"，产业链供应链需要系统性增强韧性和竞争力，产学研用融合的科技创新支撑能力需要进一步加强，生态环境保护任务仍然艰巨，民生保障改善还存在短板。

"一分部署，九分落实。"围绕融入成渝地区双城经济圈，江津区已出台超过 100 项政策规划，签署超过 100 项合作协议，形成系统全面的政策包、项目库。因此，江津区有关部门要全面贯彻习近平总书记对推动成渝地区双城经济圈建设做出的重要指示精神，全面落实党的二十大精神和《成渝地区双城经济圈建设规划纲要》等法规政策，深入实施重庆市成渝地区双城经济圈建设"一号工程"，梳理双边、多边合作协议、重点项目及出台的政策规划，建立任务清单、机会清单及相关数据库，健全战略导向、目标导向、需求导向、结果导向的重点合作项目（事项）绩效评估机制，保障具体事项有章可依，并按照时间表、路线图务实高效推进。同时，及时调整地方合作事项与国家、川渝两省市有关战略部署不一致的提法、思路、布局，确保在"川渝一盘棋，唱好双城记"的基础上，加快建设现代化新江津，努力实现"五地一城"等战略目标。

为此，我们提出以下几方面的建议。

一是加快建设特色鲜明、功能突出的科技创新基地。

营造包容开放、近悦远来的一流创新生态。构建与周边市区县科技创新人才共享和政策同享机制。建立校企、院企科研人员"双向流动"机制，加强企业主导的产学研用深度融合。长效实施"津鹰计划"，构建"科学家＋企业家＋经纪人＋投资人"的新型科创人才结构，推动人才链与产业链、创新链、资金链深度融合。推广"揭榜挂帅""博士直通车""赛马制"、科研经费"包干＋负面清单"等制度，形成市场导向和结果导向相结合的科技创新主体引育机制。实施高新技术企业和科技型企业"双倍增"行动。完善科创企业"全生命周期"金融服务体系。涵养新时代江津企业家、创业者、创新者的家国情怀和责任担当，让创新在全社会蔚然成风。

高标准建设、高水平管理西部（重庆）科学城江津片区。围绕"科学之城、创新高地"总体目标，加快"建平台、兴产业、聚人才、优环境、提品质"，促进产城景智融合，着力构建"一核一圈多片多点"科技创新格局，加快实现"两中心两地"发展目标。加速聚集科技创新资源，争取重大科技基础设施、高校科研机构、高端研发机构、央企国企等战略科技力量落地，加速布局、培育和引进各类创新平台和研究机构、高新技术企业等创新主体，尽快形成创新主体集聚集群效应。推动科技创新引领产业高质量发展，构建"原始创新—科技成果转移转化—产业协同创新—产业化落地"的产学研用金服协同创新体系，以产业创新与集聚创新资源、催生创新成果，赋能江津区"4+1"主导产业。

加快科技创新开放合作。推动江津区全域融入西部（重庆）科学城科技创新网络，引领川南渝西地区、泸永江融合发展示范区、重庆"一区两群"等科技创新协同发展。加大与西部（重庆）科学城其他片区、西部（成都）科学城、中国（绵阳）科技城的对接，错位发展，构建原始创新联合攻关、科技成果有序转移转化的联动协同格局。深度融入长江经济带国家科技创新中心协同创新网络，加强与京津冀、长三角、粤港澳大湾区等发达地区的科技成果转移转化合作，扩大与广西、云南、贵州等周边地区科技创新协同辐射合作。充分利用西部陆海新通道重要节点优势和江津综合保税区等平台优势，积极对接中新（重庆）、中国 – 欧洲中心（成都）等重大国别（地区）合作项目的外溢科技创新合作需求，促进与中欧班列沿线国家地区和东盟国家在物流、商贸、加工贸易等开放型经济的科技创新合作，打造国际陆港科技成果转移转化基地，共建"一带一路"科技创新合作区，打响"江津创新"全球品牌。

二是加快建设重庆内陆开放高地的前沿阵地和国家陆港型综合物流基地。

构建联动发展、物畅其流的开放大通道。以友好城市、陆港组织、产业联盟等形式，深化与成渝地区双城经济圈及中西部地区陆港城市的交流协作，加强与沿海、沿边、沿江节点城市的联动，拓展和优化境内外分拨集散中心合作资源，做大做强西部陆海新通道江津班列品牌，实现中欧班列（渝新欧）江津班列常态化运行。提档升级江津港口群，拓展长江经济带港口合作网络，构建通江达海、首尾联动的沿江综合立体国际开放通道。构建水公铁立体交通网络体系，加快交通同城化发展，实现"半小时中心城区、一小时江津全域、两小时周边城市"的通达目标。

推进高水平开放平台和贸易体系建设。构建"通道＋枢纽＋网络"的现代国际物流体系，推动江津综合保税区高质量建设发展。以小南垭铁路物流中心为主要载体，完善多式联运集疏运体系。推动人流、物流、资金流、信息流高效畅通，建设智慧型综合物流基地。促进贸易和投资自由化便利化，优化打造市场化、法治化、国际化口岸营商环境。推动加工贸易向品牌营销、研发创新、销售服务等价值链高端延伸，促进加工贸易与一般贸易、服务贸易、智能制造深度融合发展。大力发展保税研发、保税物流、数字贸易和"实体经济＋跨境电商"等新业态，探索数字自贸港、产业沙盒等创新平台建设。深化文化、艺术、教育、体育、旅游、科技等领域的国际交流合作，促进民心相通。

促进与成渝地区双城经济圈及国内外重点区域开放合作。引领泸永江融合发展示范区、川南渝西地区协同发展。推动江津区与川渝产业平台之间基础设施互通、数据信息共享、产业招商联动、创新成果共用、优惠政策同标。加强与京津冀、长三角、粤港澳大湾区的战略对接，链条式、集群化承接东部地区产业转移。加强与长江经济带沿线城市协作发展，共同打造长江立体综合大通道。加强与钦州、防城港、凭祥、瑞丽等边境口岸协作，把出海出境通道优势转化为贸易和产业优势。引领建设渝黔合作先行示范区，延伸与西部地区其他城市的交流合作。积极对接 RCEP 及共建"一带一路"，挖掘"江津机会"。做实中国西部（重庆）东盟商品、农副产品冷链分拨中心。深度参与中新（重庆）、中德、中法、中瑞（士）、中意、中以、中韩、中日等成渝地区双城经济圈国际合作园区（项目），探索飞地经济、项目合作、供应链合作、贸易畅通等创新合作机制。

三是加快建设成渝地区双城经济圈重要的先进制造业基地。

促进制造业要素配置优化和产业链供应链转型升级。通过提质、引强、补链、建链、强链、延链、建圈等协同发展方式，培育打造具有区域影响力和示范性的"4＋1"产业集群"升级版"。融入重庆都市圈，连接成都都市圈，努力形成研发在创新中心、制造在江津、配套在江津的先进制造业分工布局。推进江津区制造业服务化发展，促进先进制造业价值链由以产品为中心向以"产品＋服务"为中心转变。加快推进江津区内各产业平台的政策叠加、服务体系共建、资源共享和产业协同，提升产业承载和协同发展能力。发挥龙头企业的产业集聚和辐射功能，打造先进制造业龙头企业产业生态圈。

深化经济区和行政区适度分离改革。构建规划编制、产业政策、招商引资、政务服务、财税政策、市场监管"六统一"的区域合作机制，做实做强"合江·江津（珞璜）"新材料产业合作示范园区，因地制宜推广"江津功能总部＋合江配套生产基地""江津技术研发转移＋合江成果转化""江津头部企业入驻＋合江产业配套"等联动发展模式。按照功能共建型、产业共建型、产品配套型、资源开发型、飞地经济型等多种方式，率先在泸永江融合发展示范区、川南渝西地区、成渝地区双城经济圈民营经济协同发展"泸州－江津"示范区，灵活打造先进制造业合作示范园区，在产品配套、技术转移、产能合作、产品供销等方面实现园区承载和跨区域合作。

优化承接成渝地区双城经济圈内外先进制造业产业转移。增强与成渝地区双城经济圈其他市区县在先进制造业的政策规划、产业链供应链合作的协同性，联动完善信息对接、权益分享、税收分成等跨区域产业转移政策体系和协调机制，共建产业转移集中承载园区，"补链条""集群化"承接我国东部地区、发达国家的产业转移，以及成渝地区双城经济圈有关市区县优质制造业的区域布局，尤其要聚焦关键节点的引领突破突围，整体提升江津区先进制造业竞争力。推动江津区与产业转移地的有关政府部门和机构联合发起设立区域产业基金等产融平台，以市场化方式促进重大产业项目落地，建立园区开发、要素配置、产业转移、产业链合作等一体化、一站式高效协作机制。

四是加快融入成渝现代高效特色农业带，促进乡村振兴示范地建设。

高质量参与共建成渝现代高效特色农业带。深度融入成渝麻辣经济走廊，建设以花椒为重点的调味品产业集群，打造以江津花椒、食用油为重点的国际农副产品加工基地。推进优势中药材产业带、富硒产业经济带及世界级白酒产业集群建设。推动沿线、沿江、沿界农业协同发展，促进城乡要素资源合理流动和高效配置，聚力打造现代高效特色农业区域协作的高水平样板。与泸州市、永川区共同推进优质粮油及稻田综合种养产业带、长江中上游晚熟龙眼荔枝产业带、优质茶叶产业带、酿酒用糯红高粱产业带、花椒产业带等建设。构建相互支撑配套、协作共兴、绿色环保的产业体系，共同打造泸永江现代农业示范园。继续实施"江津花椒、永川秀芽、合江荔枝"国家地理标志保护工程，提升"一江津彩"区域公用品牌知名度。巩固建设渝川黔现代山地高效特色农业示范区。

推进区域现代高效特色农业联动融合发展。在花椒大数据平台的基础上建立农产品质量安全追溯网络，强化农产品分拣、加工、包装、预冷等一体化集配设施建设，促进江津区农产品货通成渝、成渝农产品通过江津区的通道物流货通全球。发展壮大粮油食品、酒水饮料、休闲食品、调味品、农副产品精深加工，联合打造"健康油""调味品""文化酒""富硒菜"等行业性集合品牌，建设成渝地区双城经济圈特色消费品工业聚集区。

五是加快建设全国知名、重庆一流的休闲旅游胜地。

携手开展巴蜀文化保护传承开发。系统梳理、研究、解读崇文守礼、进取守正、耿直守信、爱国守志的江津文化价值，弘扬"六张文化名片"，展示"四面山水·人文江津"的城市文化形象，提升江津区在巴蜀文化的辨识度、吸引力与凝聚力。加强历史文化名城名镇名村、传统村落、历史街区、乡土建筑等保护利用，促进非物质文化遗产项目有机融入旅游景区、商业街区。推动川渝文化艺术机构与江津区有关机构共创共排共享巴蜀特色剧目、曲目、演出，发展实景演出、驻场演出、流动演出等旅游演艺项目。借助"成渝地·巴蜀情"等巴蜀公共文化品牌，深度融入川渝公共文化服务体系一体化建设。

打造国际范、中国味、巴蜀韵的世界级休闲旅游胜地核心区。加快构建"一山引领、两翼协同、五线联动、多点支撑"的休闲旅游发展格局，因地制宜发展文旅商康养新业态，促进"旅游＋"一二三产业融合，以产城景智融合推进城旅一体化建设和全域旅游发展。推动江津区有关商业综合体、商业街区引进品牌首店、高端定制店、跨界融合店、跨境电商体验店，鼓励消费精品在江津区首发、首秀、首展，发展都市娱乐、品牌餐厅、主题乐园等潮流业态，举办有影响力的电影节、音乐节、时装周等展演活动，打造城市网红打卡地群，以及具有成渝影响力和美誉度的商旅目的地。在传统文化资源丰富的镇街，围绕特色美食、传统工艺产品、民俗节庆、自然遗迹等，建设特色消费聚集区，打造巴蜀特色"三小时商旅品质消费圈"。保护传承江津美食文化，发展体现巴蜀风情、承载城市记忆、展现工匠精神的特色小店，打造"吃喝玩乐购看"网红小店。做实川南渝西文旅融合发展联盟，加强与联盟城市在品牌打造、旅游营销、景区互推、游客导流、线路定制、项目联营、产业开发等方面的深度合作。

六是加快建设有品质、有颜值、有情怀、有温度的宜居江津。

稳步推进宜居城市"硬环境"建设。推进美丽宜居滨江公园城市建设，努力实现"以优质的生态环境、城市生活和公共服务吸引人才、人才吸引企业、企业创造繁荣"的"人—城—产"高质量发展路径。提升宜居城市规划建设水平，合理布局生产、生活、生态空间，构建全域"一轴两翼、拥江发展"空间布局和"一主两副六节点多特色"现代化城镇体系。按照"减量、增绿、留白、整容"要求，稳定开展旧城改造和城市更新，做好文物、工业遗产、历史遗存的保护开发，传承历史文脉。推进海绵城市、韧性城市建设。

　　促进重点领域公共服务共建共享和扩容提质。建好用好川南渝西教育共同体合作机制，促进江津区教育部门、中小学校与成渝地区双城经济圈有关机构在课程教学、教师队伍建设、数字教育平台开发应用、教育科研等领域结对合作。推动江津区内职业院校与成渝地区双城经济圈有关院校在人才联合培养、精品课程共建、学科专业联办、优秀教师共享、产教融合等领域加强合作。支持川渝重点高校在江津区布局教学基地和创新载体。联合渝川黔毗邻市区县共建体系完整、分工明确、城乡联动、反应灵敏、运转高效、全域同质的"防、控、治、学、研、产"六位一体的公共卫生体系。鼓励川渝优质医疗机构、院校与江津区建立合作办医、学科共建、技术培训、人才培养、多点执业、远程会诊等多种形式的交流合作机制。鼓励川渝养老服务机构落户江津，开展家庭养老床位、老年餐桌、互助幸福院、嵌入式养老服务机构、巡访关爱、适老化改造等比较成熟的居家社区养老服务。推动医疗卫生、中医药与养老、文旅等的深度融合，与成渝地区双城经济圈有关市区县共建互助型、飞地型全国康养产业高地。健全公共安全应急管理联动机制，与毗邻市区县共建织密国家安全、社会治安、矛盾纠纷、技防人防四张防控网。

专题报告

西部科学城的江津探索实践
与高质量发展路径

方　宁　温晓君　蒲　阳　龙希成[*]

党的二十大报告提出，坚持创新在我国现代化建设全局中的核心地位，加快实现高水平科技自立自强。构建新发展格局最本质的特点是实现高质量的科技自立自强，建立自主可控、系统完备、开放包容、高效高质的现代化科技创新体系，从源头和底层解决关键共性技术"卡脖子"问题，为中国式现代化新征程提供全面、强大、持续的战略科技支撑。

实践中，一些重大科研项目通常具有开发周期长、投资大、风险高等特点，难以单纯依靠科研团队和市场力量自发和独立完成。因此，要健全新型举国体制，凝聚政府、市场、社会等各方面力量，坚持"四个面向"[①]的战略方向，优化配置创新要素资源，强化企业创新主体地位，营造一流创新环境，推进跨学科、跨区域、跨行业的协同创新。

进一步看，将科技创新作为战略核心与公共产品的科学城[②]正在各地

* 方宁，中国国际经济合作学会理事，数字经济工作委员会副主任，成渝地区双城经济圈研究院执行院长；温晓君，中国电子信息产业发展研究院电子信息研究所所长；蒲阳，中经智研（重庆）商务信息咨询有限公司研究员；龙希成，清华大学博士，北京大学国家发展研究院博士后。

① 四个面向：面向世界科技前沿、面向经济主战场、面向国家重大需求、面向人民生命健康。

② 科学城的概念最早形成于20世纪50年代，多以综合性科学中心为定位，依托拥有科技创新和产业发展的空间载体建设，深化科技体制改革，集聚高端科研基础设施、多元创新主体和创新服务等创新要素，涵盖基础研究、应用研究、产业共性关键技术创新、新产业新业态培育等功能，促进创新要素优化配置和自由流动，为科技人才提供高品质公共服务，促进科研成果就地就近"订单式"研发转化，突破高校科研院所科技创新方向与需求脱节、科技成果转化不足，中小企业限于实力规模难以深度参与科技创新等瓶颈，推进创新链、产业链、资金链、人才链深度融合，打通从科技强到企业强、产业强、经济强的通道。

迅速兴起，全球有超过600座科学城。从美国斯坦福科学城（硅谷）、日本筑波科学城、韩国大德科学城、德国阿德勒斯霍夫科学城、丹麦哥本哈根科学城的实践看，科学城孵化前沿产业并引领时代发展主流，成为一个地区乃至国家赢得未来的制胜之道。在"科技强国"召唤下，我国科学城也迎来如火如荼的建设热潮，北上广深等一众城市强势入局，竞相打造共生、共融的创新生态群落，最大限度地集聚运筹全球高端创新资源，抢占科技创新和产业发展制高点，以"产城研"融合持续提升发展位势能级。[①]

一 西部科学城的创新使命与战略路径

限于经济发展相对滞后和开发开放较晚，过去西部地区主要发展腹地经济和承接域外产业转移，科技创新能力不足是主要发展短板。随着西部地区经济发展提速增效，"创新"和"科学"成为新时代西部大开发的关键词。2020年5月发布的《中共中央 国务院关于新时代推进西部大开发形成新格局的指导意见》提出，不断提升创新发展能力，以创新能力建设为核心，加强创新开放合作，打造区域创新高地。当年12月发布的《科技部印发〈关于加强科技创新促进新时代西部大开发形成新格局的实施意见〉的通知》（国科发区〔2020〕336号）提出，以推进西部地区全面建设创新型省份为主线，培育全国及区域性科技创新高地。由此可见，通过重点培育科技创新高地，以一高地带动全域补齐创新短板、提升区域创新能力，不仅有利于西部地区与其他地区同步推进高质量发展的中国式现代化新征程，也有利于优化全国创新版图，支撑创新型国家建设。

---

① 在科技强国战略推动下，为提升科技创新策源能力，我国已布局建设北京怀柔、上海张江、安徽合肥和广东深圳四大综合性国家科学中心，在建设过程中均以科学城为核心承载区。比如，北京统筹规划建设中关村科学城、未来科学城、怀柔科学城，上海主要聚焦建设张江科学城，合肥推出滨湖科学城，粤港澳大湾区规划建设深圳光明科学城、广州南沙科学城、东莞松山湖科学城等。

2020 年 1 月召开的中央财经委员会第六次会议和 2021 年 10 月印发的《成渝地区双城经济圈建设规划纲要》均明确提出，支持成都和重庆以"一城多园"模式合作共建西部科学城。有别于东部沿海地区以某个地域为载体独立建设科学城，成渝地区双城经济圈更强调以西部科学城为统一品牌，在若干园区"共建"，协同创新、"百花齐放"、共同引领的特色更鲜明。三年多来的实践证明，西部科学城成为培育区域性科技创新高地的主要载体。在西部科学城及其区域内的创新主体的主导或者参与下，川渝两省市已成立高校、高新区、产业园区、创新基地等涉及科技创新的联盟组织 40 余个，共建（省市）重点实验室等创新平台 9 个，联合实施研发项目 110 项，共享科研仪器设备 1.2 万台（套）。

2023 年 4 月，科技部等 14 部门联合出台《关于进一步支持西部科学城加快建设的意见》，这是国家层面首个专门支持西部科学城建设发展的文件，首次明确西部科学城的先行启动区范围为西部（成都）科学城[①]、重庆两江协同创新区[②]、西部（重庆）科学城[③]、中国（绵阳）科技城[④]，并提出，先行启动区要加快形成连片发展态势和集聚发展效应，有力带动成渝地区全面发展，形成定位清晰、优势互补、分工明确的协同创新网络，逐步构建"核心带动、多点支撑、整体协同"的发展态势。

---

① 西部（成都）科学城总规划面积 361.6 平方公里，构建"一核四区"为主的空间功能布局。"一核"即成都科学城，定位为西部地区重大科技基础设施、科研院所和大学创新平台汇集区。"四区"即新经济活力区、天府国际生物城、东部新区未来科技城和新一代信息技术创新基地。

② 重庆两江协同创新区总规划面积 30 平方公里，其中核心规划面积 6.8 平方公里，集聚高校、研发机构、孵化机构、企业以及科技人才、创新团队，是打造国家（西部）科技创新中心的先行示范区，西部创新资源集聚地，重庆科技创新重要承载地、展示地、体验地。

③ 西部（重庆）科学城总规模面积 1198 平方公里，与重庆高新技术开发区空间范围一致，构建"一核五区"空间布局。"一核"即重庆高新区直管园，"五区"即江津、北碚、沙坪坝、九龙坡、璧山五大创新产业片区。

④ 中国（绵阳）科技城。2000 年 9 月，党中央、国务院做出建设绵阳科技城的重大战略决策。目前，中国（绵阳）科技城的范围为"一核三区多园"，"一核"即科技城集中发展区，"三区"即高新区、经开区、科创区，"多园"即绵阳工业园、游仙经开区、江油工业园、安县工业园、三台芦溪工业园、北川经开区等省级及以上开发区。

二 高水平建设西部科学城成为重庆高质量发展新增长极和创新驱动新引擎

2020 年以来，重庆市委、市政府深入贯彻党中央决策部署，以重庆高新技术产业开发区为战略平台，举全市之力、集全市之智，高标准高起点规划建设西部（重庆）科学城。2020 年 9 月，重庆召开西部（重庆）科学城建设动员大会和新闻发布会。2021 年 5 月，重庆市委、市政府为西部（重庆）科学城党工委、管委会授牌。

依据《重庆市人民政府关于支持西部（重庆）科学城高质量发展的意见》（渝府发〔2022〕12 号）等政策规划，西部（重庆）科学城以"科学之城、创新高地"为总体定位，聚焦科学主题"铸魂"、面向未来发展"筑城"、联动全域创新"赋能"，精准发力五个科学（科学教学、科学研究、科学实验、科学设施、科学机构）和五个科技（科技人才、科技企业、科技金融、科技交易、科技交流）重点任务，滚动实施"十大重点基础设施工程""十大科技研发创新中心""十大百亿级高新技术产业项目""十大内陆开放高地的重要支撑载体""十大高新技术企业总部""十大科技产业服务平台"等六个"十大工程"，努力建设具有全国影响力的科技创新中心核心区、以高新技术产业为重点的产业创新引领区、人与自然和谐共生的高品质生活宜居区、深度融入新发展格局的内陆开放示范区、成渝地区体制机制改革先行区。

重庆高新区直管园是西部（重庆）科学城核心区，规划面积 313 平方公里，年产笔电等智能终端设备占全球的近 1/4，集成电路产业产值超全市 80%，布局建设大科学装置、大科学工程等重大科技基础设施，拥有市级及以上研发平台近 300 个，实施"金凤凰"人才支持政策，知识价值信用贷款、科技创新券、种子基金等科技金融改革举措在全市引领示范。2022 年，重庆高新区直管园 GDP 达 706.1 亿元，同比增长 5.9%，高于全市平均水平（2.6%），其中第二产业增加值 455.8 亿元，同比增长 9.5%，固定资产投资同比增长 26.6% 。

西部（重庆）科学城江津片区依托江津双福工业园（省级工业园）开发建设，处在"一带一路"、长江经济带、西部陆海新通道联结点上，北邻西部（重庆）科学城核心区、重庆大学城，南依江津滨江新城，东接九龙坡区，西傍缙云山，含双福、圣泉、德感三个街道，规划面积 200 平方公里，已建成 52 平方公里，是重庆高新区拓展园。到 2022 年末，已培育高新技术企业 109 家、科技型企业 453 家、"专精特新"企业 52 家、国家小巨人企业 4 家，拥有 2 个国家级实验室、4 个院士专家团队、3 个博士后工作站，汇聚多位两院院士、长江学者、国家杰青等国家级、省部级人才。2022 年，151 家规上工业企业实现规上工业产值 461.6 亿元，商贸流通额 780.6 亿元。图 1 为西部（重庆）科学城江津片区大全景图。

图 1 西部（重庆）科学城江津片区大全景图
［供图：西部（重庆）科学城江津片区管委会］

西部（重庆）科学城北碚园区纳入北碚区 8 个街镇，共 283 平方公里，占西部（重庆）科学城总面积的 24.2%，其中歇马街道全域（58.6 平方公里）为首发区，聚力建设"三大产业基地"①，建设科技创新主平台，争当引领区域高质量发展的排头兵。

西部（重庆）科学城沙坪坝片区规划面积 147 平方公里，发挥沙坪坝

---

① 西部（重庆）科学城北碚园区"三大产业基地"：重庆市传感器特色产业基地、卢作孚民营经济示范产业园、西南大学科学中心＋校地合作产业园。

区高校、科研院所聚集优势，围绕"芯核器网服"主导产业和"云联数算融"要素集聚，以环大学创新生态圈建设为引领，完善"基础研究—技术研发—成果转化—企业孵化—产业生成—人才引领—金融支撑—服务保障"创新"八环"生态链，构建"初创企业—科技企业—高成长性企业—高新技术企业—上市企业"五级培育成长链及研发机构"独立法人研发机构—新型研发机构—高端研发机构"三步辅导成长链，壮大科技创新市场主体，打造引领重庆高质量发展的"科创智核"。

西部（重庆）科学城九龙坡片区规划面积147.59平方公里，含西彭、陶家、铜罐驿3个镇，依托西彭工业园、九龙工业园先进制造业本底，重点打造中国铝都、西部氢谷、临港产业园。2022年，完成规上工业产值706亿元，同比增长15%；完成全社会固定资产投资57.8亿元，同比增长10%；战略性信息产业实现产值395亿元，同比增长20%，铝、氢、汽、摩四大主导产业实现产值558亿元。

西部（重庆）科学城璧山片区将璧山国家高新区全域纳入，规划面积80平方公里，重点发展新能源汽车、新一代信息技术、智能装备、大健康等产业，实施曙光湖片区开发，以"总部基地＋研究院＋产业园""研究院＋产业园＋基金"的发展路径，聚集总部经济、研究院经济、高新技术产业、创新资本、高端人才。

2022年西部（重庆）科学城各片区主要发展指标见表1。

表1　2022年西部（重庆）科学城各片区主要发展指标

序号	片区名称	规划面积（平方公里）	重点发展产业	R&D强度（%）	高新技术企业数量（家）	科技型企业数量（家）	入驻高校（所）
1	重庆高新区直管园	313	新一代信息技术、生命健康、绿色低碳及智能制造、高技术服务	5	240	1410	4
2	江津	200	大交通、智能制造、新材料、航天航空	2.6	109	453	7

序号	片区名称	规划面积（平方公里）	重点发展产业	R&D强度（%）	高新技术企业数量（家）	科技型企业数量（家）	入驻高校（所）
3	北碚	283	传感器、校地合作产业	-	-	-	-
4	沙坪坝	147	新能源汽车、集成电路、高端装备、生物医药、数字经济	4.4	166	2100	14
5	九龙坡	147.59	铝业、氢能、汽车、摩托车	-	75	167	0
6	璧山	80	新能源汽车、新一代信息技术、智能装备、大健康	3.25	300	1575	4

注：①西部（重庆）科学城北碚片区管委会 2022 年 5 月挂牌运作，主要为新建开发区，尚未披露相关科技创新指标。

②由于西部（重庆）科学城沙坪坝片区并未单独披露有关科技创新指标，鉴于其与沙坪坝区科技创新集聚区较为重合，故 R&D 强度、高新技术企业数量、科技型企业数量等指标统计以沙坪坝区相关数值为依据。

③从西部（重庆）科学城"一核五区"布局看，江津片区在 R&D 强度、高新技术企业数量、科技型企业数量、入驻高校数量等方面并不占优势，因而需要创新走出一条"产-科-城"融合的高质量发展新路。

值得关注的是，西部（成都）科学城以成都科学城为核心，后者依托天府新区建设，战略定位①和发展路径清晰，初步形成引领性的开发建设成效。例如，成都科学城已布局重大科技基础设施和交叉研究平台 12 个，引进国家级科研机构 25 家，引育校院地协同创新平台 55 个，汇聚高层次人才 418 名、高端科研人才 5000 余名，引进海康威视、商汤科技等重点企业 120 余家和高新技术服务机构 60 余家，培育高新技术企业 589 家，正加快建设"人城产"融合的公园创新城。同时，西部（成都）科学城其他区域多为新开发空间，科技创新、产业发展与成都科学城相对容易形成配套协作。

与之对应，尽管西部（重庆）科学城的规划面积是西部（成都）科学城的 3.3 倍，但前者各片区存在一定的产业同质化以及由之带来的创新要

---

① 成都科学城的战略定位为具有全国影响力的科技创新中心科学高地、西部（成都）科学城创新策源地、成渝综合性科学中心主阵地、国家实验室和天府实验室承载地。

素引育竞争等挑战。例如，除了北碚片区尚未明确提出发展新能源汽车产业外，其他片区均明确提出新能源汽车产业布局，集中在整车制造、零配件配套生产，以及部分细分领域的产业创新，主要依靠招引新能源车企和辖区内存量车企新能源化转型实施，在行业产能过剩和竞争加剧的背景下，对产业优化布局和创新要素优化配置提出更高要求。

2021 年重庆智博会期间，西部（重庆）科学城举行首届场景大会，发布《2021 年度西部（重庆）科学城重点应用场景清单》。这是西部（重庆）科学城各片区共同举办的首个对外活动，形成"整体统筹、区域聚焦、错位布局、协作联动"的共识。未来，"创新区研发、产业区转化、功能区做特"的产研协作模式应成为各片区协同发展的重要机制。

三 西部（重庆）科学城建设的江津"答卷"

建设特色鲜明、功能突出的科技创新基地是江津区"五地一城"战略的首要目标，西部（重庆）科学城是主阵地、主战场。江津区在西部（重庆）科学城建设动员大会召开后 3 个月（2020 年 12 月），即成立由区委书记、区长担任双组长高位推进的西部（重庆）科学城江津园区领导小组。2021 年 2 月，江津区委、区政府成立西部（重庆）科学城江津园区管理委员会，并于当年 3 月底正式挂牌运作。

（一）科创基础和要素支撑扎实，跃升西部（重庆）科学城提速提效

值得关注的是，江津园区管委会比西部（重庆）科学城党工委、管委会及其他片区管委会授牌运作时间更早，示范探路工作总体走在前面，源于产、学、研、商、居一体化发展的现代化新城已有相当基础。

其一，从产业本底看，西部（重庆）科学城江津片区依托成立于 2002 年的双福工业园建设。2008 年，双福新区成立，当年被列为江津区经济建设"十大战场"之首。2020 年，双福新区 GDP 达 176 亿元，占全区的比重为 15.87%，形成汽摩、电子信息、商贸流通等产业集群，新注册市场主体同比增长 21.8%，合计 11904 家，首次超过 1 万家，其中，代表经济

规模的"五上"企业①新增数量达 102 家，创历史最高水平。由此可见，良好的产业基础和高集中度，以及大中小企业融通发展，为西部（重庆）科学城江津片区高位、高效推进产业创新提供了源源不断的市场动力。

其二，从创新要素看，2020 年双福新区已入驻重庆交通大学、重庆公共运输职业学院、重庆能源职业学院、重庆交通职业学院、重庆电讯职业学院、重庆城市建设技工学校等 6 所高等院校，在校师生超过 6 万人，开设专业 200余个。围绕高校布局创新带，促进校地合作、校企合作、产研融合、产教融合，是国内外科学城建设的主流路径。换言之，区域内高校作为西部（重庆）科学城江津片区的创新本底，使其能够实现可持续的内生式科技创新。

例如，重庆交通大学科学城校区占地 2400 亩，规划功能定位为理工学科专业和基础学科专业为主的教学科研园区，集本科生与研究生教育、科学研究和行政管理等为一体的多功能综合性校区，已有山区桥梁及隧道工程国家重点实验室、国家内河航道整治工程技术研究中心等高等科研机构和 15 个学院、1.2 万名师生入驻，为环重庆交通大学创新生态圈的规划建设奠定了坚实基础。图 2 为重庆交通大学科学城校区。

图 2　重庆交通大学科学城校区

（图片来源：重庆交通大学官网）

其三，从城市建设看，早在 2005 年左右，双福工业园就启动旧城改造，

---

① "五上"企业：规模以上工业企业、规模以上服务业企业、限额以上商贸企业、资质以上房地产企业和资质以上建筑业企业。

推动城市生活性配套逐渐完善，当时的产城融合发展理念在中西部工业园区中具有超前性。如今，生活环境优美、功能设施完善、产业发展突出、富有创新活力的宜居宜业现代化新城已然形成。相较于国内部分新设立的科学城仍处于建设开发期，西部（重庆）科学城江津片区具备良好的城市功能和公共服务配套，为科创人才安心创新、创业、就业解决了后顾之忧。

（二）栽好梧桐引凤栖，加速推进团结湖数字产业园建设

进一步看，西部（重庆）科学城江津片区面临中小企业自主创新能力不强、高校创新链和企业转化链联通效能不足、科技创新资源分散、缺乏重大科创项目承接载体等瓶颈，优化科技创新要素布局和补齐平台载体短板成为其突破突围的发力点。因此，西部（重庆）科学城江津片区建设的战略路径明确为：打造以团结湖数字经济产业园为核心、环重庆交通大学创新生态圈为产业带、高新技术龙头企业和高端创新平台为支撑的"一核一圈多点"的科技创新新格局，辐射带动全域及西部（重庆）科学城创新发展，成为引领江津区高质量发展的"火车头"。

团结湖数字经济产业园是西部（重庆）科学城江津片区科技创新的主要增量空间、重大科创项目的主承载地、产研融合的策源地，也是全国首批 EOD（生态环境导向开发模式）试点项目，由中冶赛迪集团和中建八局联合承建，总投资 48 亿元，采用 PPP 模式下的 DBFOT（设计—建设—融资—经营—转让）运作方式，建设"科学城"样本。图 3 为团结湖数字经济产业园效果图。

按照江津区委、区政府"三年初见成效、五年基本建成"的总体要求，团结湖数字经济产业园同步推进高起点规划、高标准建设、高质量招商、高要求促建，到 2022 年末，引进玄武岩新材料总部及研发基地、团结湖 AI 算力赋能中心、中科（重庆）智慧产研城、西北工业技术（重庆）研究院、凤凰（西南）数字人才培养与产业孵化基地等数字经济项目超过 60 个，累计协议引资超过 200 亿元，初步形成中科系、北航系、西工系三大具有国家级实力的创新体系。按照有关规划，力争到 2026 年底，引进数字经济产业项目 150 个以上，实现年产值 200 亿元以上。

图3 团结湖数字经济产业园效果图

注：团结湖数字经济产业园重点建设智能制造基地、滨水会展中心、研发创新中心等产研设施，享堂小学改扩建、园区配套信息化系统开发、团结湖湿地公园二期工程建设、享堂片区生活污水处理站及配套管网建设、7条市政道路建设等产业载体和城市管理服务设施。

（供图：江津区双福工业园发展中心）

例如，团结湖AI算力赋能中心项目由中国移动通信集团重庆有限公司和江津区共同投资10亿元，在团结湖数字经济产业园智能制造基地建设数据机柜2000个和相应云计算能力。项目建成后，将助力江津区成为川南渝西地区数字经济发展的领军者、重庆全国一体化算力网络建设以及数字经济发展的重要支撑点。

中科（重庆）科学城创新中心由中国科学院科技产业化网络联盟与国科创同集团共同打造。在团结湖数字经济产业园建设的中科（重庆）智慧产研城已建成投入使用，与创新中心共同构筑智慧产业生态圈。中科新材料科技（重庆）有限公司是入驻的20多家智能制造企业之一，生产的隐形车衣各项指标均达到甚至超越国外最新产品，打破国外对同类产品的垄断。

团结湖数字经济产业园引入多家北航校友创办的高新技术企业，先后落地智能感知系统、反隐身测试及隐身维护支持系统、军民两用载重无人直升机项目。航空产业随之快速崛起，不到1年时间就完成"驼峰"军民两用重载无人机的研制和首飞，"北航－测威科技"联合实验室由北京航空航天大学与重庆测威科技有限公司在团结湖数字经济产业园联合共建。

2018 年 12 月，西北工业技术（重庆）研究院落户双福新区，是全国首个由地方政府推动组建，依托大学、军工集团参与联合共建，专门从事国防科技成果转化和产业化的新型研发机构，主要涉及电子、新材料、金属检验检测、特种装备、智能制造等新兴领域产业创新。西部（重庆）科学城江津片区建设启动后，西北工业技术（重庆）研究院加大产业基地建设力度，在智能装备制造领域实现 2 个型号产品产业化，在航空零部件制造领域为 C919、波音 737、空客 320 提供零部件。

（三）优化创新生态，培育壮大创新平台和创新主体

一是提升存量企业科技创新能力。西部（重庆）科学城江津片区大力实施存量企业"五大倍增"行动、科技型企业创新发展计划，建设数字化车间、智能工厂，促进各类创新要素向企业聚集，在全市率先试点科技副总进企业制度，推动存量优质企业向高新技术企业、科技型企业、"专精特新""小巨人"和"单项冠军"升级，以及创建市级及以上技术创新中心、制造业创新中心，形成产业创新集群。2022 年，西部（重庆）科学城江津片区共有工业企业超过 600 家（规上企业 151 家），R&D 研发投入 14.5 亿元，规上工业数字经济企业实现产值 75 亿元，规上战略性新兴产业实现产值 160 亿元。

二是引育创新要素。西部（重庆）科学城江津片区积极落实"揭榜挂帅""赛马"制度，深入实施"津鹰人才""金凤凰"等人才政策，加快引育领军科技人才、一流创新团队、技术转移机构和技术经理人。到 2022 年末，科技型企业和高新技术企业总数近 600 家，集聚研发机构 21 家，引进高层次人才 150 名，建立科技服务机构 2 家，帮助 60 余家传统企业实现智能化转型升级，实现技改投资 14.2 亿元。

三是创新发展科技金融。西部（重庆）科学城江津片区打造专门机构、专属产品、专有流程、专职队伍、专项考核"五专"科技金融服务机制，重庆农村商业银行江津双福科技支行（全市首家科技支行）揭牌成

立，设立"母基金＋子基金"的初创型科技企业股权投资基金，构建种子投资资金池，推动金融服务快达、直达科创企业，实现知识价值信用贷款等科创贷款"扩容上量"。

四是保障重点项目落地与建设进度。西部（重庆）科学城江津片区树牢"项目是第一支撑"的鲜明导向，以项目建设之"进"，保"科学城"建设之"稳"，强化项目"招批管"协同服务机制，建立项目建设周汇报、领导包保联系、专项督查等工作机制，落实外来投资企业员工公共服务有关政策措施，营造亲商安商富商的营商环境。2023年第一季度，25个重点项目完成投资超18.5亿元，占当年投资完成额的30.5%，超序时进度5.5个百分点。

（四）久久为功建宜居城市，全力推进"科技新城·宜居福地"建设

建设宜居城市是江津区"五地一城"战略的目标任务之一，西部（重庆）科学城江津片区持续完善城市基础设施，提升城市承载力，优化人居环境，提高城市品质，推进智慧城市建设，打造"推窗见景、出门进园"的生活环境，深入开展蓝天、碧水、绿地、宁静、田园"五大环保行动"，保障和改善民生。

其一，城市生态宜居水平进一步提升。利用区域内2万多亩森林、10余个湖泊等生态资源，实施大溪河公园、稻田公园等公园建设改造项目，以及南北大道、九江大道等主次干道项目，六大城市人口和产业集中区域综合提升项目，坡坎崖绿化、春季绿化等城市更新行动，建成以吾悦广场、爱情海主题购物公园为代表的城市核心商圈，开发建设63个地产项目。图4为江津双福吾悦广场购物中心。

其二，城区综合交通不断完善，市政基础设施建设进一步巩固。市郊铁路跳蹬至江津段全面运行，区域内重要主干道交通骨架已形成，次干道支路不断完善，跨区域交通干线渝昆高速、渝泸复线正加快建设，九永高速、绕城高速已建成多年；福城大道东延线、珊瑚大道东延线、金曾路南延线等同城通道进展顺利。污水处理厂已建成三期并投入运营多年，西片区污水管网完成验收，团结湖水体治理、生态补给水等环保项目有序开展。

图 4　江津双福吾悦广场购物中心

（供图：江津区双福工业园发展中心）

其三，城市公共服务水平进一步优化。到 2022 年末，区内拥有江津区妇幼保健院、江津区第一人民医院、佳华医院、福城医院、西南心理健康医院等 6 所医院，社区医院 2 所，医疗诊所数十家；形成以重庆交通大学、双福育才中学为代表的学前教育到高等教育完整体系，现有幼儿园 8 所、全日制小学 8 所、中学 3 所、大专院校 7 所。

其四，基层治理能力进一步提升。推动"创文"工作常态化、长效化开展，大力开展环境卫生综合整治，推进党建引领社区治理，构建"一云承载、一图呈现、一网统管、一端服务"的城市智管新格局，实现"线上＋线下"网格治理，城市善治格局正在形成。

四　推动西部（重庆）科学城江津片区"产－科－城"融合高质量发展建议

建议对标德国阿德勒斯霍夫科学城①、东莞松山湖科学城②，围绕优势

---

① 德国阿德勒斯霍夫科学城始建于 1991 年，距离柏林市中心约 20 公里，是德国最大、欧洲第四大科技城，首先承接中心城区疏解的光电、可再生能源、材料、传媒、生物、环保等产业，进而利用产业创新需求和空间载体优势，集聚研究机构，建设多层次生活居住空间、开放式生态休闲空间、生活服务配套设施，满足不同群体需求。

② 东莞松山湖科学城与东莞松山湖高新技术产业开发区一体建设，依托其先进制造业集群优势，以促进存量制造企业科技创新和引进大院大所大企大才来构建科技创新生态，建设绿色生态城市，从而打造粤港澳大湾区综合性国家科学中心先行启动区。

产业链建圈、强链、补链、延链，面向西部科学城和成渝地区双城经济圈跨区域、跨行业布局创新链、人才链、价值链，产城景智融合建设宜居宜业宜商宜游现代化新城，着力打造具有江津辨识度和全国影响力的西部（重庆）科学城南部科技创新中心、智能制造基地、主城都市区生活服务中心、高品质宜居地。

（一）持续营造一流创新生态

加强企业主导的产学研深度融合，推动创新要素向重点企业汇聚，鼓励校企、院企科研人员"双向流动"。优化科技人才发展环境，依托规上企业、高新技术企业、科技型企业、新型研发机构，建好、用好院士工作站、海智工作站、博士后工作站、制造业技术中心等科创平台，引育一流科技领军人才和创新团队，落实跨区域人才"同城化融入"保障，实现高水平科技人才集聚。发展数据驱动型科技金融模式，探索建立跨区域联合授信机制，扩面扩容知识产权质押融资。围绕科创企业成长全生命周期活动，完善一体化方式管理运行的种子、天使、风险、股权等投资体系。

深入对接成渝地区双城经济圈、京津冀、长三角、粤港澳大湾区等国家重大战略区域科技创新中心建设，支持片区内创新主体参与联合科技攻关。推动片区内重点科创平台在重庆江津综合保税区布局，国际国内双向建立重点国别科技合作基地、联合实验室、全球研发中心、国际科技园区等平台，实现全球创新要素在江津引育和江津创新成果在全球转化。持续办好成渝地区双城经济圈"专精特新"创新赋能大赛、"泸永江"工业设计创新大赛、成渝地区双城经济圈高质量发展论坛等活动，打响江津创新品牌，汇集、配置、集散成渝地区双城经济圈创新资源。

（二）推动科技创新引领产业高质量发展

突出产业创新和产业赋能，构建"原始创新、产业协同创新、产业化落地"的产学研用金服协同创新体系。聚焦重点优势产业领域，持续推动中科系、北航系、西工系等科创平台建设，引育国内外一流高校、研究院所、中央企业、跨国公司等高端创新资源，共建开放式研发机构、创新联合体、科技园区、科技成果转化基地，支持片区内重点企业开展科技协同创新，推动重庆交通大学等片区内高校加强优势学科基础研究平台建设，合理布局双创基地、孵化器、众创空间等小微创新主体培育载体，形成特色鲜明、优势突出、联动协同的创新驱动高质量发展新格局。

（三）提升科技创新及成果转化能力

实施高新技术企业和科技型企业"双倍增"行动，构建"选种、育苗、成长、升高、壮大"科技企业全周期培育链条。强化企业科技创新主体地位，支持规上重点企业、行业领军企业、科创领军主体牵头组建科创平台，集聚优势创新力量共建创新联合体，共担重大科技攻关项目。聚焦前沿、新兴、交叉领域，支持创新主体加强产业发展、技术创新、成果转化、基础研究的融通创新，协力塑造产业竞争新优势。采取定向择优、定向委托与"揭榜挂帅"相结合方式，实施大交通、智能制造、新材料、航天航空、数字经济等关键领域核心技术攻关行动，支持企业主体的产学研协同创新与跨区域联合开展产业共性技术攻关，参与攻克一批"卡脖子"关键核心技术问题。鼓励重点企业、商协会、行业联盟设立创新基金，为原始创新及其成果转化提供保障。发展科技服务业，促进科技成果"点、线、网、面"多层次转化。

五 结语

乘风破浪正当时，奋楫扬帆启新程。"科学家的家、创业者的城"，从规划蓝图到壮美实景，缙云山下、团结湖畔，西部（重庆）科学城江津片区抢抓成渝地区双城经济圈建设、重庆市"一区两群"协调发展和西部（重庆）科学城建设等战略机遇，深入实施科技创新提升、产业转型升级提升、城市建设提升、城市管理提升、工作质效提升等"五大提升"行动，集中力量打造科技创新"加强版"，在创新平台建设、科技企业培育、成果转化应用、体制机制优化、高端人才集聚等方面已有可喜成果，创新正成为推动高质量发展的强大引擎。可以预见，踔厉奋发、勇毅前行的西部（重庆）科学城江津片区正逐渐成为拥抱未来科技、未来产业、未来生活的未来之城，鼓励创新、开放包容、追逐梦想的梦想之城。

江津珞璜临港产业城：西部小镇打造内陆开放高地的创新实践

邹碧颖　王延春　王艳珍*

党的二十大报告提出，要加快建设西部陆海新通道。西部陆海新通道以重庆市为运营中心，各西部省区市为关键节点，利用铁路、海运、公路等运输方式，向南经广西、云南等沿海沿边口岸通达世界各地，比经东部地区出海所需时间大幅缩短，成本大幅降低。目前，重庆市在西部陆海新通道建设上，已形成以中心城区和江津为主枢纽，以万州、涪陵为辅枢纽，以黔江、长寿、合川、綦江、永川等为重要节点的"一主两辅多节点"枢纽体系，正加快打造国内大循环与国内国际双循环的重要枢纽、西部地区改革开放的重要支撑、区域经贸合作的重要门户、面向东盟市场的要素资源集散中心。

江津区作为重庆主城都市区同城化发展先行区，正深度融入国家和重庆开放型经济发展战略，以珞璜临港产业城为重要抓手，着力建设内陆开放前沿和大型综合物流基地。同时，作为重庆陆港型国家物流枢纽建设的主要承载地之一，珞璜临港产业城也正助力江津区在重庆开放大局中挑大梁、显担当、见作为。

珞璜组团位于重庆市江津区东部，素以传统工业重镇闻名。2005 年，珞璜工业园成立，随后逐渐形成材料、汽摩、装备等主导产业，并与德

　　* 邹碧颖，《财经》区域经济与产业研究院研究员；王延春，《财经》副主编，区域经济与产业研究院院长；王艳珍，中经智研（重庆）商务信息咨询有限公司研究员。

感、双福、白沙等三个工业园共同组成江津工业园区（重庆市人民政府首批批准的 16 个特色工业园区之一）。从成渝地区双城经济圈的区位交通视角看，珞璜组团拥有得天独厚的地理交通优势，临长江之滨、三峡库区之尾，毗邻巴南区，与大渡口区、九龙坡区仅一江之隔，离川南、黔北以及南向的广西、东南亚距离相对较近。珞璜组团的小南垭火车站、珞璜港也是重庆铁路、水运交通的关键节点。值得关注的是，与国内不少工业区类似，过去珞璜组团各板块相对分散，缺乏"一盘棋""一体化"的统筹协调和顶层设计，造成管理体制、治理机制的效率效能与其发展定位和潜力不相符合。

2020 年成渝地区双城经济圈建设启动以来，珞璜组团在江津区高质量发展的战略地位不断提升，传统产业提质增效、交通网络建设持续完善。目前，珞璜临港产业城总体规划面积约 68 平方公里，整合珞璜组团五大资源板块——珞璜镇、省级特色工业园区"江津珞璜工业园"、国家级开放平台"重庆江津综合保税区"、重庆四大长江枢纽港之一的"珞璜港"、国家级铁路物流中心"小南垭铁路物流中心"，正发挥"水公铁联运 + 工业园 + 综合保税区"的资源优势，一体打造大通道、大枢纽、大口岸、大物流、大平台，着力培育江铁海联运、国际铁路联运、跨境直达的班列品牌，推动西部陆海新通道与中欧班列、长江黄金水道高效衔接，形成南北贯通、陆海统筹、内外联动、高效协同的开放通道格局。

依据《成渝地区双城经济圈建设规划纲要》，成渝地区双城经济圈要依托南向、西向、东向大通道，扩大全方位高水平开放，形成"一带一路"、长江经济带、西部陆海新通道联动发展的战略性枢纽，成为区域合作和对外开放典范。依据《重庆市推动成渝地区双城经济圈建设行动方案（2023～2027 年）》等政策规划，重庆要实施更大范围、更宽领域、更深层次对外开放，高起点建设通道物流和运营组织中心，高品质打造国际性综合交通枢纽，高质量提升通道物流运行效能，提高参与全球资源配置能力、整体经济效率和全面提升市场活力。而珞璜临港产业城以一域服务和引领重庆市、成渝地区双城经济圈内陆开放战略，其高质量发展有利于打造交通便捷、物流高效、贸易便利、产业繁荣、机制科学的西部陆海新通道，更好支撑重庆内陆国际物流枢纽和口岸高地建设，更好引领西部地区高水平高层次开发开放。同时，研究、解读珞璜临港产业城的发展脉络、开放路径与创新特色，对于成渝地区双城经济圈、中西部同类地区的产城融合与内陆开放突围，具有样本参考价值。图1为江津珞璜临港产业城鸟瞰图。

图1　江津珞璜临港产业城鸟瞰图
（供图：重庆江津综合保税区管委会）

一　理顺管理体制机制，创新区域内不同类型经济区统筹协调协同改革

经济区与行政区适度分离改革是改革开放以来各地经济高速发展的重要驱动因素。经济区管理部门因为减少了社会事务职能，能够进一步聚焦产业发展，使得该地区产业集中和经济赶超得以同步高效推进。但是，同一个地区往往存在不同类型的经济区，也可能造成经济区之间缺乏有效统筹协同，降低了区域发展质效。以江津区珞璜组团为例，区域内拥有工业园、综合保税区、港口、铁路枢纽等经济区，分属于不同职能部门，如果依靠经济区之间基于具体业务的横向自发协调，缺乏前瞻规划、统筹部署，也容易限于追求本经济区利益更大化，忽视协同协作效益。换言之，江津区珞璜组团的高质量发展关键在于破解区域内经济区之间的协同挑战。

鉴于此，2022年3月，江津区委批准成立江津珞璜临港产业城管理委员会，将江津区珞璜组团区域内各经济区统一纳入珞璜临港产业城，实现一个统一品牌、一套管理体制。江津珞璜临港产业城管委会作为区域内各经济区的协商议事机构，在不打破原有管理体制、不增加管理层级、不增加人员编制的基础上，打破经济区界限，由分管区领导担任管委会主任，统筹协调区域内的各项经济发展事务，重点事项纳入江津区级层面高位协调解决。

江津珞璜临港产业城管委会办公室设在重庆江津综合保税区管委会，负责管理重庆江津综合保税区发展集团有限公司（重庆江津综合保税区平台公司）、重庆市江津区珞璜开发建设有限公司（珞璜工业园平台公司）等市场主体，协调海关、铁路（小南垭铁路物流中心由成都铁路局重庆车务段管理）、港口（珞璜港由重庆港务集团管理）等相关单位，对外以珞璜临港产业城管委会名义推进工作。

值得关注的是，由于江津珞璜临港产业城管委会并非决策机构，因而江津区将重庆江津综合保税区党工委明确为决策机构，由担任江津珞璜临港产业城管委会主任的区领导兼任重庆江津综合保税区党工委书记，吸纳各经济区管理部门和珞璜镇党委政府负责人作为党工委委员。"将珞璜临港产业城的决策机构设在江津综合保税区党工委"的亮点在于，江津综合保税区是国家级海关特殊监管区域，相较于珞璜工业园的省级工业园区的经济区级别更高，并且更能体现江津珞璜临港产业城重点发展内陆开放型经济的特色，更能展现"珞璜临港产业城是江津经济发展最大变量"的战略路径。

同时，江津综合保税区批准四至范围2.21平方公里，围网外配套区27.9平方公里，二者合计28.11平方公里，占江津珞璜临港产业城规划面积的41.3%。江津区又将江津综合保税区管委会、珞璜工业园管委会进行扁平化整合，实行两块牌子、一套班子，使得江津综合保税区党工委的管理决策范围扩展到江津珞璜临港产业城全域，解决重庆江津综合保税区发展空间限制问题，并兼顾区域内的其他经济区统筹发展。

由于经济区和行政区在政务服务、经济治理、基层治理的人员配置、管理架构方面存在较大差异性，尤其在后发地区，经济区需要聚焦资源突破产业瓶颈，因而推进经济区与行政区适度分离改革是释放经济区发展潜力、发挥行政区治理优势的关键一招。江津珞璜临港产业城在解决区域内不同经济区统筹协调协同问题后，进一步明确，重庆江津综合保税区和珞璜工业园专司经济发展，珞璜镇专司整个区域的社会服务和管理，一举破解"经济区产业发展和社会事务一手抓，珞璜镇负责经济区规划范围外的经济社会事务"带来的效率挑战和治理困境。

二 优化升级五大产业，加强成渝地区双城经济圈产业合作

江津珞璜临港产业城拥有多年的工业基础，且以传统制造业为主，截至目前，共有企业 1043 家，其中规上工业企业 171 家。2022 年，珞璜临港产业城实现工业总产值 650.7 亿元，同比增长 8%；规上工业企业 167 家，完成产值 585.7 亿元，同比增长 7.2%，总量居江津区工业园第 2 位，占江津区规上工业总产值的 32.6%。

目前，江津珞璜临港产业城主要发展消费品、材料、汽摩、装备四大主导产业，纸质及包装、智能家具两个消费品细分领域，现已入驻玖龙纸业、金田铜业、杜拉维特、敏华家居、海亮铜业、威马农机、德邦物流等优质企业。其中，材料产业是江津珞璜临港产业城增长最快的产业集群，汽摩产业在江津珞璜临港产业城拥有相对完整和成熟的产业链，装备产业产值占江津珞璜临港产业城规上工业产值的比重接近 1/5，纸质及包装行业有玖龙纸业作为强劲的链主企业进行引领，智能家居产业有望成为江津珞璜临港产业城一个具有辨识度的增长点。

在现有产业基础上，江津珞璜临港产业城将每个细分产业培优做强，推进一批具有代表性的知名项目落地，提升产业在成渝地区双城经济圈的影响力，实现重点产业稳步提档升级。2022 年，江津珞璜临港产业城战略

性新兴规上制造企业 26 家，实现产值 112.6 亿元，同比增长 13.2%，增速居江津区第一位；高新技术企业和"专精特新"企业数量均居江津区第一位。图 2 为重庆敏华家具制造有限公司生产线。

图 2　重庆敏华家具制造有限公司生产线
（供图：江津区珞璜工业园发展中心）

另一方面，江津珞璜临港产业城腾笼换鸟、产业升级的步伐也"箭在弦上"。由于产业时序发展、景气变化等原因，区域内尚有一些与开放型经济关联度不大的传统企业亟待转型升级，反过来讲，江津珞璜临港产业城开发开放愈加行稳致远，也为这些传统企业带来新的发展机遇期。例如，重庆天助水泥（集团）有限公司在江津珞璜临港产业城投资兴业 20 多年，近年来受房地产市场萎缩、产能过剩等影响，加之港区生态环境对产品、产能的限制，生产经营面临较大挑战。2020 年以来，天助水泥抢抓成渝地区双城经济圈基础设施建设带来的新市场需求，将江津珞璜临港产业城作为总部，在北碚区、南岸区发展混凝土产业，并在涪陵区、綦江区等临近矿山资源的区域选址，将煅烧等水泥生产环节转移出去。同时，天助水泥还利用厂区临近港口的区位优势，拟发展仓储、物流、码头等新方向。

近年来，江津珞璜临港产业城有关企业跨区域业务合作、市场拓展更加频繁，融入成渝地区双城经济圈建设的步伐明显加快。例如，重庆三峡电缆（集团）有限公司于 2013 年落户，如今将集团总部迁至江津珞璜临港产业城，总部员工超过 300 人，集团全球的产业链、供应链要素和信息在珞璜总部集聚和分发。三峡电缆加强党建引领，与成渝地区双城经济圈有关政府部门、企事业单位开展党建共建合作，进而扩展营销网络。2022 年，三峡电缆在泸永江融合发展示范区签约 100 多个项目，合同销售金额达 5 亿元。

由江津区、永川区、泸州市三地共建的泸永江融合发展示范区是川渝毗邻地区加快融合发展的十大功能平台之一。材料产业是江津珞璜临港产业城的主导产业之一，拥有金田铜业、海亮铜业、哈韦斯特铝业等重点材料企业，新材料产业正加速集聚成链。基于产业布局、市场拓展等考量，有关材料企业有异地扩张的需求。江津区与泸州市合江县毗邻，人文同脉，合江临港工业园区是省级工业园，二者在区位、交通、产业结构等要素上具有互联互通的天然优势，共建的"合江·江津（珞璜）"新材料产业示范园区成功入选首批成渝地区双城经济圈产业合作示范园区名单。目前，双方正协同招商引资、互相引荐项目，并强化上下游的配套合作。2021～2023 年，双方有超过 30 家企业在新材料产业上下游环节配套合作。

三　完善提升通道能级，加快形成"全球采产销"新发展格局

重庆陆港型国家物流枢纽由重庆国际物流枢纽园片区（以兴隆场特大型编组站和团结村铁路集装箱中心为核心）和江津珞璜物流园片区两大板块组成，前者以辐射西向通道（中欧班列）为主，后者以辐射南向（西部陆海新通道）为主。江津珞璜临港产业城拥有集深水良港、高速公路、干线铁路和轨道交通（规划中）于一体的多式联运立体交通优势。近年来，江津珞璜临港产业城发挥"通道＋经贸＋产业"联动协同效应，积极对接共建"一带一路"和 RCEP 国际经贸规则，统筹国内国际两个市场两种资源，以通道物流优势推动形成全球"采购－生产－销售"一体化新发展格局。江津珞璜临港产业城国际物流枢纽多式联运运作模式及流程框架见图 3。

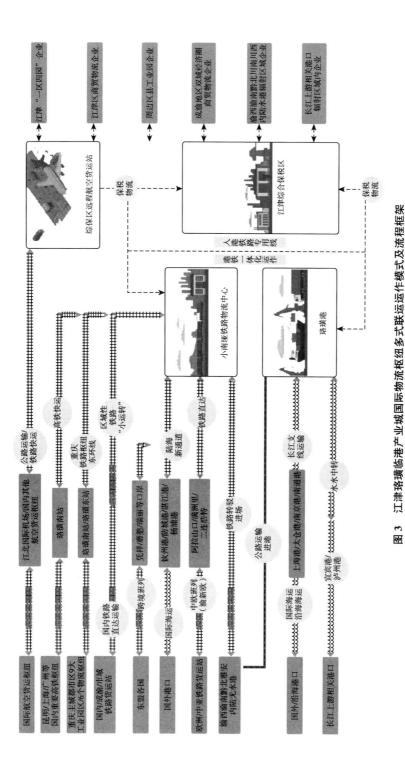

图 3　江津珞璜临港产业城国际物流枢纽多式联运运作模式及流程框架

经过与同类地区比较，江津珞璜临港产业城多式联运综合成本与绩效在西部地区处于领先地位。基础设施方面，小南垭铁路物流中心是西南地区最大的长大笨重货物、集装箱、怕湿货物运输、商品车运输物流中心，占地1500亩，年吞吐能力2000万吨以上，建成货物仓库8栋、总面积4.5万平方米，长大笨重货物装卸区1个、面积4.2万平方米，商品车装卸区1个、面积3万平方米，综合货区4个、总面积24万平方米。通道方面，小南垭铁路物流中心与渝黔铁路、成渝铁路、襄渝铁路、兰渝铁路、遂渝铁路、渝怀铁路等相连，拥有四通八达的交通优势。区位方面，小南垭铁路物流中心位于渝西地区核心区和渝川黔交界处，相比重庆其他通道物流中心，对接川南、黔北、广西、东南亚的区位优势明显。2022年，小南垭铁路物流中心和珞璜港总吞吐量突破1300万吨；累计开行西部陆海新通道江津班列536列，共运输货物26822标准箱，运输货值超过12亿元。

珞璜港是重庆四大长江枢纽型港口之一，从区位条件、航道质量、多式联运等指标看，其有望成为长江黄金水道和西部陆海新通道连接的最佳节点。进一步分析，珞璜港是长江流域"四川宜宾—湖北宜昌"段通行能力、吞吐规模较大的铁公水联运陆港型枢纽。相较而言，宜宾市、泸州市受水位条件限制，港口综合能力尚不及珞璜港。同时，珞璜港也是距离重庆南向通道主线（渝黔铁路）最近的港口，是渝西、川南、黔北借江出海的重要港口，规划有5000吨级直立式泊位8个，年吞吐能力达20万标准箱、1100万吨。另外，珞璜港通过6公里铁路专线，穿越中梁山，连接小南垭铁路物流中心，实现水铁无缝衔接，是各类货物尤其是大宗散货便捷经济的水公铁集疏运港口。

近年来，江津珞璜临港产业城的通道能级不断提升，实现西部陆海新通道与中欧班列、长江黄金水道等出海、出境大通道的有效衔接，先后开通东南亚海陆冷链快线、成渝地区双城经济圈水上穿梭巴士、珞璜港—上海港集装箱班轮、中老国际铁路货运列车等国际国内多式联运货运线路。目前，西部陆海新通道江津班列形成四条主要到发线路，包括到达广西钦州港东站的国际铁海联运班列、经过云南磨憨口岸到达老挝万象的中老跨境班列、经过广西凭祥口岸到达越南的中越跨境班列、经过云南瑞丽口岸到达缅甸的陆海新通道跨境铁公联运班列。截至 2023 年 4 月 15 日，西部陆海新通道江津班列已累计开行 1157 列，而 2023 年预计将达到 1000 列的开行目标，同比实现翻倍增长。

例如，玖龙纸业（重庆）有限公司是玖龙纸业（控股）有限公司在中国最大的生产基地，原材料主要为来自全球各地的废纸，在泰国汇集并加工处理为纸浆。过去，玖龙纸业主要采取江海联运方式，将纸浆从泰国海运至上海，转长江水运至珞璜生产基地。西部陆海新通道江津班列开通后，玖龙纸业从泰国进口的纸浆先到广西钦州港，再通过铁路运输至珞璜生产基地。二者运输费用相差不大，但是后者的时效可以节约近一半，并且通过转关方式运输至小南垭铁路物流中心海关监管作业场所清关，通关便利性进一步提升。

江津珞璜临港产业城供应链服务体系也日趋完善。例如，重庆江津综合保税区老挝仓储集拼中心挂牌运营，为提升东盟国际班列服务能力提供本地化运营载体；陆海新通道重庆江津综合保税区冷链产业园等 3 个项目入选首批国家综合货运枢纽补链强链城市（群）项目库，提升通道供应链服务能力；随着小南垭海关监管作业场所建成投用，珞璜港进境粮食中转码头获批，智能化铁路货运中心启动建设，珞璜港口岸扩大开放"升级版"已然成型。

四 "通道＋物流＋经贸＋产业"联动，培育高质量内陆开放型经济

目前，随着西部陆海新通道建设进一步完善，江津珞璜临港产业城"通道＋物流＋经贸＋产业"联动效应不断放大。重庆江津综合保税区是重庆市继两路果园港综合保税区、西永综合保税区之后的第三个海关特殊监管区域，于 2017 年 1 月经国务院批准设立，2018 年 7 月正式封关运行。

批准四至范围 2.21 平方公里，重点发展保税加工、保税物流和保税服务；围网外配套区 27.9 平方公里，发展智能装备、医疗器械、消费电子、现代物流等产业，以实现网内网外联动发展。

可以认为，重庆江津综合保税区是江津珞璜临港产业城乃至江津区重要的国家级开放平台。从成渝地区双城经济圈视角看，重庆江津综合保税区与中国（四川）自由贸易试验区川南临港片区（泸州）、重庆永川综合保税区共同构筑了泸永江融合发展示范区内陆开放"金三角"，承担了以开放促发展、促示范的重任。

从发展视角看，重庆江津综合保税区的对标对象主要是西永综合保税区、两路果园港综合保税区，前者地处重庆沙坪坝区，后者地处重庆两江新区。2023 年第一季度，西永综合保税区、两路果园港综合保税区在全国综合保税区外贸进出口总量中排名分别为第 4、第 8，而江津综合保税区排名为第 79，与上述两个综合保税区尚有一定差距。西永综合保税区、两路果园港综合保税区的优势在于强大的产业支撑，而非单一依靠政策红利。比如，西永综合保税区先是做大电子信息产业，吸引惠普、富士康等世界 500 强和几百家配套企业入驻，而后再围网组建，即招商落地、产业发展在前，设立综合保税区、放大政策红利效应在后。

重庆江津综合保税区要奋力追赶标杆综合保税区的关键仍然在于"通道＋物流＋经贸＋产业"的有效联动，即用好、用足综合保税区政策红利，以江津综合保税区为平台，在更大的空间范围谋划和促进江津珞璜临港产业城高质量发展，提升现代产业承载能力，形成产业势能叠加效应，从而实现后发赶超。尤其是要深度挖掘"一带一路"建设与长江经济带发展战略连接点和支点的独有价值，加快完善"水公铁"立体交通网络，以区位优势培育通道优势，以机制创新补齐产业短板，向西通过中欧班列（重庆）国际大通道连接中亚及欧洲的贸易机会、现代产业，向东沿长江黄金水道出海，实现江海联运，深度融入长江经济带要素配置与产业链、供应链分工，向南通过西部陆海新通道辐射东盟各国，发展基于 RCEP 的外向型产业。

围绕上述战略路径，江津珞璜临港产业城内陆开放型经济发展已形成若干具备识别度的成果：依托西部陆海新通道、中新互联互通陆海新通道、中欧班列，发展木材、电解铜、有色金属等大宗商品的进口、分拨、加工贸易；发展东南亚、南美、北美、中东欧的水果、粮食、肉类、生鲜等冷链进口、加工及仓储等现代物流业，建成东盟商品分拨中心和重庆市重要的大宗商品交易中心；围绕保税功能，大力发展跨境电商、融资租赁等服务贸易。2022年，重庆江津综合保税区实现出口贸易额约148亿元，比2021年净增22.5亿元，同比增长17.93%，成为重庆市唯一实现进出口额两位数增长的开放平台，其中，保税加工贸易额65.1亿元，占比43.97%，保税物流贸易额82.95亿元，占比56.03%。

五　加快建设内陆开放前沿和陆港型综合物流基地核心区面临的挑战和建议

内陆开放前沿和陆港型综合物流基地是江津区"五地一城"建设的目标任务之一，而江津珞璜临港产业城是该战略的主要承载地。当下，江津珞璜临港产业城开放发展也仍面临若干挑战，亟待用"超常规"的创新举措实现弯道取直、弯道超车。

从微观环境看，江津珞璜临港产业城距离重庆主城尚有一定距离，公路、铁路、水运等基础设施网络需要织密、互联。要加快推进轨道交通、高速公路等建设，不断提升同城化水平，吸引重庆主城和周边地区的要素聚集。稳步推进"两桥三隧一高铁"建设（铜罐驿、小南海长江大桥，中梁山、玉观、碑亭隧道和渝贵高铁），加快构建"三横三纵四互通，四铁双站双枢纽"的对外交通体系。

此外，珞璜港的集疏运体系尚需完善，目前整体航道等级仅为三级，航道水深2.9米，转弯半径小，航道宽度最宽80米，最窄不到40米，境内还有3段控制河道，只能单向通行，加之每年还有一定时间的枯水期、珞璜港至朝天门段航道通行能力受限、技术条件和装备不足等限制因素，导致珞璜港的水运优势尚未完全发挥。因此，江津区要充分利用水深资源，及时优化调整航标，并联动泸州市、九龙坡区等长江上下游毗邻地区，在浅滩、控制河段加强维护性疏浚和通行信号指挥，提高航道维护尺度，力争将维护水深提升至 3.5 米，达到 I 级航道维护标准，让 5000 吨级船舶能够全年直达珞璜港。

从中观环境看，近年来，国内民营企业投资增速下滑，2023 年第一季度仅增长 0.6%，客观上增加了江津珞璜临港产业城招引优质项目落地的难度。释放存量企业增长潜力成为内生式发展的关键。建议加快实施区域内存量企业数智化转型与技改工程，提高制造企业的效率、工艺、质量以及绿色生产水平，促进重点产业稳步提质增效。同时，梳理、发掘、培育区域内具有一定规模和潜力的产业，做大产业招商效能。例如，江津区及周边地区的电缆企业有 100 多家，处于零星分布、各自为战的状态，在国内电缆市场供过于求的现实下，通过产能转移、要素合作、物流整合，依托重庆江津综合保税区出境出海，依托小南垭铁路物流中心就地就近配置产业链供应链，辐射更广泛市场，有望形成新的双循环竞争优势，江津珞璜临港产业城则从招引电缆企业向集聚培育具备竞争力的电缆产业生态升级。依此逻辑，江津珞璜临港产业城可成为长三角地区、粤港澳大湾区及欧洲、东盟等地区产能合作、贸易畅通的重要节点，进而延伸到现代产业建圈、强链、补链、延链。

从宏观环境看，在百年未有之大变局背景下，全球经济发展不确定性明显增加，中国外贸进出口下滑风险加大，江津珞璜临港产业城开放型经济发展面临同类地区、周边地区的竞争，维持中高速稳定增长的关键在于构筑和发挥"通道 + 物流 + 经贸 + 产业"联动的综合比较优势，加强与欧洲、东盟、南亚等国家地区的有效对接，研究新时代共建"一带一路"的新机遇，深入调研了解重点国别的市场新空间，以需求侧扩容提质牵引供给侧改革升级，常态开通西部陆海新通道江津班列、中欧江津班列，并将江津班列的服务与货源在成渝地区双城经济圈构筑业务网络和集疏体系，打造"一带一路"政策沟通、设施联通、贸易畅通、资金融通、民心相通的高质量开放平台。

"改革开放新高地"是成渝地区双城经济圈建设的战略定位之一。珞璜临港产业城作为江津对外开放的火车头、重庆南向开放的桥头堡，依托南向、西向、东向大通道，扩大全方位高水平开放，形成"一带一路"、长江经济带、西部陆海新通道联动发展的战略性节点，书写了区域合作与对外开放的"珞璜答卷"。今天，江津区对外开放看珞璜，征程万里风正扬，未来，成渝地区双城经济圈对外开放同样看珞璜！

江津德感工业园：消费品产业城的蝶变路径与启示

刘　洋　唐任伍　林　森[*]

　　消费是经济的稳定器和压舱石，消费品工业作为我国传统优势产业和重要民生产业，涵盖生活方方面面，在满足消费需求、拉动经济增长、保障和改善民生、吸纳社会就业、扩大外贸出口等方面发挥着不可或缺的重要作用，是筑牢实体经济根基的主要力量。历经40多年的改革开放，在成为全球第一大消费市场的同时，我国已成长为门类齐全、基础雄厚、结构完善、配套完备的消费品工业大国，智能制造、绿色制造、"互联网＋"协同制造取得积极进展，消费品生产规模、供给质量和综合实力稳定提升。据工业和信息化部发布的数据，到2022年，消费品工业增加值占全国工业增加值的比重达到27.9%，规上企业从业人数约2700万，消费品工业营业收入、行业利润、规上企业数量分别比2012年增长35%、64.5%、23.7%。

　　消费品工业同样是重庆市的传统优势产业，通过数智化、品牌化、集群化发展，一批"重庆味道""重庆工艺""重庆记忆"在国内外热销。截至2022年底，重庆市集聚消费品工业规上企业2124家，完成产值5050.3亿元，提前3年实现《重庆市消费品工业高质量发展"十四五"规划》提出的2025年实现消费品工业规上产值突破5000亿元的目标。目前，

---

　　* 刘洋，《成渝地区双城经济圈建设研究报告》主编；唐任伍，二级教授、博士生导师、北京师范大学政府管理研究院院长；林森，中经智研（重庆）商务信息咨询有限公司研究员。

在成渝地区双城经济圈建设"一号工程"统筹下，围绕国际消费中心城市建设，重庆市从供需两侧发力，联合四川省推动两地消费品工业抱团发展、协同发展，川渝两省市消费品工业规模有望在 2～3 年内超过 2 万亿元，建成全球消费品工业高地。

消费品是重庆市江津区四大主导产业之首，引育龙头带动产业链集群发展是江津区建成消费品工业高质量集聚发展示范区的路径和特色。2022 年，江津区消费品工业产值达 536.1 亿元，占全区规上工业总产值的比重增长到 29.8%（高于全国平均水平），占全市消费品工业产值的比重达 10.6%，规上企业增加到 151 家，占全市消费品工业规上企业的比重达 7.1%。

成立于 2002 年、规划面积 27.57 平方公里的德感工业园①是江津区消费品工业的主战场，正高质量建设德感消费品产业城，获评国家新型工业化产业示范基地·食品（粮油加工），形成重庆市最大的粮油食品加工基地。根据《江津区打造消费品工业高质量发展示范区行动计划（2020～2022 年）》任务分工，德感工业园重点发展粮油食品主导产业，大力发展造纸和纸制品、纺织、制鞋、医药制造等特色消费品产业。

集群化"增品种"，绘就江津德感消费品产业城崛起的底色

综观全球，建设消费品产业城的路径有二：一是围绕本土成长起来的消费品牌构建产业链供应链，打造基于本土品牌的区域公共品牌，比如格力与珠海、海尔与青岛、华为与深圳；二是发掘本地要素资源及比较优势，在生产加工、仓储物流、市场营销等环节突破，成为某行业若干重点

---

① 江津德感工业园是重庆市高新区的重要组团，重点发展装备制造、粮油食品、汽摩配套三大产业，现有规模以上工业企业 147 家，认定重庆市智能工厂 5 家（其中重庆市智能制造标杆企业 2 家）、重庆市数字化车间 21 个，国家级绿色工厂 5 家，市级绿色工厂 12 家，获评国家新型工业化产业示范基地·食品（粮油加工）、国家新型工业化产业示范基地·装备制造、国家新型工业化产业示范基地·工业互联网、国家绿色装备制造高新技术产业化基地。园区是西部（重庆）科学城创新成果转化基地，累计认定高新技术企业 81 家、科技型企业 297 家、国家级创新平台 4 个、市级创新平台 62 个、国家级科技企业孵化器 1 个、国家小型微型企业创业创新示范基地 2 个、国家级中小企业公共服务示范平台 1 个。

企业的功能中心。江津德感工业园打造消费品产业城的路径则为后者，由于在起步之初缺少本土领军消费品牌，加之消费品工业门类众多，盲目进军只会被惨烈的市场所淘汰，而区位和交通综合比较优势促使江津德感工业园将粮油食品产业作为突破口。

从区位看，江津德感工业园地处重庆市绕城高速经济带，与重庆市沿江工业走廊叠加，毗邻重庆市主城，位于江津城市经济功能区"西翼"，距重庆西站约30公里、重庆解放碑约50公里、江北国际机场约70公里，加之重庆国际大都市和江津主城区的城市功能配套，成为发展规模型加工业和粮油食品产销集散的理想之地。

从交通看，江津德感工业园紧邻重庆江津综合保税区，拥有"一江两铁N高速"综合交通优势，建有国家级深水良港、年吞吐能力400万吨的兰家沱港，粮油专用码头、大件专用码头等物流项目加快建设；园区距渝昆高铁江津站3公里，成渝铁路穿境而过并设有古家沱货运编组站；园区周边紧邻重庆绕城、重庆三环、成渝、渝黔、江合、江习等多条高速公路干线，实现快捷畅达的"水铁公"一体化多式联运。

进一步看，拥有2亿多人的西南地区一直是食用油主销区，但以前原料及加工长期依赖外地市场。随着食用油市场竞争加剧，在主销区设立精炼和包装工厂，成为食用油巨头的必然选择。水运是食用油长途运输的最佳方式，重庆市是西南地区唯一可通行大型油罐船的地区，自然成为食用油巨头战略布局的首选。使用专用油罐船将毛油从各原料基地或沿海初榨基地运到重庆，能够使毛油在运输过程中始终保持适宜储藏的温度，并且大幅降低运输成本。而位于德感工业园的兰家沱港常年能靠泊3000吨级船舶进行作业，是重庆市目前唯一拥有油罐船专用码头和油泵的港口，能满足油罐船的运输和停靠要求，以及食用油企业的物流需求。

基于占领西南地区市场、整合长江黄金水道航运优势等综合因素，益海嘉里、中粮、鲁花等食用油巨头陆续选择江津德感工业园作为成渝地区双城经济圈、西南地区重要的加工生产基地。过去，重庆市2/3的食用油都靠外地市场供应。现在，"金龙鱼""福临门""鲁花"三大粮油品牌在江津德感工业园每年生产销售食用油 60 万吨，"福达坊"年产芝麻油、花椒油 3 万吨。可以说，整个重庆市乃至西南地区餐桌上的食用油主要产自江津德感工业园，重庆市由过去的食用油主销区转变为主产区。

粮油食品产业具有龙头带动、就近配套的特点。在粮油巨头"扎堆"后，江津德感工业园发展粮油食品加工的独有价值得到业界肯定和热捧。江津德感工业园打出强化投资、做优存量、做大增量、集群发展的产业提升"组合拳"，上下游企业纷纷集聚。例如，桃李面包股份有限公司是全国知名面包品牌，其"中央工厂＋批发"商业模式强调规模经济优势，在江津德感工业园设立生产基地的缘由在于，周边半小时车程内能够便捷采购生产所需的面粉、食用油、调味品等原材料，新鲜出炉的面包又能迅速送达成渝地区双城经济圈数千家商超售卖。

截至 2023 年 5 月，江津德感工业园粮油食品产业共有投产企业 139 家，其中规上工业企业 30 家，形成食用油精炼分装、休闲食品加工等多门类全产业链，涵盖农副食品加工业、食品制造业、调味品制造业、酒、饮料和精制茶业 4 个大类，主要产品可以用"十个一"概括，即一桶油、一袋米（面）、一包淀粉糖、一个面包、一袋火锅底料（含调味品）、一盒方便食品、一盒米花糖、一瓶酒、一盒茶、一瓶饮料。

2022 年，江津德感工业园粮油食品产业实现规上工业产值 170.46 亿元，占全区粮油食品产业产值的 78.12%，占全市的 12.04%，产业链、供应链稳定性及整体竞争力持续增强。益海嘉里中央厨房项目整体达产后，江津德感工业园将一跃成为西南地区最大的粮油食品加工基地。

特色化"创品牌"，"德感制造"名优产品遍地"开花"

作为行业龙头的区域性生产加工基地，江津德感工业园有"世界品牌500 强"中粮，集聚中国品牌 500 强 3 个、中国驰名商标 5 个，以及"中国面包第一品牌"桃李面包、"中国糯米粉第一品牌"黄国粮业、"中国汽水十大品牌"北冰洋等知名品牌。例如，益海嘉里（重庆）粮油有限公司是重庆市100家重点工业企业之一，成立于2007年，占地面积400亩，以食用油精炼、食用油灌装、蛋白加工、面粉、大米加工和销售为主营业务，主要生产"金龙鱼""胡姬花""鲤鱼""海皇""香满园""口福"等系列产品；中粮粮油工业（重庆）有限公司是重庆市100家成长型工业企业之一，成立于2010年，占地面积200多亩，主要生产"福临门"食用油等农副产品，同时从事生物饲料、蛋白饲料的开发、生产与销售。

在培育本土消费品牌方面，江津德感工业园支持企业充分挖掘中国文化、老字号等传统文化基因，推动老品牌焕发新生。截至2023年3月，已培育"几江牌"金江津酒、迈进酱油等2个中华老字号，荷花米花糖、几江米花糖、旺发春湘夜月、肖佬五等4个重庆老字号，以及8个重庆市消费品工业重点培育品牌，2个重庆市非物质文化遗产项目。例如，始建于1951年的江津酒厂集团主要生产经营"几江牌"金江津酒，年产销优质白酒5万余吨，生产工艺传承于拥有百年历史的白沙"宏美槽坊"；荷花米花糖是江津区最具代表性的老品牌米花糖，荷花集团几十年坚持不懈地改进产品工艺、拓展外围市场、持续打造品牌、不断推出新品、创新营销模式，"荷花"品牌从默默无闻发展到中国驰名商标、重庆老字号。

目前，江津德感工业园生产的食用油约占重庆市总产量的60%，淀粉糖产品覆盖西南地区75%以上的高端市场，火锅底料及食材占重庆市总产量的1/5，广大消费者对"德感制造"的产品品牌、德感消费品产业城的"产区品牌"的双重认可度在不断提升。

数字化赋能"提品质"，"德感智造"构筑行稳致远的核心竞争力

利用互联网新技术对消费品工业进行全方位全链条改造，能够充分发挥数字技术对增品种、提品质、创品牌的放大、叠加和倍增作用。近年来，德感工业园坚持园区引导与企业求变"双向发力"，充分释放产业数字化潜力，从装备、工艺、技术等方面助力企业"智改数转"。到2023年

3月，江津德感工业园粮油食品产业建成重庆市智能工厂3个、数字化车间6个，名列重庆市特色产业园区第一位。

中粮粮油智能工厂是首批重庆市智能工厂，先后建成植物油精炼、植物油包装、植物油调油、植物油罐区、收发油车间等多个数字化车间，使用的先进数字化装备有离心机、脱臭塔、自动装箱机、码垛机器人等，建设的系统有 ERP①、MES②、DCS③、一卡通等。相较于传统工厂，中粮粮油智能工厂提高生产运营效率超29%，降低不良品率近60%，提高能源利用率超10%，每年节约超600万吨标准煤、超2万吨水，固废利用超1700吨。

益海嘉里智能工厂通过高清图像技术、AI深度学习等新技术应用，搭建起一套应用于整线工艺的视觉检测系统，使产品出厂前的检测准确率达到99.9%。同时，多个车间建立 MES 等系统，实现信息自动采集、数据互联互通和生产全过程智能化。

高质量建设江津德感消费品产业城建议

总的来看，我国距离消费品工业强国仍有一定的差距，面临行业进入门槛低、市场竞争激烈、自主创新能力不强、部分行业产能过剩、数字化能力及产品附加值不高、市场快速反应和供给能力不足等问题。不少中小微企业深陷产品质量参差不齐、缺乏品牌引领集聚效应、模仿照搬抄袭的低端红海市场，新品种、高质量、强品牌的中高端消费品供给不足，难以满足人民群众对美好生活的消费升级需求，也难以在国际中高端消费市场占有领导地位。

为此，建议江津德感工业园在着力实施"六大行动""六大工程"的过程中，加强需求侧牵引和引导，以"数智"赋能"三品"，深化供给侧改革，提升市场主体的产销能力，在园区率先实现供需联动的建链、强

---

① ERP：企业资源计划，是一种主要面向制造行业进行物质资源、资金资源和信息资源集成一体化管理的企业信息管理系统。

② MES：是一种面向制造企业车间执行层的生产信息化管理系统。

③ DCS：是一种控制功能分散、显示操作集中、兼顾分而自治和综合协调的设计原则的分散控制系统。

链、补链、延链，从而高质量建设成渝地区双城经济圈消费品产业城。

（一）做精做强粮油食品加工业

融入成渝地区双城经济圈打造富有巴蜀特色的国际消费目的地和重庆国际消费中心城市建设，挖掘稳促扩升消费的需求侧机会，紧扣"高端""高质量"两个关键，加大精准招商、项目促建、新品研发和品牌建设力度，加快建设江津德感消费品产业城。

粮油制品方面，围绕"构建全产业链"目标，做强以益海嘉里、中粮、鲁花等为代表的食用油加工企业，加快企业引进、产品开发和品牌建设，通过"三品"齐升提高市场占有率和企业横向集中度；特色食品加工方面，依托广州双桥、荷花米花糖、桃李面包等重点企业，加快技术升级，大力发展上下游产业链，争取实现从"农田到成品"全过程可追溯和供应链就近配套，与成渝地区双城经济圈食品企业协同协作发展；调味品方面，依托重庆江津酿造调味品有限公司、重庆德康调味品有限公司等重点企业，融入"川菜渝味"巴蜀美食文化打造，开发大众市场和分众市场的调味品。

（二）"数智"赋能"三品"

探索在"津心服"企业服务云平台试点基础上，打造工业互联网平台（产业大脑）等实用型智能制造公共服务平台。支持企业按需建设数字化车间、智能工厂、共享工厂、众包型工业设计等数字化场景，提高全要素生产率，"数造"一批"专精特新"企业。推动企业延伸发展直播电商、社交电商、短视频等销售端扩容的新业态，构筑与消费者直接精准连接互动的全链条、全流程数字化产供销网络，实现消费互联网与产业互联网互联互通、协同发展。老字号、非遗、快消品企业要充分推动数字技术和传统文化的深度融合，挖掘江津文化、江津记忆等传统文化基因和卖点，在数字世界讲好"江津好故事"，传播"江津好声音"，提升江津区的文化识别度和历史底蕴，打造满足愈加文化自信的中国消费者需求的"国潮品牌"。

在传统"以产定销"的经销商模式进入产能过剩状态的现实下，挖掘用户个性化需求，拓展"数智"驱动的"以销定产"成为消费品企业维持和扩大竞争力的利器。因此，德感工业园消费品企业要更加重视数据作为新型生产要素的重要价值，将依靠低成本生产要素和规模化低利润驱动的传统工业化产供销模式，转型为以数据为支撑，以增品种、提品质、创品牌为目标驱动的高质量发展模式。尤其是在白酒、米花糖、面包、调味品等分众消费为特色的快消品领域，推动企业开展附加值更高的个性化定制和柔性生产。

在产供销环节数智赋能的基础上，基于"应用创新＋场景创造＋生态构建"的原则，通过数字理念的变革引领和数字技术的迭代应用，促进消费品企业供应链、经营链、生产链、消费链等按需上云用数智赋，从而推动江津德感消费品产业城"三品"效率效能的整体跨越。

江津白沙：谋划"千亿工业、百亿影视"，打造成渝地区双城经济圈特色小镇样本

刘　洋　高俊才　毕绪龙　黎　川 [*]

随着工业化进入中后期，追求生产制造环节的规模扩容和产业区域小而全配套的传统发展模式普遍面临产能过剩、竞争加剧、城市功能不足等挑战。利用块状经济、山水资源、历史人文、信息经济等差异化优势，突出生产、生活、生态"三生融合"，以及"产、城、文、旅""四位一体"发展模式，集聚产业链高端环节，延伸创新功能、服务功能、社区功能、文化功能的特色小镇成为新型城镇化、新型工业化的重要载体。同时，在北京、上海、广州、深圳等经济强市，产业规模大，产业集中度高，要素资源丰沛，特色小镇从依托产业集聚地转向依托镇域建设，例如，北京市顺义区依托南彩镇、赵全营镇、北务镇，打造文旅特色、产城融合、田园城镇等特色小镇。

重庆市江津区白沙镇地处渝川黔结合部，距江津城区45公里，辖区面积238平方公里，素为江津西部经济、商贸、文化中心及渝西、川南、黔北地区的交通枢纽。白沙镇坚持产城融合、文旅融合、城乡统筹发展，是全国特色小镇、全国重点镇、重庆特色小城镇，有"长江入渝的西大门"

---

[*] 刘洋，《成渝地区双城经济圈建设研究报告》主编；高俊才，国家发展改革委农村经济司原司长；毕绪龙，中央文化和旅游管理干部学院研究员；黎川，北京京师润教育科技研究院研究员。

"天府名镇""川东文化重镇"等美称和"小香港"之盛誉。

白沙镇历史传承悠久、文化积淀丰富，于公元987年建镇，历经千年风雨，形成古镇文化、抗战文化、名人文化、民俗文化、影视文化、酿酒文化、教育文化7张文化名片。

作为重庆市唯一的全国经济发达镇行政管理体制试点镇，白沙镇享有近300项行政审批权，行政管理体制灵活自主，为投资者、办事人提供快捷、优质、高效的公共服务。作为重庆市第一人口大镇，白沙镇常住人口18万，现有1所高等院校、1所国家级重点中职学校、1所重庆市重点高中，在校生近3万人，以产学研用融合为域内企业提供人才支撑和创新支持。作为重庆市重点发展的中等城市，白沙镇建成集大型商业体、医疗、教育、文化、娱乐、物流等为一体的滨江城市，舒适宜人的工作生活环境让投资者、创业者、就业者"近悦远来"。图1为江津区白沙镇全景图。

图1　江津区白沙镇全景图

(供图：江津区白沙工业园发展中心)

激三千江水以崛起，搏九万雷霆而迅奔。产，是战略产业；镇，是千年古镇；城，是巴渝名城。可以说，厚重靓丽的文化积淀、突飞猛进的产业发展、山水园林的现代新城，孕育出白沙镇特有的风采和魅力，成为点缀于万里长江之滨的一座特色小镇，闪耀着绚丽光彩，焕发出青春活力，为川渝毗邻地区小城镇产、城、景融合促进高质量发展提供了样本案例。

一 聚焦消费品、光伏等高成长性战略产业，加快打造千亿级现代工业集聚区

江津区白沙镇的工业主阵地在白沙工业园。作为重庆市毗邻四川省泸州市的重要节点、未来江津区副中心城市、泸永江融合发展区现代产业核心区，白沙工业园总体规划面积约 25 平方公里，亦是江津工业园区"一区四园"的重要组成部分，重点发展消费品工业（酒水饮料、食品）、机械制造、新型材料三大产业。截至 2022 年末，累计引进江小白酒业、四川和邦投资集团、骄王天然产物、三易食品、智博粉末冶金等项目 300 余个，协议引资约 560 亿元，拥有产业工人 3 万余人，其中消费品工业项目 200多个，协议引资 320 亿元，占比均超过 2/3。2022 年，白沙工业园完成规上工业产值 111.3 亿元，同比增长 16.3%。

（一）围绕清香型白酒建设重庆酒城，打造百亿级"渝酒振兴"核心承载地

工业是江津区的立区之本，是第一经济支柱，消费品工业则是首位产业。2019~2022 年，江津区消费品工业产值由 252 亿元增长到 536.1 亿元，占全区规上工业总产值的比重由 19.6% 增长到 29.8%。江津区消费品工业基础好、潜力大，主要产品在重庆市占有较大市场份额。与之对应，白沙工业园的酒水饮料、农副产品加工、特色食品等重点行业稳步较快发展，2022 年规上消费品工业产值完成 82 亿元，占园区规上工业产值的73.6%，持续稳居园区第一大产业地位。

值得关注的是，白酒产业在白沙工业园消费品工业中独占鳌头，年产值占据半壁江山。《水经注》记载"巴人善酿，郡出名酒"，重庆市地处北纬 30 度酿酒黄金段，拥有超过 3000 年的酿酒历史。重庆市以江津

区白沙镇产的酒最为有名，《江津县志》称"江津产酒甲于省，白沙烧酒甲于津"。据《白沙镇志》记载，乾隆年间，白沙镇上就出现一条"槽坊街"，街上基本都是酒坊（槽坊），这是目前我国西南地区有据可查的最早的白酒产业园。

围绕江小白建设西南地区最大的清香型白酒示范基地是江津区消费品工业高质量集聚发展示范区的五大板块之一。依据《江津区消费品工业"十四五"发展规划》等政策规划，到2025年力争实现白酒产业营业收入100亿元。这意味着，与成渝地区双城经济圈建设大致同步，江津区白酒产业在5年内要实现产值翻番。图2为江小白生产车间。

图2 江小白生产车间
（供图：江津区白沙工业园发展中心）

创新驱动，江小白成为江津酒业复兴的"链主"企业

2012年江小白酒业公司创立，正逢中国白酒业惨烈竞争之时，江小白并未沿用传统酒厂的拼价格战等营销策略，而是将青年客群作为目标用户、小聚小饮作为消费场景，打出"我是江小白，生活很简单"的宣传口号，推出更适合初尝者饮用的小瓶低度酒，瓶身设计干净雅致，附上引发年轻人购买欲和分享欲的瓶身内容，搭配激起年轻人情感共鸣的短视频、

电影和动漫，成为中国市场年轻消费者公认的第一白酒品牌，也成为重庆市的一张名片、渝酒的符号代表，年产值冲高至30亿元左右。

综观遵义、宜宾、泸州等白酒产业发达城市，均有年产值百亿以上的龙头企业，横向引领若干酒企覆盖不同的细分市场，纵向打造供应链、配套链，酒城方能名副其实。在江小白扎根白沙镇前，尽管地处中国白酒"金三角"产区，自然资源禀赋优良，酿酒技艺和文化传承千年，但当地酒企普遍规模小、竞争力弱。随着江小白带动江津区白酒重回中国酒业主舞台，"复兴江津酒业盛况，振兴渝酒，打造重庆酒城"成为江津区酒企和社会各界的共同期盼。

截至2022年末，江津区有正常经营的白酒生产企业35家、上下游配套企业100余家，产业链年总产值接近60亿元。江小白对江津白酒产业的引领带动作用正在显现。例如，2016年，江小白对驴溪酒厂进行保护性收购，继续传承重庆市非物质文化遗产——"江津烧酒酿造技艺"，后者于1906年在白沙镇槽坊街创立，是重庆市非物质文化遗产生产性保护示范基地，以酿造江津烧酒为主营业务。位于白沙工业园的重庆华彬伟玻璃有限公司是市级"专精特新"中小企业，生产的玻璃制品90%是酒瓶，大部分为重庆江小白酒业有限公司配套，并且是江小白"梅见"系列酒瓶的独家供应商，日产80万～100万支酒瓶，年产值约2亿元。

2022年10月，重庆市江津区人民政府与重庆江小白酒业有限公司签订《总部基地项目投资协议》，前者的国资平台战略投资江小白10亿元，帮助企业扩大生产能力、销售渠道、品牌影响力，努力打造"100亿江小白"。江小白担起以创新动能和市场力量带动江津白酒产业跨越发展的"链主"责任，从"产品品牌"步入"产区品牌"高质量发展新阶段。

"以酒生花"，促进"三产融合"，助推乡村振兴

随着更多老牌酒厂投身小瓶酒和低度酒市场，营销文案和营销工具愈加"内卷"，单靠营销"出奇"，难逃过气的命运。做出品牌影响力和产业规模的江小白，强化了"守正"的战略路径：酿酒古镇、酒庄酿酒、国际品质、三产融合。

目前，重庆江小白酒业有限公司发展成为集高粱育种、生态农业种植、技术研发、酿造蒸馏、分装生产、品牌管理、市场销售、现代物流和电子商务为一体的，拥有工农文旅全产业链的综合性酒业集团，在白沙镇这座千年酒镇拥有江记酒庄和百年酒坊"驴溪酒厂"两个酿造基地，在传统酒业和新酒饮两大赛道均拥有头部品牌，旗下的"江小白"是中国新生代消费者的首选白酒品牌，"梅见"则是中国青梅酒第一品牌①，有关产品在"布鲁塞尔国际烈酒大赛""旧金山烈酒大赛"等多个国际顶级赛事中共获得 176 项大奖。

江小白酒业拥有一支包括 5 位白酒国家级评委、11 位高级品酒师、11 位高级酿酒师的专家队伍，获得 112 项专利，创造的江小白小曲固态法白酒技术获得国家认证。同时，实现"一物一码"大数据技术在产品广泛应用，江记酒庄建成"智能工厂"，自动化酿酒车间被认定为"重庆市数字化车间"。由此可见，江小白酒业立足"清香自然酒"战略定位，传承千年酿酒工艺，加快数智转型升级，以现代酒企的新底蕴推动中国酒的利口化、时尚化、国际化创新，这是赢得未来的战略创新！

值得关注的是，围绕"酒庄＋农场"② 打造三产融合的诗酒田园正成为白沙镇与江小白共同书写的乡村振兴答卷。白沙镇风土气候适宜酿酒和种植酒用高粱，珍贵的富硒土壤为白沙白酒赋予绿色基因和健康内涵。伴随江小白迅速成长，以"江记酒庄"和"驴溪酒厂"两大酒厂为圆心，逐渐形成上千亩的酿酒基地和上万亩的高粱地。

---

① 2019 年，"梅见"青梅酒正式上市，不久便突破亿元销售额，迅速在青梅酒市场占据领先位置，成为梅酒品类的代名词。2022 年，"梅见"在零售市场总规模超过 25 亿元，销售额比上一年增长 144%，成为新酒饮跑出的第一个 10 亿级单品。目前，江小白酒业在广东普宁、福建诏安、四川中江等地建立专属青梅种植基地。

② "酒庄＋农场"是全球知名酒企总部基地的主要发展模式，以良好的自然生态环境和淳朴绵延的酿酒工艺作为支撑，打造现代农业、乡村旅游、工业旅游等多元业态，为产品、品牌实现文化赋能。

手工高粱酒精酿车间、智能酿造车间、米酒自动化车间、自动化包装车间、陶坛酒库、酒体研发中心、食品安全检测中心、智能化仓储物流配送中心、酒文化展示中心等构成"韵味十足"的工业旅游景区，已有20多万国内外游客沉浸式体验育粮蒸粮、摊晾下曲、入窖发酵、蒸馏出酒、入库窖藏等酿酒环节。

江小白还探索出复耕轮作的生态循环农业模式，这也是成渝地区双城经济圈现代高效特色农业发展的一个成功样本。每年，江小白农场的高粱收割烘干后，直接运往生产车间，由酿酒师酿制成酒，销往国内外；在高粱收获后，土地可以得到充分利用，农场播种与高粱错季生长的油菜花，并举办"江小白的一亩三分地"、农业嘉年华、"金色黄庄"菜花旅游文化节等乡村旅游活动，以江小白的品牌魅力、生态农场的自然风光吸引数百万游客前来踏青休闲。图3为"江小白的一亩三分地"航拍图。

图3 "江小白的一亩三分地"航拍图
（供图：江津区白沙工业园发展中心）

进一步看，江小白酒业在白沙镇的两大生产基地直接解决本地就业1000多人，每年发起的返乡就业活动惠及2000多人，加之"企业＋基地＋农户"的现代农场模式带动周边2000余名农户增产增收，进而带动百亿级三产融合，走出共同富裕的乡村振兴新路。2023年首届中国酒庄投资发展论坛将"中国酒庄造境大奖"颁发给江记酒庄，这种中国式理想酒庄有望为同业提供新的样本案例。

（二）做足特色、做优品质，加快建设国家级农产品加工基地

江津区是"硒望"之城，全区中硒及高硒土壤占比 90.21%，硒分布均衡，区内 63.3% 的农产品达到富硒水平，是全国唯一大城市城郊型天然富硒区，被授予"中国生态硒城"。白沙镇是江津区农业大镇，粮油播种面积 14.8 万亩，占全区的 1/10 以上，另有高标准农田 2 万亩，花椒、茶叶、蔬菜、水果、畜禽、水产和中药材等富硒产业快速发展。白沙工业园被评为国家级农产品加工基地、全国农村创业创新园区、市级农产品加工示范园区，到 2022 年末，投产农产品加工企业 144 家。

例如，友鼎食品工业园是白沙工业园的园中园，占地面积 140 余亩，总投资 3.2 亿元，包含食品企业生产加工区、食品仓储物流区、生活配套服务区等，可提供"院落式"独栋工业楼、研发楼以及员工公寓，以及多层厂房和高品质物业，2023 年建成后将为 60 余家企业提供多元化生产办公空间，直接带动就业 2000 余人，间接带动就业 5000 余人。

重庆满圈食品有限责任公司位于白沙友鼎食品工业园内，于 2021 年 8 月由内地与香港公司合资成立，致力于建设集保鲜、冷藏、冷冻、加工、冷链物流、销售等为一体的新型食品企业。作为江津区首个出口畜禽产品企业，该公司投资建设屠宰加工基地，以"公司+合作社+农户"的模式，推广标准化养殖技术，扩大规模化养殖，从源头提高出口产品规模和品质，产品主要销往港澳市场。

重庆三易食品有限公司是一家集火锅底料研发、生产、代加工于一体的现代化食品加工企业，是重庆市火锅牛油、火锅底料、复合调味品生产的百强企业，年生产牛油 3 万吨、调味品 100 万件，年产值近 5 亿元，为全国数百个知名餐饮品牌提供火锅底料加工生产，销售网络遍布全国。图 4 为重庆三易食品有限公司生产车间工人熬制火锅底料现场。

图4　重庆三易食品有限公司生产车间工人熬制火锅底料现场
（供图：江津区白沙工业园发展中心）

（三）践行绿色发展，超常规打造500亿级光伏产业新生态

在碳中和气候共识大背景下，全球光伏产业规模持续扩大，技术不断迭代更新，发电成本大幅下降，基本实现平价上网，成为全球新能源发展的主要方向。加之各国都在寻求能源战略自主，光伏可以帮助其摆脱传统能源依赖，因而成为最具确定性的战略性新兴产业。截至2023年3月底，我国光伏累计装机量超越水电，成为新能源"老大"、全国第二大电源。预计光伏在能源结构中的比重将逐步上升，在不远的将来光伏有可能超过煤炭成为第一大能源。目前，我国光伏产业在各个环节都保持全球领先，2022年光伏制造业产值突破1.2万亿元，一场产业蝶变正在悄然发生，延展出一系列新业态，为各地带来产业新机。

我国西部地区太阳能资源丰富，但四川和重庆光伏装机量相对偏少，光伏市场广阔。成渝地区双城经济圈发电装备产量连续多年位居全球第一，构建了体系完整、结构优化、布局合理、产业链上下游协同创新能力强、具有世界级竞争力的新能源装备产业集群。白沙工业园拥有"一江一桥三铁六高速两空港"的立体交通网络，高速、铁路、码头、空港实现无缝连接，形成"水公铁空"多式联运优势，加之良好的工业基础和丰富的人才资源，可以顺势融入成渝地区双城经济圈光伏制造业优化布局与协作配套，通过发掘配套要素潜力和比较优势，引育光伏制造重点企业，高质量建圈、强链，实现光伏制造业的生产力集中布局和构建特色产业体系。

2020年12月，四川武骏光能股份有限公司①与重庆市江津区人民政府签订投资协议，在白沙工业园成立武骏重庆光能有限公司，建设年产8GW光伏组件生产线和日产1900吨光伏玻璃生产线，主要产品为光伏组件和光伏玻璃，占地900多亩，总投资约42亿元，达产后年产值预计约为110亿元，税收约3.3亿元。该项目3个月完成征地拆迁，2个月完成平场，10个月完成一、二期建设，于2022年3月窑炉点火，2022年5月试生产，项目建设、投产速度全国领先。

目前，武骏重庆光能有限公司光伏玻璃原片日均拉引量1900吨，达到设计产能；2.0mm、3.2mm生产转换自如，满足市场需求；光伏玻璃深加工综合成品率达97%，2GW的光伏组件A品率达98.5%，均接近行业最优值。在全国光伏玻璃产能增加较快、光伏组件成本压力较大的局面下，武骏重庆光能有限公司将"拓销售、创品牌"作为第一要务，2022年销售额达5亿元，税收750万元，产品远销全国各地，实现投产即产销两旺。除了投产见效快外，武骏重庆光能有限公司还建设了国家级绿色工厂，全链条生产环节节能、环保，余热、排水等均回收利用。图5为参加2023年成渝地区双城经济圈高质量发展论坛的嘉宾参观武骏重庆光能有限公司绿色工厂。

纯碱（碳酸钠）素有"化工之母"的美誉，广泛应用于平板玻璃、日用玻璃、光伏玻璃的生产。注册在九龙坡区的重庆和友实业股份有限公司

---

① 四川武骏光能股份有限公司隶属于四川和邦投资集团（总部在四川省乐山市），于2010年落户泸州（长江）经济技术开发区，是四川省"十二五"重大战略性新兴产业项目。和邦集团2020年居中国制造业民营企业500强第405位，2021年居四川民营企业100强第18位。

图 5　参加 2023 年成渝地区双城经济圈高质量发展论坛的
嘉宾参观武骏重庆光能有限公司绿色工厂

（蒲阳 摄）

是一家生产纯碱等化工产品的民营企业，也是重庆市制造业 100 强、九龙坡区工业十强、重庆市高新技术企业。2020 年 12 月，重庆和友实业股份有限公司在白沙工业园成立和友重庆光能有限公司，开发建设年产 8GW的太阳能光伏电池组件及配套年产 50 万吨的光能材料项目，占地面积约850 亩，总投资约 33 亿元，全部建成后预计年产值达 135 亿元，年税收 4亿元。目前，和友重庆光能有限公司一期项目于 2022 年 11 月建成投产，生产的晶莹剔透、高档典雅的光伏组件用超白玻璃惊艳亮相 2023 年重庆"西洽会"，吸引众多客商驻足观看，达成多个合作意向。图 6 为和友重庆光能有限公司生产现场。

武骏重庆光能有限公司、和友重庆光能有限公司均在白沙工业园实现稳健投资、高效建设、快速投产，市场成效良好。两家公司的项目同时纳入 2023 年重庆市重大项目，2023 年 1～4 月完成年度投资计划的 70% 以上，可见企业对扎根白沙镇、长期发展具有坚定信心。进一步看，川渝地区民营经济的交流合作基础良好，民营企业、民间投资往来密切，来自四

图6　和友重庆光能有限公司生产现场
（供图：江津区白沙工业园发展中心）

川乐山和重庆九龙坡的两家民营企业不约而同地将拓展产业链上游的光伏制造板块落户白沙镇，体现出后者发展光伏产业的独特潜力。

2023年3月，江津白沙工业园与长三角太阳能光伏技术创新中心签署合作协议，共同建设白沙光伏产业园，推动重庆市光伏产业建设和光伏应用，科学谋划高质量光伏产业园的产业发展路径、产业空间需求、配套资源措施及各类保障条件。

目前，白沙工业园将光伏产业"延链""补链"的触角伸向全球，重点招引光伏电池片、光伏组件等光伏制造产业链核心环节，边框、导线、储能等相关辅材生产，以及相关装备制造项目。可以说，谋划500亿产值规模的光伏产业园，建设成渝地区双城经济圈光伏制造集聚区，成为白沙工业园发展战略性新兴产业的新赛道、打造现代产业的新引擎。2023年1~2月，武骏重庆光能有限公司实现产值1.8亿元，和友重庆光能有限公司实现产值近4200万元，光伏制造业的带动性开始显现，同期白沙工业园完成产值

23.2亿元，同比增长13.0%，增幅为江津区各产业平台第一。

二 布局全产业链，加快打造成渝地区双城经济圈百亿影视产业新城

影视拍摄基地①最早兴起于美国好莱坞，电影公司将拍摄影片的外景留下来，供以后拍片重复使用，又让观众、游客参观游览，获得电影票房以外的收益，影视基地由此兴盛。近年来，中国每年摄制电影数量超过1000部、电视剧超过400部（过万集），建成上百个影视拍摄基地。

释放"老重庆"风貌 IP 价值，打造成渝地区双城经济圈领先的影视拍摄基地

一座古镇、千米老街、百年风云、千载文脉、万古流芳。江津白沙镇拥有老街老巷65条，至今保留明清时代和民国时期的建筑风貌，有唯一酷似老朝天门的朝天咀码头、全国最高吊脚楼群、规模最大的巴渝山地民居建筑群，是老重庆的城市缩影、追寻重庆记忆的打卡地。抗战时期，白沙镇曾迁入部分国民政府机构、学校和工矿企业，冯玉祥、宋美龄等曾在此演讲募捐，陈独秀、吴芳吉等曾在此寓居讲学。至今，白沙镇保存23处抗战遗址，积累了深厚的抗战文化。加上良好的乡村生态环境，这些优质资源成为影视拍摄的重要素材。

2006年，电视剧《红色记忆》《龙虎人生》在白沙镇取景拍摄，让白沙镇老重庆风格的影视外景资源进入行业主体、社会公众的视野。随后，《雾都》《母亲，母亲》《开罗宣言》等影视剧拍摄让白沙镇名声大振。

2011年，重庆市委宣传部授予白沙镇"老重庆影视基地"称号，后者成为全市首个以老重庆风貌和抗战题材为主题的影视拍摄基地，纳入市级层面高位扶持和推动。2016年，江津区委宣传部、区文旅委提出打造"1+N"

---

① 影视拍摄基地是影视产业元素的聚集形式，主要提供专业影视拍摄场地、设备和服务，并逐渐向影视产业集群发展。

影视基地、推动影视产业快速发展的目标，影视成为江津文化产业的重点板块。2017年，重庆市委宣传部提出打造以江津白沙为首的沿长江影视带发展思路，白沙镇在重庆影视产业的龙头地位得以强化。图7为白沙·老重庆影视基地实景图。

图7 白沙·老重庆影视基地实景图
（供图：江津区文化和旅游发展委员会）

与此同时，江津区陆续出台《江津区影视产业发展扶持试行办法》《江津区影视剧组接待暂行办法》等政策规划，设立影视产业发展扶持专项资金，打造"一核、N基地、全域影城"[①]，保障影视剧组在选景、服化道[②]、群众演员招募、后勤保障等方面享受便捷服务。

从"拍白沙"到"白沙拍"，加快打造百亿级重庆影视城

2019年，重庆市委宣传部正式授牌"重庆影视城（江津白沙）"，后者同时获颁"重庆影视拍摄一站式服务平台""重庆白沙影视文化中小学实践

---

① 一核、N基地、全域影城：以白沙古镇为核心，塘河、中山、四面山等为辅，涵盖江津全域的自然、人文景观作为影视外景拍摄地。
② 服化道："服"即服装设计，"化"即化妆，"道"即道具与布景，"服化道"的设计和应用日益成为影视剧摄制核心环节，更是评判作品优秀与否的重要标准。

教育基地""重庆电影集团白沙影视基地"，白沙镇启动影视全产业链升级。

近年来，江津区投入 10 余亿元，对重庆影视城（江津白沙）提档升级，修缮东华古街、夏公馆等地，建成中师陈列馆，完善市政设施，升级主题餐厅、咖啡厅、酒店等配套设施，并依托抗战胜利纪功碑、民国政府大楼、国泰大剧院等主要影视拍摄景观，包装以影视工业、影视艺术、影视人文、影视体验、影视游乐为主题的艺术馆、图书馆、民宿、游乐场等影视文旅项目，让游客在影视拍摄场景体验从"观戏"到"入戏"的穿越。

到 2023 年 5 月，已有 200 余部电影、电视剧、纪录片来江津（白沙）取景拍摄，江津区成为重庆影视剧拍摄最多的区县。同时，建成占地面积 13320 平方米、全国规模最大的公安题材实景拍摄基地，吸引 40 余家影视企业落户，包括西南地区最大的 80/90 年代影视道具库、占地 5000 余平方米的宝荣宝衣"影视服装道具库"、粮仓·白屋艺术生活空间等影视道具租赁、生产企业，为影视与文旅融合发展奠定坚实基础。

目前，白沙镇正以外景拍摄为基础，谋划实施数字棚、实景棚、影视公寓酒店、影视主题公园、影视数字交易平台等重点项目，引进拍摄制作、设备制造、道具租赁、产权交易、人才培训、金融服务、影院管理等影视全产业链企业，初步建成有辨识度、有影响力的影视拍摄外景地、影视制作基地和影视文化休闲旅游目的地，入围中国广播电视社会组织联合会、人民网评审的"2023 年新时代成渝影视文化产业高质量发展十大创新案例"，正朝着百亿影视城踔厉奋发，勇毅前行。

如今，漫步白沙，四季花海，时光更迭至美不变；文旅商业街，市列珠玑，繁华万象；赏长江、品小酒，又得浮生半日闲……鲁能美丽乡村、江小白的一亩三分地、东华古街、黑石山景区、聚奎书院、中师陈列馆、张爷庙、重庆影视城（江津白沙）总部园区、重庆影视基地和丰富多彩的节会活动，为这座国家历史文化名镇带来丰富多彩的美好休闲旅游生活。同时，影视产业还带火了江津旅游，2023 年"五一"黄金周期间，江津

"1＋N"影视外景地累计接待游客 86.36 万人次。

发挥品牌节会 IP 的拉动、催化、集成作用，集聚全球影视产业优势资源向影视产业价值链顶端延伸，是江津区白沙镇打造百亿级重庆影视城的现实需求和底层逻辑，节会则是汇集资源、触发裂变的产业加速器，其品牌影响力与承办城市的产业竞争力深度绑定。

2020 年 12 月，借助中国电影美学奠基人钟惦棐先生为江津人的名人资源优势，江津区联合中国电影基金会、中国电影评论学会、重庆市电影局，发起成立中国电影基金会钟惦棐电影评论发展专项基金，成功举办 2020 中国电影评论高峰论坛，将"中国电影评论高峰论坛""中国电影评论年度盛典"两项国家级电影活动的会址永久落户白沙镇。2022 年 8 月，钟惦棐电影评论发展专项基金在第十二届北京国际电影节期间举办"电影强国——新时代电影评论的创新与提升"论坛，影响力持续扩大。

影视工业化[①]是一个国家和地区影视全产业链发展的标配路径。江津区是重庆工业大区，正加速数智转型升级，发展影视装备制造、影视后期制作有良好的产业沉淀，弘扬企业家精神、工匠精神的人文内涵为江津区打出、打响影视工业化品牌提供最佳的切入点。

2019 年，首届中国（白沙）影视工业电影周在白沙镇开幕，吸引国内各大电影企业和行业组织参与，以及众多知名电影人加盟，受到业界广泛好评，成为"山水之都·光影重庆"的重要电影品牌活动。同时，重庆影视城（江津白沙）抢抓全国电影人才齐聚江津的难得机遇，大力推动优质影视资源集聚、落户。

"传承影视技艺，致敬幕后英雄。"2023 年 5 月，由中国电影家协会、中国电影基金会、中国电影评论学会指导，中共重庆市委宣传部（重庆市电影局）、重庆市文化和旅游发展委员会、重庆市文学艺术界联合会、江

[①] 影视工业指围绕影视作品所进行的生产、营销、发行、后产品开发等一系列产业链环节、厂商及相关服务所构成的工业体系。影视工业化标志着一个国家和地区影视产业成熟且富有竞争力。

津区人民政府共同主办的第二届中国（白沙）影视工业电影周在江津区成功举办，由著名电影表演艺术家田华出任形象大使，著名导演饶晓志担任公益推广大使。《我和我的父辈》《满江红》《狙击手》等多个影片的幕后英雄分别获得优秀摄影师、优秀录音师等 26 项荣誉。

三 镇园一体、工文并举、千亿工业、百亿影视，江津区白沙镇打造成渝地区双城经济圈特色小镇样本建议

现代工业与影视产业并行发展、互促发展成为不少发达城市高质量发展的新路径。例如，万达集团在青岛西海岸新区投资 500 亿元建设全球规模较大的影视产业基地——东方影都，西海岸新区 2022 年规上工业产值达 4442.73 亿元。

年产值迈过千亿门槛，代表镇街能级和竞争力达到新高度，标志着发展水平和影响力进入新阶段。千亿产值的产业强镇的崛起，将产生强大辐射带动效应，成为城乡区域协调发展的重要推手。光伏产业能够为地区带来先进的发展理念、优良的要素资源、丰富的人力资源、宽阔的产业延伸、充沛的投资能力，影视产业能够为地区带来知名的品牌形象、倍增的市场红利、创新的文创人才、广泛的项目机遇、协同的产业空间，二者在江津白沙镇同时获得高成长空间。可以说，产业强镇的机遇之门、发展之门已经敞开，白沙镇要有抢抓机遇的决心，更要有登高望远的雄心，瞄准最好最优来努力，在综合实力、单项冠军和优势特色中下功夫求突破，要通过顶层设计和系统谋划，将在项目"点"上的突破，转向产业链供应链"面"上的引领。为此，提出如下建议。

（一）做好清香型白酒产业

充分利用清香型高粱酒发源地、核心原产地和标准制定优势，以"振兴渝酒"为目标，以江小白等为龙头，积极促进工、农、文、旅、商协调融合发展，打造"重庆酒城"产业生态圈，将白沙镇建设成为中国清香型白酒的优势产区。依托并共享江小白在技术研发、品牌创意、包装生产、

人才培训等方面的优势，吸引更多项目入驻，形成重庆市最大、成渝地区双城经济圈较大的酒类产业园。塑造新派酒文化，打造适合年轻人偏好的线上线下"酒庄＋农场"沉浸式特色场景，促进"白酒＋"一二三产业融合，串联泸州、遵义、宜宾等白酒产业园区，共建全龄、分众的渝川黔白酒文化体验目的地。持续挖掘江津区白酒文化内涵与历史渊源，不断增强白酒产业高端创新资源集聚力、全球市场链接力和国际品牌塑造力，融入共建成渝地区双城经济圈世界级优质白酒产业集群。依托江津区白酒振兴，撬动乡村"美丽经济"，推动农业"接二连三"，做活创意农业、认养农业、观光农业等新业态。

（二）建圈强链光伏制造业

深入分析光伏产业现状和趋势、白沙镇的区位优势及生产要素比较优势，加快构建光伏产业高质量发展政策包、项目库，通过引资、引智、重组、投资等方式，筛选引进一批前景好、资质优的骨干企业，严格控制新上单纯扩大产能的低水平光伏制造项目，推动产业链上下游产业协同、产销衔接、资源共享、优势互补。引导光伏企业与科研院所、高等院校开展产学研合作，提高产业创新能力。推动光伏产业数智化、绿色化融合发展。推动智能光伏与绿色建筑融合创新发展，推进分布式、集中式光伏的场景开发应用。

（三）做优做强影视全产业链

推动重庆影视城（江津白沙）向主题公园、文化展示、活动承办、文创空间等复合功能转型，完善周边地区的各题材、全场景打造，构建时空序列完整的影视拍摄基地。深化影视创作生产数智化转型，引进专业机构建设高科技影视摄制基地，实现传统影视、网络电影、网络剧、中短视频、互动视频、直播等多元化内容制作。锚定"老重庆"等IP创作赛道，以"白沙摄制""白沙出品"引育一批具有核心竞争力的影视文化企业、专业人才、项目和品牌。提升中国（白沙）影视工业电影周、中国电影评论高峰论坛、中国电影评论年度盛典等IP品牌节会国际影响力，差异化集聚优质产业要素，打响"白沙影视"区域公共品牌。结合城市更新和美丽乡村建设，在工业园区、交通绿化、乡村景区、城镇社区、城市公园、公共场所等插花式植入影视文化元素，率先建成白沙影视城。推动建立成渝地区双城经济圈影视城发展联盟，与两江国际影视城、成都影视城、泸州川南影视城等建立产业规划、影视拍摄、文旅营销、后期制作等协同机制，形成发展合力。联通影视体验旅游、古镇文化旅游、乡村休闲旅游，将白沙镇打造为巴蜀文化旅游走廊重要的休闲旅游目的地。

参考文献

1. 刘洋，方宁．成渝地区双城经济圈建设研究报告（2022），社会科学文献出版社，2022.

2. 周雪松，刘洋．重庆江津：抢抓机遇构建开放新格局，中国经济时报，2022 - 7 - 1.

3. 罗晶，唐楸．江津：高质量建设西部（重庆）科学城南部科技创新城，重庆日报，2023 - 1 - 13.

4. 唐海涛．加快建设特色鲜明功能突出的科技创新基地，江津日报，2023 - 2 - 1.

5. 谭谣．珞璜临港产业城：开放答卷的书写逻辑，江津日报，2023 - 1 - 17.

6. 唐楸，马建保．江津：工业经济跑出"量质齐升"加速度，重庆日报，2023 - 1 - 14.

7. 余常海，程竹青．重庆江津守护长江美丽岸线，中国环境报，2023 - 2 - 14.

8. 王静，杨燕燕．江津：品质建设绘新篇，宜居城乡展新颜，重庆日报，2022 - 8 - 8.

9. 赵丹，阮瑞雪．江津区：城市蝶变满目新　绘就幸福宜居城，中国网．

10. 唐楸，黄柏添．江津：出台推动科技创新"黄金29条"意见，重庆日报，2021 - 6 - 11.

11. 廖洋，唐春渝．追逐"科创梦"　绘就"创新蓝"——科学城江津片区（双福工业园）科技创新综述，江津日报，2022 - 7 - 22.

12. 罗晶等．江津：打造人才聚集地　跑出产才融合"加速度"，重庆日报，2022 - 12 - 30.

13. 岳芷亦. 泸永江融合发展示范区 2021 年完成投资 115.9 亿元　江津将协同泸州、永川完成六大任务，华龙网 - 新重庆客户端，2021 - 12 - 24.

14. 唐楸等. 江津：加快协同成渝两地周边多地联动发展，重庆日报，2023 - 1 - 16.

15. 王正元，徐庆. 川南渝西大数据产业联盟成立　抢占云端"智"高点，封面新闻，2021 - 6 - 3.

16. 孔德虎. 江津：环重庆交通大学创新生态圈起航，重庆日报，2021 - 7 - 7.

17. 中共重庆市江津区委宣传部. 重庆市郊铁路江津—跳磴线建成通车，人民日报，2022 - 8 - 8.

18. 陈婷，刘舒悦. 非凡十年看江津：水公铁立体交通网加速融城步伐，江津日报，2022 - 10 - 12.

19. 江波，陈婷. 辉煌 70 载！"速"写荣光向未来——记成渝铁路江津段通车 70 周年，江津日报，2022 - 7 - 1.

20. 李舒，王颖. 一座城，8 个站！重庆江津加快完善"水公铁"多式联运疏运体系，上游新闻.

21. 贺宝胜等. 交通改变一座城　城市造福一群人，江津日报，2021 - 8 - 18.

22. 杨骏. 西部陆海新通道江津班列去年开行超 500 班，重庆日报，2023 - 1 - 13.

23. 罗晶等. 重庆江津综合保税区：建设内陆开放前沿和陆港型综合物流基地，重庆日报，2022 - 1 - 18.

24. 李舒. 江津：争创西部陆海新通道建设示范区，上游新闻.

25. 区委宣传部. 首批国家综合货运枢纽补链强链城市（群）名单公示　江津 4 个项目榜上有名，江津日报，2022 - 10 - 31.

26. 营商江津. 优化营商环境 ｜ 提升政务环境　"学找促·晒品争"区县篇之江津，营商重庆.

27. 易志慧等.《成渝地区双城经济圈民营经济协同发展"泸州 - 江津"

示范区实施方案》出炉，江津日报，2021 - 7 - 15.

28. 刘波 . 江津综保区首票保税租赁业务落地，上游新闻 .

29. 廖洋，黄梅 . 区经济信息委：奋力推进工业经济高质量发展，江津日报，2023 - 2 - 1.

30. 董志慧等 . 一图读懂"五大倍增"行动，江津日报，2022 - 2 - 24.

31. 廖洋 . 江津开启汽车产业转型发展之路，江津融媒 .

32. 唐楸等 . 江津：加快建成千亿级消费品工业集聚区，重庆日报，2022 - 1 - 18.

33. 岳芷亦 . 发言人来了丨江津区三年建成"消费品工业高质量集聚发展示范区"目标圆满实现，华龙网 - 新重庆客户端 .

34. 陈旎 . 金融引"活水"供应链金融助力江津白酒产业高质量发展，上游新闻 .

35. 刘星欣等 . 产业"转身"向新而生——科学城江津片区（双福工业园）新材料产业高质量发展综述，江津日报，2022 - 10 - 17.

36. 朱静 . 成渝地区共建工业设计"新赛道"——2022 年"泸永江"工业设计创新大赛在江津落幕，重庆日报，2023 - 1 - 16.

37. 刘翰书 . 成渝八方携手打造装备产业生态圈，上游新闻 .

38. 李舒，余晓青 . 江津与德阳互加"好友"六个方面打造成渝双城经济圈建设地方合作典范，上游新闻 .

39. 王际平 . 重庆江津：建设乡村振兴示范地 交出亮眼"成绩单"，城乡统筹发展网，2022 - 8 - 10.

40. 刘星欣 . 红色车间点燃创新活力——三峡电缆以高质量党建引领企业高质量发展，江津网 .

41. 刘星欣，苏俊杰 . 以"四化"绘就"三农"发展新画卷，江津日报，2022 - 10 - 25.

42. 文靖尧 . 重庆力量丨做强特色优势、做靓智慧农业 江津多措并举挖潜增收，上游新闻 .

43. 周娅．蓄力 9 年，且看"硒"望之城的惊艳蜕变——江津区富硒产业发展纪实，江津日报，2021 - 10 - 21.

44. 王琳琳等．江津创新首席专家制度 推动现代农业高质量发展，重庆日报，2023 - 3 - 8.

45. 邓浩等．"花椒银行"软硬兼修 推动全区花椒产业高质量发展，江津日报，2022 - 6 - 22.

46. 罗晶等．江津：产业增效推动国家农业现代化示范区建设，重庆日报，2023 - 1 - 15.

47. 张玲．共赴"希望的田野" 泸永江携手打造现代农业区域协作高水平样板，渝西都市报，2023 - 3 - 22.

48. 伍勇．以合江荔枝节为媒 川渝四地共同签订现代高效特色农业产业带合作框架协议，封面新闻．

49. 徐莹．"5 + 1"江津位列区县第一，江津日报，2022 - 6 - 16.

50. 陈婷，姚维维．文旅融合：在江津遇见"诗和远方"，江津日报，2023 - 1 - 31.

51. 黄兆娟，陈潜．江津：推进文旅高质量融合发展 加快打造休闲旅游胜地，中国旅游报，2022 - 5 - 17.

52. 姚维维，唐楸．江津：以文化人润心田 以文润城筑高地，重庆日报，2022 - 1 - 6.

53. 杨安迪．喜迎二十大丨非凡十年·江津商贸繁荣百业兴，江津融媒．

54. 李舒．成渝地区双城经济圈第十届美丽乡村休闲消费节启幕 快去江津品尝川渝美食！上游新闻．

55. 阮瑞雪．江津协同周边多地联动发展 助推成渝地区双城经济圈建设，江津网．

56. 刘洋等．巴蜀文化旅游走廊建设的实践探索与战略路径，创意城市学刊，2023（1）.

57. 王茜．涉及渝川黔及毗邻地区 四面山景区发布 7 条市内外精品旅游线路，江津网．

58. 李舒．川渝五地联合举行文化交流专场音乐会，上游新闻．

59. 范芮菱．川南渝西七市区携手 构建文旅市场同防共治协作工作格局，四川日报，2021－6－14．

60. 唐小蝶．川渝旅游互惠再传好消息！泸州、宜宾、江津启动"三城惠游"，上游新闻．

61. 李红霞．电影界大事件！江津和成都珠联璧合，打造"成渝影视双引擎"，江津融媒．

62. 苏展，贺奎．第二届中国（白沙）影视工业电影周活动启动，江津日报，2021－9－13．

63. 王静，杨燕燕．江津：品质建设绘新篇，宜居城乡展新颜，重庆日报，2022－8－8．

64. 阮瑞雪．非凡十年看江津｜宜居江津，江津融媒．

65. 张渝，陈俊希．创文蝶变时｜江津老旧小区大变样，"创"出幸福新生活！江津融媒．

66. 苏展．"城市会客厅"焕"新"记——聚焦"宜居城市"建设中的滨江新城，江津日报，2023－1－6．

67. 胡虹，帅约鑫．重庆江津：筑牢"绿色屏障" 打造绿色家园，人民网—重庆频道，2023－2－21．

68. 赵紫君．第一个！川渝环境资源司法协作巡回法庭揭牌成立，封面新闻．

69. 刘洋等．重庆江津：勇担司法责任 保护长江生态，人民法院报，2022－7－11．

70. 王咏梅等．江津：围绕同城化先行区建设 推动教育高质量发展，重庆日报，2022－9－19．

71. 苏盛宇．提升川南渝西教育协同创新发展水平，江津日报，2023－1－17．

附录1
2020～2022年重庆市江津区融入
成渝地区双城经济圈建设大事记[*]

一 加强体制机制协同创新

2020年1月13日，江津区委常委会召开会议，学习贯彻习近平总书记在中央财经委员会第六次会议上的重要讲话精神，强调要深刻理解和领会成渝地区双城经济圈建设的战略内涵，深刻认识推动成渝地区双城经济圈建设的重大意义，牢固树立一体化发展理念，积极融入成渝地区双城经济圈发展。

2020年1月17日，江津区传达贯彻重庆市"两会"精神暨全区经济工作会召开，强调要坚定不移融入和服务成渝地区双城经济圈发展，着力打造成渝地区双城经济圈重要战略支点。

2020年3月3日，江津区推动成渝地区双城经济圈建设专题会议召开。至今，专题会议形成常态化召开机制。

2020年3月10日，江津区印发《关于成立江津区推动成渝地区双城经济圈建设领导小组的通知》（江津委办发〔2020〕8号），成立江津区推动成渝地区双城经济圈建设领导小组。至今，领导小组已建立常态化工作机制，统筹推动江津区融入成渝地区双城经济圈的各项工作。

2020年3月26日，江津区政协十六届四十次主席会议召开，审议通

---

* 利用媒体公开报道整理。

过《关于开展助推江津打造成渝地区双城经济圈重要战略支点重点履职活动的实施意见》。

2020年4月3日，成渝地区双城经济圈文旅工作三城座谈会召开，江津区、泸州市、宜宾市达成战略合作，共同推动"三城文旅一体化发展"。

2020年4月8日，江津区与泸州市签订《推进成渝地区双城经济圈建设一体化发展2020年行动计划》。

2020年4月26日，江津区与雅安市签订《缔结友好城市战略合作协议书》。

2020年4月27日，江津区委十四届十一次全会召开，审议通过《中共重庆市江津区委关于深入贯彻落实市委五届八次全会精神加快打造成渝地区双城经济圈重要战略支点的决定》。

2020年6月4日，江津区、渝北区和泸州市泸县、龙马潭区四区县法院共同签署《濑溪河流域环境资源审判协作框架协议》。

2020年6月15～16日，江津区、宜宾市、泸州市三地宣传部门签订推进成渝地区双城经济圈建设新闻宣传、决策咨询等多个合作框架协议。同期，江津区与泸州市签订《社科研究合作框架协议》。

2020年5月20日，江津区、泸州市、内江市、宜宾市、自贡市、永川区、荣昌区、毕节市、遵义市、昭通市等川渝滇黔10市（区）应急管理部门共同签署区域应急管理合作协议。

2020年5月27～28日，江津区党政代表团赴成都市学习考察，达成交流合作机制，与成都市有关部门携手推进成渝地区双城经济圈建设。

2020年5月29日，江津区与成都市郫都区签订《推动成渝地区双城经济圈建设战略合作协议书》。

2020年6月24日，江津区、泸州市、永川区、荣昌区四市区生态环境部门联合召开推动成渝地区双城经济圈建设生态环境保护合作联席会议第一次会议暨生态环境保护合作框架协议集中签约仪式。

2020年8月6日，江津区、泸州市两地人大常委会共同签订《关于建立推进成渝地区双城经济圈建设协作机制的协议》。

2020 年 8 月 26 日，川渝生态环境保护联合执法队来江津区开展执法工作。

2020 年 9 月 24 日，泸永江融合发展示范区规划建设启动会召开，泸永江三地将采取跨行政区组团发展模式，推进融合发展示范区建设。2021 年 11 月，川渝两省市发展改革委联合印发《泸永江融合发展示范区总体方案》。2022 年 12 月，江津区、泸州市、永川区联合印发《泸永江融合发展示范区发展规划》。2021 年以来，三地联合出台《泸永江融合发展示范区年度重点工作任务》《贯彻落实〈泸永江融合发展示范区总体方案〉任务分工》等制度文件。

2020 年 10 月 12 日，江津区、泸州市两地科协签订融入和服务成渝地区双城经济圈战略合作框架协议。

2020 年 11 月 9 日，江津区、泸州市两地气象局签署合作协议，在共建共享气象数据基础设施、联合制作气象服务产品、共同打造农产品公共品牌、强化大气污染联防联控、加强干部人才交流合作、优化气象安全管理法治协同等领域建立合作。

2020 年 11 月 16 日，江津区生态环境局与自贡市生态环境局签订生态共保污染共治协同发展合作协议。

2020 年 12 月 29 日，江津区、泸州市两地科技部门签署合作协议。

2021 年以来，江津区、泸州市、永川区三地环境部门联合开展跨界河流非法采砂、非法捕捞、禁渔期垂钓、违规排放污水废水等非法行为联合巡查、联席会议（现场办公会），常态化进行跨界河流河道清漂工作。三地公安机关联合开展交界水域联合执法。江津区与泸州市环境部门共同印发《自然保护地协同监管工作机制》。

2021 年 2 月 2 日，江津区人民政府办公室出台《关于贯彻落实重庆市金融支持西部（重庆）科学城建设若干措施的通知》（江津府办发〔2021〕9 号）。

2021 年 3 月 18 日，江津区人民政府办公室、泸州市人民政府办公室出台《关于印发成渝地区双城经济圈民营经济协同发展"泸州－江津"示范区实施方案的通知》（江津府办发〔2021〕35号）。

2021年3月31日，西部（重庆）科学城江津园区管委会、团结湖大数据智能产业园正式挂牌。

2021年4月7日，江津区人民法院、泸州市中级人民法院、重庆市第五中级人民法院、合江县人民法院、江津区石蟆镇人民政府共同签订《关于建立川渝司法协作生态保护基地框架协议》。同时，川渝首个环境资源司法协作巡回法庭在江津区揭牌。

2021年9月6日，江津区与德阳市签订缔结协同发展友好城市合作协议。

2021年9月8日，江津区、永川区、荣昌区、大足区、泸州市、宜宾市、自贡市、内江市等川南渝西4市4区纪检监察机关共同召开协作发展助力成渝地区双城经济圈建设第一次联席会议，签署合作协议，建立常态化协作机制。2022年4月，江津区纪委监委牵头，联合川南渝西4市3区纪检监察机关，共同绘制出川南渝西4市4区"廉洁地图"。

2021年12月2日，江津区科技局与四川省广安市科技局、广安市华蓥市人民政府签署科技协同创新发展合作协议。

2021年12月22日，江津区与四川宜宾市、自贡市、内江市、泸州市，以及重庆永川区、铜梁区、大足区、綦江、荣昌区10市区科技部门在川南渝西科技协同创新发展战略合作暨科技成果发布对接会上，共同签署《川南渝西科技协同创新发展战略合作协议》。

2021年12月28～30日，中国共产党重庆市江津区第十五次代表大会召开，提出"五地一城"奋斗目标。

2022年2月，江津珞璜临港产业城管理委员会成立。

2022年3月，江津区法院在办理一起执行案件过程中，通过"双城执行联动机制"，与成都市青白江区法院协作保全涉案资产。

2022年4月28日，江津区人民政府办公室发布《关于印发协同推进成渝地区双城经济圈"放管服"改革 2022 年重点任务清单等 3 个清单的通知》（江津府办发〔2022〕63 号）。

2022 年 5 月 10 日，江津区人民政府办公室出台《关于印发江津区贯彻落实〈成渝地区双城经济圈碳达峰碳中和联合行动方案〉的行动方案的通知》（江津府办发〔2022〕57 号）。

2022 年 5 月 16 日，江津区人民政府出台《关于推进宜居城市建设的意见》（江津府发〔2022〕16 号）。

2022 年 8 月 19 日，江津区人民政府办公室出台《关于印发重庆市江津区推进休闲旅游胜地建设实施方案的通知》（江津府办发〔2022〕124 号）。

2022 年 8 月 29 日，江津区人民政府办公室出台《关于印发江津区建设内陆开放前沿和陆港型综合物流基地实施方案的通知》（江津府办发〔2022〕127 号）。

二 推进现代产业共育共兴

2020 年 5 月 19 日，5·19"中国旅游日"暨泸州、宜宾、江津"三城惠游"启动仪式在江津区举办。

2020 年 6 月 22 日，珞璜长江枢纽港与泸州港达成合作，推动"水水中转"班轮常态化开行。

2020 年 7 月 3 日，重庆珞璜港务有限公司与雅安交建集团无水港签署战略合作协议。

2020 年 9 月 6 日，搭载东南亚国家水果、芬兰猪肉等货物的首班"东南亚冷链海陆快线"列车从广西防城港开出，到达江津珞璜小南垭铁路综合物流中心。

2020 年 9 月 16 日，重庆影视城（江津白沙）与成都影视城签署合作协议。

2020 年 9 月 22 日，江津区与泸州市签订《推动成渝地区双城经济圈泸渝沿江现代农业高质量发展示范区建设战略合作协议》。

2020年9月24日，巴蜀区域合作文旅推广活动在四川省乐山峨眉山市举行，川南渝西7市区（渝西的江津、永川、荣昌三区和川南的宜宾、泸州、自贡、内江四市）签订文化旅游战略合作协议。

2020年9月27日，江津区、泸州市、自贡市、内江市、宜宾市、永川区、荣昌区7市区商务部门共同签订《成渝地区双城经济圈建设南翼城市群会展合作框架协议》。

2020年10月28日，国家发展改革委、交通运输部联合公布2020年国家物流枢纽建设名单，重庆江津综合保税区与重庆国际物流枢纽园区共同承担重庆陆港型国家物流枢纽建设的目标任务。

2020年11月18日，江津工业园区（珞璜组团）与泸州市合江临港工业园区签订合作协议，共创川渝新材料产业合作示范区。2021年1月8日，川渝两省市经济和信息化部门联合发布《关于首批成渝地区双城经济圈产业合作示范园区的公告》，"合江·江津（珞璜）"新材料产业示范园区成功入选。

2020年12月4日，江津区与德阳市两地经信部门签署《产业协同发展合作协议》，江津白沙工业园与德阳绵竹高新区签署《共建示范园战略合作协议》。

2020年12月10日，江津区政府与四川省大健康产业协会签订战略合作协议。

2021年2月25日，川南渝西7市区文化旅游营销工作会召开，江津区、泸州市、宜宾市、内江市、自贡市、荣昌区、永川区7市区文旅部门发起共建川南渝西文化旅游营销联盟（2023年更名为川南渝西文旅融合发展联盟）。

2021年3月5日，搭载重庆润通科技有限公司通用机械产品的西部陆海新通道江津班列中远海运润通专列从小南垭铁路物流中心出发。

2021年3月10日，江津区与泸州市、永川区共同举办泸永江融合发展示范区首次重大项目集中签约活动。

2021 年 4 月 27 日，江津区委、区政府主办的"四面山水·人文江津"——江津文旅四川推介会在成都市举行。

2021 年 5 月 21 日，江津区、宜宾市屏山县两地农业农村部门签订富硒产业发展合作协议。

2021 年 5 月 26 日，川南渝西 7 市区（渝西的江津、永川、荣昌三区和川南的宜宾、泸州、自贡、内江四市）签署文化和旅游市场执法协作备忘录。

2021 年 6 月 3 日，江津区、永川区、荣昌区、自贡市、泸州市、内江市、宜宾市的政府部门、高等院校、领军企业共同发起成立川南渝西大数据产业联盟。

2021 年 6 月 4 日，江津区与成都市、德阳市、眉山市、资阳市、渝北区、江北区、永川区 8 个市区经信部门共同承办的成渝地区八方协同建设世界级先进装备制造产业集群暨地方产品（德阳）推介会及系列活动在德阳召开。

2021 年 7 月 14 日，成渝地区双城经济圈长江水上穿梭巴士在江津珞璜港开启首航，至今实现常态化开行。

2021 年 10 月 27 日，重庆江津综合保税区与重庆经济开发区、长寿经济开发区、万州经济开发区、西永综合保税区、两路寸滩综合保税区、涪陵综合保税区、重庆国际物流枢纽园区、果园港国家物流枢纽、南彭公路物流基地共同签订协同联动创新发展倡议书。

2021 年 12 月 8 日，江津区、雅安市两地农业农村部门签署合作协议，共建成渝地区双城经济圈优质高效农产品产业链。

2021 年 12 月 22 日，江津区、泸州市、永川区三地经信部门共同发起成立泸永江装备制造产业联盟。

2022 年 3 月 2 日，中老铁路（江津—万象）国际货运列车从小南垭铁路物流中心首发。

2022 年 3 月 2 日，中欧回程江津班列发出，目的地为小南垭铁路物流中心。

2022年3月18日，重庆市人民政府办公厅出台《关于重庆市"十四五"时期推进西部陆海新通道高质量建设的实施意见》（渝府办发〔2022〕31号），提出"推动陆港型国家物流枢纽江津珞璜港片区建设"，这是珞璜港第一次在市级及以上文件中明确与西部陆海新通道建设直接关联的战略定位。

2022年3月18日，江津区人民政府出台《关于印发江津区助推重庆市培育建设国际消费中心城市加快建设区域消费中心城市工作方案的通知》（江津府发〔2022〕10号）。

2022年4月27日，重庆市经信委授牌"重庆市山地丘陵智慧农机特色产业基地"，江津区成为重庆市首个也是目前唯一一个山地丘陵智慧农机特色产业基地。

2022年5月10日，江津区、泸州市、永川区联合主办的2022"泸永江"工业设计创新大赛在江津正式启动。2022年11月29日，大赛终评结束，圆满落幕。

2022年5月19日，首列成渝地区双城经济圈货运班列（重庆江津—成都青白江）在珞璜小南垭铁路物流中心顺利始发。

2022年5月25日，江津区、泸州市、永川区三地科技部门在团结湖大数据智能产业园召开首届泸永江协同创新暨环重庆交通大学创新生态圈科技成果发布会。

2022年6月11日，江津区文旅委与四川省非遗保护中心、重庆市非遗保护中心、泸州市文化广电旅游局、永川区文旅委、合江县委县政府主办的2022年巴蜀文化旅游走廊非遗之旅线上集中展示开启。

2022年6月17日，成渝地区双城经济圈第十届美丽乡村休闲消费节暨第八届江津富硒美食文化节启动仪式在江津开幕。

2022年7月1日，江津区人民政府与重庆市中新示范项目管理局签署战略合作协议。

2022 年 7 月 22 日，江津区、永川区、泸州市合江县、泸州市泸县四地农业农村部门共同签订《川南渝西现代高效特色农业产业带合作框架协议》。

2022 年 10 月 3 日，重庆江津综合保税区老挝仓储集拼中心挂牌成立。

2022 年 10 月 10 日，小南垭铁路物流中心海关监管作业场所通过重庆海关验收。

2022 年 10 月 16 日，装载着来自泰国国家石油公司大宗塑料颗粒的首列中老泰（泰国玛达浦—老挝万象—重庆江津）国际铁路联运班列抵达小南垭铁路物流中心。

2022 年 10 月 26 日，珞璜港进境粮食中转码头项目经海关总署同意，正式获批进境粮食中转码头资质。

2022 年 9 月 21 日，交通运输部、财政部公示 2022 年国家综合货运枢纽补链强链首批城市（群）名单，重庆市联合成都市以城市群的形式进入名单。其中，重庆市入围的 18 个项目中，江津区占 4 个。

2022 年 11 月 17 日，交通运输部办公厅、国家发展改革委办公厅公布第四批多式联运示范工程创建项目名单，由重庆港务物流集团牵头的珞璜港与万州港"双港联动、铁水一单、干支衔接、集散转换"多式联运示范工程榜上有名，成为重庆市唯一入选项目。

2022 年 12 月 15 日，推动泸永江融合发展示范区建设 2022 年领导小组会议召开，审议《泸永江融合发展示范区现代高效特色农业产业示范带建设行动方案》《泸永江融合发展示范区发展规划》。

三　推进公共服务共建共享

2020 年 5 月 1 日，江津区执行成渝企业职工养老保险关系电子化转移。

2020 年 5 月 18 日至 6 月 13 日，川渝 20 多家博物馆在江津区博物馆联合举办"巴山蜀水"文创展，这是成渝地区双城经济圈首次举办的"川渝文创联展"。

2020年5月18日，江津区、泸州市两地医疗保障局签订《推进成渝地区双城医疗保障协同发展框架协议》。

2020年6月29日，江津至泸州北线高速公路正式开工建设。

2020年7～10月，江津区、泸州市、永川区、合川区、荣昌区5市区文化馆共同举办的"成渝地·巴蜀情"——群星璀璨2020美术书法摄影作品展在5市区巡展。

2020年7月7日，江津区与泸州市建立川渝毗邻地区"市县级"对应的教育管理部门交流沟通与合作机制。

2020年7月22日，川渝两省市首个司法协作联合调解室——江津区塘河镇、泸州市合江县白鹿镇人民调解委员会联合调解室挂牌成立。

2020年8月20日，江津区和雅安市两地政务服务与公共资源交易达成战略合作，探索两地政务服务事项"异地通办"，推动两地公共资源交易平台"建设互补"。

2020年8月29日，江津区塘河镇和泸州市合江县白鹿镇联合警务室挂牌成立。

2020年10月27日，江津区和雅安市签订《加强"雅安－江津"医疗保障合作框架协议》。

2020年11月11日，江津区、沙坪坝区、大足区、成都市武侯区、河北省雄安新区、西安市雁塔区六地行政审批部门共同签订《"跨省通办"政务服务战略合作协议》。

2020年11月12日，成渝地区双城经济圈中部14市（区）职业教育联盟成立大会在大足区召开，江津区有关教育机构参会。

2020年11月16日，川南渝西宣传思想文化工作融合发展第一次会议在内江市召开，江津区等川南渝西10市区共同签署《川南渝西宣传思想文化工作融合发展协议》。

2020年11月30日，江津区发出首张川渝"跨省通办"营业执照。

2020年12月1日，江津区、成都都江堰市两地教育行政部门签署课程改革协同发展合作协议。

2020 年 12 月 9 日，渝西川南乡村教育联盟成立大会召开，江津区的 5 所学校加入联盟。

2020 年 12 月 18 日，江津区塘河镇至泸州市合江县白鹿镇的省际公交开通，这是江津区开通的第一条省际公交线路。

2020 年 12 月 31 日，江津已有 99 家定点门诊和药店纳入西南五省市异地门诊直接结算试点。

2020 年 12 月 31 日，江津区、泸州市两地体育部门签署合作协议。

2021 年 3 月 26 日，江津区图书馆、宜宾市图书馆、自贡市图书馆、泸州市图书馆、内江市图书馆、荣昌区图书馆、永川区图书馆共同成立川南渝西 7 市区公共图书馆联盟。

2021 年 4 月 15 日，江津区、泸州市、宜宾市、雅安市、合川区 5 市区文化部门主办，5 市区文化馆承办的"成渝地·巴蜀情"庆祝中国共产党成立 100 周年宜宾、泸州、雅安、合川、江津文化交流专场音乐会在江津区文化馆举行。

2021 年 4 月 30 日，江津区妇幼保健院与四川大学生命科学学院遗传医学研究所、成都中医药大学银海眼科医院分别签署《共建"江津区医学遗传及再生医学中心"合作协议书》《医疗联合体合作协议》。

2021 年 6 月 21 日，人民银行江津区中心支行、人民银行泸州市中心支行、三峡银行江津支行、中国银行泸州市分行、重庆工商学校、四川三河职业学院共同签订《江津、泸州毗邻地区金融知识进校园示范点共建行动书》。另外，泸永江三地 12 个金融部门联合印发《金融支持泸永江融合发展示范区建设行动方案》。

2021 年 6 月 30 日，重庆三环高速公路永川陈食至江津油溪段开工建设。另外，渝昆高铁川渝段、江泸北线高速、渝西水资源配置工程江津段等泸永江融合发展示范区的重点基础设施建设项目也在加快推进。

2021 年 7 月 23 日，江津区与泸州市、永川区、荣昌区四地教育部门签署《渝西川南（泸永江荣）教育共同体框架协议》。

2021年8月28日，江津区、德阳市两地医保局签署《加强"德阳－江津"医疗保障合作框架协议》。

2022年1～3月，由江津区博物馆、重庆中国三峡博物馆、重庆市文物考古研究院、沙坪坝区博物馆、宜宾市博物院、泸州市泸县宋代石刻博物馆联合主办的"虎啸风生步步高——壬寅虎春节特展"在江津区博物馆展出。

2022年1～3月，江津区2022年就业援助月暨春风行动大型网络招聘会召开，其中川渝合作招聘会3场，提供岗位6000余个。

2022年1月28日，江津区、宜宾市、泸州市3市区文化部门联合主办的"川渝放歌·三城同唱"江津区2022年新春云享音乐会召开。

2022年2月10～12日，江津区医保局组织泸永江三地专家开展首次联合监管工作，重点对2021年江津区部分医保基金增幅较大的定点医疗机构进行评审。

2022年2月11日，江津区2022年春风行动"川渝合作"暨开州区、芒康县对口劳务协作直播带岗专场招聘活动举办，共吸引15万人次在线观看。

2022年5月20日，成渝铁路重庆站至江津段改造工程圣泉站正式动工。

2022年6月15日，泸永江基层医疗服务中心建设暨专科联盟授牌签约活动举行，江津区石蟆镇中心卫生院与泸州市泸县立石镇中心卫生院签署合作协议。

2022年7月24～30日，中国成人教育协会主办的2022年度"区域终身学习发展共同体"项目工作会议在昆明召开。会议期间，江津区、内江市、泸州市、宜宾市、永川区、荣昌区6市区社区教育学院（社区大学）共同签署协议，组建"川南渝西社区教育融入社区（乡村）治理"共同体。

2022年8月6日，重庆市郊铁路江津—跳磴线建成通车，这是重庆市首条市郊铁路，也是中国首条商用"双流制"铁路。

2022年9月19日，德感工业园打造临港物流基地、建设辐射西南的粮油集散中转基地和消费品产业城的里程碑项目——江津兰家沱港作业区一期改建工程开工。

2022年10月8日，江津区政务服务中心正式建成投用。

2022年10月30日，江津区智慧园区一期项目（"津心服"企业服务云平台）正式上线。

2022年12月23日，江津区、永川区、泸州市深化基础设施建设合作领域的首开项目——江津至泸州北线高速公路顺利完成全线首段沥青下面层试验段摊铺。

2022年12月30日，经过江津区的重庆中心城区首条铁路环线——重庆东环铁路开通运营。

附录2
重庆市江津区融入成渝地区双城经济圈
建设相关政策规划[*]

序号	政策规划	发文机构	发布日期
1	《关于印发健康中国江津行动实施方案的通知》（江津府办发〔2020〕11号）	江津区人民政府办公室	2020.2
2	《关于印发江津区财政支持民营和中小微企业金融服务改革试点实施方案的通知》（江津府办发〔2020〕20号）	江津区人民政府办公室	2020.2
3	《关于成立江津区推动成渝地区双城经济圈建设领导小组的通知》（江津委办〔2020〕8号）	江津区委办公室	2020.3
4	《关于印发江津区加快培育高素质农民实施方案的通知》（江津府办发〔2020〕26号）	江津区人民政府办公室	2020.3
5	《关于印发江津区加快推进农业机械化和农机装备产业转型升级实施方案的通知》（江津府办发〔2020〕32号）	江津区人民政府办公室	2020.3
6	《关于印发重庆市江津区社区居家养老服务全覆盖实施方案的通知》（江津府办发〔2020〕38号）	江津区人民政府办公室	2020.3
7	《关于进一步完善全区重点项目推进机制的通知》（江津府办发〔2020〕43号）	江津区人民政府办公室	2020.4
8	《关于印发加快推进社会信用体系建设构建以信用为基础的新型监管机制实施方案的通知》（江津府办发〔2020〕58号）	江津区人民政府办公室	2020.4
9	《关于印发江津区高层建筑消防安全提升计划（2020～2022年）的通知》（江津府办发〔2020〕64号）	江津区人民政府办公室	2020.4

---

* 有关政策规划收集自江津区人民政府官网，统计截止时间为2023年4月7日。

续表

序号	政策规划	发文机构	发布日期
10	《中共重庆市江津区委关于深入贯彻落实市委五届八次会议精神加快打造成渝地区双城经济圈重要战略支点的决定》	中国共产党重庆市江津区委员会	2020.4
11	《关于贯彻落实重庆市推进养老服务发展实施方案的通知》（江津府办发〔2020〕71号）	江津区人民政府办公室	2020.6
12	《关于印发江津区智慧农业发展实施方案（试行）的通知》（江津府办发〔2020〕96号）	江津区人民政府办公室	2020.7
13	《关于印发江津区加快推进5G建设发展实施方案的通知》（江津府办发〔2020〕97号）	江津区人民政府办公室	2020.7
14	《关于印发江津区加快线上业态线上服务线上管理发展实施方案的通知》（江津府办发〔2020〕108号）	江津区人民政府办公室	2020.7
15	《关于印发江津区促进乡村产业振兴实施方案的通知》（江津府发〔2020〕16号）	江津区人民政府	2020.8
16	《关于禁猎陆生野生动物的通告》（江津府发〔2020〕19号）	江津区人民政府	2020.8
17	《关于进一步加强长江流域禁捕和退捕渔民安置保障工作的通知》（江津府办发〔2020〕114号）	江津区人民政府办公室	2020.8
18	《关于印发切实加强高标准农田建设提升粮食安全保障能力实施方案的通知》（江津府办发〔2020〕119号）	江津区人民政府办公室	2020.8
19	《关于印发江津区助推重庆市国际消费中心城市建设工作方案的通知》（江津府办发〔2020〕121号）	江津区人民政府办公室	2020.8
20	《关于新形势下推动服务业高质量发展的实施意见》（江津府发〔2020〕20号）	江津区人民政府	2020.8
21	《关于印发江津区自然资源资产产权制度改革工作方案的通知》（江津府办发〔2020〕135号）	江津区人民政府办公室	2020.9
22	《关于印发重庆市江津区提升城市体育功能实施方案的通知》（江津府办发〔2020〕139号）	江津区人民政府办公室	2020.10
23	《关于建立健全外商投资全流程服务体系的通知》（江津府办发〔2020〕141号）	江津区人民政府办公室	2020.10
24	《关于划定铁路线路安全保护区的公告》（江津府发〔2020〕21号）	江津区人民政府	2020.10
25	《关于印发江津区产业发展专项资金管理办法的通知》（江津府办发〔2020〕149号）	江津区人民政府办公室	2020.11

续表

序号	政策规划	发文机构	发布日期
26	《关于印发江津区农村生活污水治理专项规划（2021～2030）的通知》（江津府办发〔2020〕158号）	江津区人民政府办公室	2020.11
27	《关于落实生态保护红线、环境质量底线、资源利用上线制定生态环境准入清单实施生态环境分区管控的实施意见》（江津府发〔2020〕25号）	江津区人民政府	2020.11
28	《关于印发重庆市江津区文艺精品创作扶持办法的通知》（江津府办发〔2020〕170号）	江津区人民政府办公室	2020.12
29	《关于印发江津区先锋镇建设"绿水青山就是金山银山"实践创新基地规划（2020～2025年）的通知》（江津府办发〔2020〕161号）	江津区人民政府办公室	2020.12
30	《关于印发江津区支持消费品工业高质量发展政策的通知》（江津府办发〔2020〕172号）	江津区人民政府办公室	2020.12
31	《重庆市江津区国民经济和社会发展第十四个五年规划和二〇三五年远景目标纲要》（江津府发〔2021〕3号）	江津区人民政府	2021.2
32	《关于印发江津区绿色社区创建行动方案的通知》（江津府办发〔2021〕5号）	江津区人民政府办公室	2021.2
33	《关于贯彻落实重庆市金融支持西部（重庆）科学城建设若干措施的通知》（江津府办发〔2021〕9号）	江津区人民政府办公室	2021.2
34	《关于印发江津区企业技术中心认定管理办法（试行）的通知》（江津府办发〔2021〕33号）	江津区人民政府办公室	2021.3
35	《关于印发成渝地区双城经济圈民营经济协同发展"泸州－江津"示范区实施方案的通知》（江津府办发〔2021〕35号）	江津区人民政府办公室泸州市人民政府办公室	2021.3
36	《关于印发江津区政务领域开展信用承诺试点工作方案的通知》（江津府办发〔2021〕36号）	江津区人民政府办公室	2021.3
37	《关于印发重庆市江津区中小微企业转贷应急周转资金管理办法的通知》（江津府办发〔2021〕30号）	江津区人民政府办公室	2021.3
38	《关于印发江津区应急医疗物资储备管理办法（试行）的通知》（江津府办发〔2021〕41号）	江津区人民政府办公室	2021.3
39	《关于组建西部（重庆）科学城江津园区开发建设集团有限公司（暂定名）有关事项的通知》（江津府发〔2021〕6号）	江津区人民政府	2021.4

序号	政策规划	发文机构	发布日期
40	《关于推进基础教育国家级优秀教学成果推广应用示范区建设工作的意见》（江津府办发〔2021〕45号）	江津区人民政府办公室	2021.4
41	《关于印发国家城乡融合发展试验区重庆西部片区（江津区）实施方案的通知》（江津府办发〔2021〕47号）	江津区人民政府办公室	2021.4
42	《关于印发江津区创建"无证明城市"实施方案的通知》（江津府办发〔2021〕53号）	江津区人民政府办公室	2021.4
43	《关于印发支持邮政快递业服务经济高质量发展若干措施的通知》（江津府办发〔2021〕57号）	江津区人民政府办公室	2021.4
44	《关于深入开展爱国卫生运动的实施意见》（江津府发〔2021〕8号）	江津区人民政府	2021.5
45	《关于印发江津区深化巨灾保险、公共安全事故保险和特殊人群保险工作方案的通知》（江津府办发〔2021〕64号）	江津区人民政府办公室	2021.5
46	《重庆市江津关于促进畜牧业高质量发展的实施方案》（江津府办发〔2021〕66号）	江津区人民政府办公室	2021.6
47	《关于印发江津区卫生健康共同体"三通"建设实施方案的通知》（江津府办发〔2021〕75号）	江津区人民政府办公室	2021.6
48	《关于印发江津区农村养老服务全覆盖实施方案的通知》（江津府办发〔2021〕78号）	江津区人民政府办公室	2021.6
49	《关于印发江津区政务服务"一件事一次办"工作实施方案的通知》（江津府办发〔2021〕79号）	江津区人民政府办公室	2021.6
50	《关于印发江津区工业高质量发展"十四五"规划的通知》（江津府发〔2021〕12号）	江津区人民政府	2021.7
51	《关于公布江津区证明事项"无证明"办理清单（第一批）的通知》（江津府办发〔2021〕84号）	江津区人民政府办公室	2021.7
52	《关于印发江津区"十四五"工业和信息化重点产业链提升工作方案的通知》（江津府办发〔2021〕86号）	江津区人民政府办公室	2021.7
53	《关于印发江津区加快推进气象事业高质量发展实施方案的通知》（江津府办发〔2021〕92号）	江津区人民政府办公室	2021.7
54	《关于印发重庆市江津区集体土地征收补偿安置实施办法的通知》（江津府发〔2021〕15号）	江津区人民政府	2021.7

序号	政策规划	发文机构	发布日期
55	《关于明确赋予白沙镇部分区级经济社会管理权限的通知》（江津府发〔2021〕14号）	江津区人民政府	2021.7
56	《关于划定重庆铁路枢纽东环线安全保护区的公告》（江津府发〔2021〕13号）	江津区人民政府	2021.7
57	《关于印发江津区贯彻落实建设体育强市实施意见的通知》（江津府办发〔2021〕102号）	江津区人民政府办公室	2021.7
58	《关于印发江津区"无废城市"建设实施方案（2021年~2025年）的通知》（江津府办发〔2021〕108号）	江津区人民政府办公室	2021.7
59	《关于印发重庆市江津区"十四五"林业发展规划的通知》（江津府发〔2021〕16号）	江津区人民政府	2021.8
60	《关于印发江津区防止耕地"非粮化"稳定粮食生产实施意见的通知》（江津府办发〔2021〕115号）	江津区人民政府办公室	2021.8
61	《关于严格长江江津河段采砂船舶停靠管理的通告》（江津府发〔2021〕19号）	江津区人民政府	2021.8
62	《关于印发重庆市江津区新型城镇化中长期规划（2021~2035年）的通知》（江津府发〔2021〕17号）	江津区人民政府	2021.9
63	《关于印发江津区综合交通运输"十四五"发展规划》（江津府办发〔2021〕21号）	江津区人民政府办公室	2021.9
64	《关于印发西部（重庆）科学城江津园区2021年财政管理体制方案的通知》（江津府办〔2021〕27号）	江津区人民政府办公室	2021.9
65	《关于印发江津区促进农业机械化发展实施方案的通知》（江津府办发〔2021〕127号）	江津区人民政府办公室	2021.9
66	《关于印发江津区消费品工业"十四五"发展规划的通知》（江津府发〔2021〕23号）	江津区人民政府	2021.10
67	《关于印发江津至永川页岩气输气管道项目实施工作方案的通知》（江津府办〔2021〕33号）	江津区人民政府办公室	2021.11
68	《关于公布江津区证明事项"无证明"办理清单（第二批）的通知》（江津府办发〔2021〕147号）	江津区人民政府办公室	2021.12
69	《关于印发江津区推进农业农村现代化"十四五"规划（2021~2025年）的通知》（江津府发〔2022〕1号）	江津区人民政府	2022.1

序号	政策规划	发文机构	发布日期
70	《关于完善林地承包登记有关问题的通知》（江津府办发〔2022〕9号）	江津区人民政府办公室	2022.1
71	《关于印发江津区深化生活垃圾分类工作实施方案的通知》（江津府办发〔2022〕13号）	江津区人民政府办公室	2022.1
72	《关于印发江津区"十四五"科技创新发展规划的通知》（江津府发〔2022〕3号）	江津区人民政府	2022.1
73	《关于印发重庆市江津区金融业高质量发展"十四五"规划的通知》（江津府发〔2022〕2号）	江津区人民政府	2022.2
74	《关于印发江津区"十四五"城市基础设施建设规划的通知》（江津府办发〔2022〕14号）	江津区人民政府办公室	2022.2
75	《关于印发江津区人力资源和社会保障事业发展"十四五"规划（2021~2025年）的通知》（江津府发〔2022〕4号）	江津区人民政府办公室	2022.2
76	《关于印发江津区数字经济"十四五"发展规划（2021~2025年）的通知》（江津府发〔2022〕5号）	江津区人民政府	2022.2
77	《关于印发江津区开放及商贸高质量发展"十四五"发展规划的通知》（江津府发〔2022〕6号）	江津区人民政府	2022.3
78	《关于印发江津区助推重庆市培育建设国际消费中心城市加快建设区域消费中心城市工作方案的通知》（江津府发〔2022〕10号）	江津区人民政府	2022.3
79	《关于印发江津区"两岸青山·千里林带"总体规划（2021~2030年）的通知》（江津府办发〔2022〕37号）	江津区人民政府办公室	2022.3
80	《关于印发江津区营商环境创新试点实施方案的通知》（江津府发〔2022〕14号）	江津区人民政府	2022.4
81	《关于印发江津区体育事业发展"十四五"规划的通知》（江津府办发〔2022〕42号）	江津区人民政府办公室	2022.4
82	《关于印发江津区教育事业发展"十四五"规划（2021~2025年）的通知》（江津府发〔2022〕13号）	江津区人民政府	2022.4
83	《关于印发重庆市江津区生态环境保护"十四五"规划的通知》（江津府办发〔2022〕56号）	江津区人民政府办公室	2022.4
84	《关于印发江津区推动现代职业教育高质量发展实施方案的通知》（江津府办发〔2022〕62号）	江津区人民政府办公室	2022.4

序号	政策规划	发文机构	发布日期
85	《关于印发协同推进成渝地区双城经济圈"放管服"改革2022年重点任务清单等3个清单的通知》（江津府发〔2022〕63号）	江津区人民政府办公室	2022.4
86	《关于推进宜居城市建设的意见》（江津府发〔2022〕16号）	江津区人民政府	2022.5
87	《关于印发江津区贯彻落实〈成渝地区双城经济圈碳达峰碳中和联合行动方案〉的行动方案的通知》（江津府办发〔2022〕57号）	江津区人民政府办公室	2022.5
88	《关于印发重庆市江津区畜禽养殖污染防治"十四五"规划的通知》（江津府发〔2022〕72号）	江津区人民政府办公室	2022.5
89	《关于印发重庆市江津区贯彻落实强化危险废物监管和利用处置能力改革实施方案的通知》（江津府办发〔2022〕77号）	江津区人民政府办公室	2022.5
90	《关于印发江津区医疗保障"十四五"规划的通知》（江津府办发〔2022〕79号）	江津区人民政府办公室	2022.5
91	《关于印发江津区卫生健康发展"十四五"规划的通知》（江津府办发〔2022〕84号）	江津区人民政府办公室	2022.5
92	《关于印发江津区促进消费恢复发展若干政策措施的通知》（江津府办发〔2022〕85号）	江津区人民政府办公室	2022.5
93	《关于印发江津区促进养老托育服务健康发展实施方案的通知》（江津府办发〔2022〕88号）	江津区人民政府办公室	2022.5
94	《关于印发江津区民政事业发展"十四五"规划的通知》（江津府发〔2022〕22号）	江津区人民政府	2022.6
95	《关于印发重庆市江津区"十四五"残疾人保障和发展规划（2021~2025年）的通知》（江津府发〔2022〕25号）	江津区人民政府	2022.6
96	《关于印发重庆市江津区水安全保障"十四五"规划（2021~2025年）的通知》（江津府办发〔2022〕89号）	江津区人民政府办公室	2022.6
97	《关于印发重庆市江津区水环境综合治理规划的通知》（江津府办发〔2022〕96号）	江津区人民政府办公室	2022.6
98	《关于印发重庆市江津区推进"专精特新"企业高质量发展专项行动计划（2022~2025年）的通知》（江津府办发〔2022〕92号）	江津区人民政府办公室	2022.7

序号	政策规划	发文机构	发布日期
99	《关于印发江津区建立健全养老服务综合监管制度促进养老服务高质量发展实施方案的通知》（江津府办发〔2022〕107号）	江津区人民政府办公室	2022.7
100	《关于印发重庆市江津区文化和旅游发展"十四五"规划的通知》（江津府发〔2022〕27号）	江津区人民政府	2022.7
101	《关于成立长江师范学院食品产业学院筹备工作协调领导小组的通知》（江津府办发〔2022〕116号）	江津区人民政府办公室、长江师范学院办公室	2022.8
102	《关于印发江津区高质量孵化载体建设实施方案（2021～2025年）的通知》（江津府办发〔2022〕121号）	江津区人民政府办公室	2022.8
103	《关于印发重庆市江津区"揭榜挂帅"制科技项目实施方案（试行）的通知》（江津府发〔2022〕29号）	江津区人民政府	2022.8
104	《关于公布江津区证明事项"无证明"办理清单（第三批）的通知》（江津府办发〔2022〕114号）	江津区人民政府办公室	2022.8
105	《关于印发重庆市江津区推进休闲旅游胜地建设实施方案的通知》（江津府办发〔2022〕124号）	江津区人民政府办公室	2022.8
106	《关于印发江津区建设内陆开放前沿和陆港型综合物流基地实施方案的通知》（江津府办发〔2022〕127号）	江津区人民政府办公室	2022.8
107	《关于印发江津区全民科学素质行动规划纲要实施方案（2021～2025年）的通知》（江津府办发〔2022〕128号）	江津区人民政府办公室	2022.8
108	《关于印发金融业量质提升行动工作方案的通知》（江津府办发〔2022〕142号）	江津区人民政府办公室	2022.9
109	《关于印发金融业量质提升行动支持政策的通知》（江津府办发〔2022〕143号）	江津区人民政府办公室	2022.9
110	《关于推动城乡建设绿色发展的实施意见》（江津府办发〔2022〕122号）	江津区人民政府办公室	2022.10
111	《关于印发江津区消防救援事业发展"十四五"规划（2021～2025年）的通知》（江津府办发〔2022〕153号）	江津区人民政府办公室	2022.10
112	《关于贯彻落实重庆市高质量实施区域全面经济伙伴关系协定（RCEP）行动计划的通知》（江津府办发〔2022〕155号）	江津区人民政府办公室	2022.10

序号	政策规划	发文机构	发布日期
113	《关于印发江津区工业企业高质量发展分级评价办法（修订）的通知》（江津府办发〔2022〕157号）	江津区人民政府办公室	2022.10
114	《关于印发江津区积壳产业发展规划（2022~2025年）的通知》（江津府办发〔2022〕158号）	江津区人民政府办公室	2022.10
115	《关于印发以实现碳达峰碳中和目标为引领深入推进江津区制造业高质量绿色发展行动计划（2022~2025年）的通知》（江津府办发〔2022〕165号）	江津区人民政府办公室	2022.10
116	《关于印发江津区促进内外贸一体化发展工作方案的通知》（江津府办发〔2022〕182号）	江津区人民政府办公室	2023.1
117	《关于加快发展保障性租赁住房的实施意见》（江津府办发〔2023〕2号）	江津区人民政府办公室	2023.1
118	《关于印发江津区产业绿色发展规划（2022~2025年）的通知》（江津府办发〔2023〕4号）	江津区人民政府办公室	2023.1
119	《关于加强江津区标准厂房规划建设管理的指导意见》（江津府办发〔2023〕8号）	江津区人民政府办公室	2023.1
120	《关于印发重庆市江津区汽车产业转型发展行动计划（2023~2025年）的通知》（江津府办发〔2023〕16号）	江津区人民政府办公室	2023.2
121	《关于印发江津区现代物流业发展"十四五"规划的通知》（江津府发〔2023〕6号）	江津区人民政府	2023.4
122	《关于印发江津区城市更新提升"十四五"行动计划的通知》（江津府发〔2023〕8号）	江津区人民政府	2023.4
123	《关于印发健全重特大疾病医疗保险和救助制度实施办法的通知》（江津府办发〔2023〕42号）	江津区人民政府办公室	2023.4
124	《关于印发江津区楼宇产业园评价办法的通知》（江津府办发〔2023〕45号）	江津区人民政府办公室	2023.4

图书在版编目（CIP）数据

重庆市江津区融入成渝地区双城经济圈建设研究报告
. 2023 /《成渝地区双城经济圈建设研究报告》编委会
编著. -- 北京：社会科学文献出版社，2023.7
ISBN 978 - 7 - 5228 - 2051 - 4

Ⅰ.①重… Ⅱ.①成… Ⅲ.①区域经济发展 - 研究报
告 - 成都②区域经济发展 - 研究报告 - 重庆 Ⅳ.
①F127.711②F127.719

中国国家版本馆 CIP 数据核字（2023）第 120606 号

重庆市江津区融入成渝地区双城经济圈建设研究报告（2023）

编　　著／《成渝地区双城经济圈建设研究报告》编委会

出 版 人／王利民
责任编辑／陈凤玲
责任印制／王京美

出　　版／社会科学文献出版社·经济与管理分社（010）59367226
　　　　　　地址：北京市北三环中路甲 29 号院华龙大厦　邮编：100029
　　　　　　网址：www. ssap. com. cn
发　　行／社会科学文献出版社（010）59367028
印　　装／三河市东方印刷有限公司

规　　格／开 本：787mm × 1092mm　1/16
　　　　　　印 张：21.5　插 页：1　字 数：296 千字
版　　次／2023 年 7 月第 1 版　2023 年 7 月第 1 次印刷
书　　号／ISBN 978 - 7 - 5228 - 2051 - 4
定　　价／98.00 元

读者服务电话：4008918866

版权所有 翻印必究